Ehm · Gerstenbrand ·
Lorenzoni · Urban

Tauchmedizin

Fortschritte in der
Tauch- und
Überdruckmedizin

ecomed **Umweltinformation**

Das vorliegende Werk besteht aus umweltverträglichen und ressourcenschonenden Materialien. Da diese Begriffe im Zusammenhang mit den Qualitätsstandards zu sehen sind, die für den Gebrauch unserer Verlagsprodukte notwendig sind, wird im folgenden auf einzelne Details hingewiesen:

Einband/Ordner

Der innere Kern von Loseblatt-Ordnern und Hardcover-Einbänden besteht aus 100% Recycling-Pappe.

Neue Bezugsmaterialien und Softcover-Einbände bestehen alternativ aus langfaserigem Naturkarton oder aus Acetat-Taftgewebe.

Der Kartoneinband beruht auf Sulfat-Zellstoff-Basis, ist nicht absolut säurefrei und hat einen alkalisch eingestellten Pigmentstrich (Offsetstrich). Der AOX-Wert (Absorbierbare Organische Halogene) für das Abwasser der Fabrikation beträgt 1,7 kg/t Zellulose und 0,0113 kg/t Zellstoff. Der Einband wird mit oxidativ trocknenden Farben (Offsetfarben) und einem scheuerfesten Drucklack bedruckt, dessen Lösemittel Wasser ist.

Das Acetat-Gewebe wird aus Acetat-Zellulose hergestellt. Die Kaschiermaterialien Papier und Dispersionskleber sind frei von Lösemitteln (insbesondere chlorierte Kohlenwasserstoffe) sowie hautreizenden Stoffen. Die Fertigung geschieht ohne Formaldehyd, und die Produkte sind biologisch abbaubar.

Im Vergleich zu den früher verwendeten Kunststoff-Einbänden mit Siebdruck-Aufschriften besteht die Umweltfreundlichkeit und Ressourcenschonung in einer wesentlich umweltverträglicheren Entsorgung (Deponie und Verbrennung) sowie einer umweltverträglicheren Verfahrenstechnik bei der Herstellung der Grundmaterialien. Bei dem wesentlichen Grundbestandteil „Zellstoff" handelt es sich um nachwachsendes Rohmaterial, das einer industriellen Nutzung zugeführt wird.

Papier

Die in unseren Werken verwendeten Offsetpapiere werden noch zumeist aus Sulfat-Zellstoff mit AOX-Werten von 0,034 kg/t (vor der Klärung) und 0,008 kg/t (nach der Klärung), einem industriell verwerteten, nachwachsenden Rohstoff, hergestellt.

Die zunehmend verwendeten „chlorfreien" Papiere entstehen aus Sulfit-Zellstoff, der chlorfrei (Verfahren mit Wasserstoffperoxid) gebleicht werden kann. Durch diese chlorfreie Zellstoffbleichung entfällt die im Sulfatprozeß übliche Abwasserbelastung durch Organochlorverbindungen, die potentielle Vorstufen für die sehr giftigen polychlorierten Dibenzodioxine (PCDD) und Dibenzofurane (PCDF) bilden.

Alle Papiere sind mit dem üblichen Offsetstrich versehen und werden mit den derzeit üblichen Offsetfarben bedruckt.

Verpackung

Kartonagen bestehen zu 100% aus Recycling-Pappe. Pergamin-Einschlagpapier entsteht aus ungebleichten Sulfit- und Sulfatzellstoffen. Folienverschweißungen bestehen aus recyclingfähiger Polypropylenfolie.

Hinweis: Der ecomed-Verlag ist bemüht, die Umweltfreundlichkeit seiner Produkte im Sinne wenig belastender Herstellverfahren der Ausgangsmaterialien sowie Verwendung ressourcenschonender Rohstoffe und einer umweltfreundlichen Entsorgung ständig zu verbessern. Schreiben Sie uns, wenn Sie hierzu Anregungen oder Fragen haben.

Ehm · Gerstenbrand · Lorenzoni · Urban (Hrsg.)

Tauchmedizin

Fortschritte in der Tauch- und Überdruckmedizin

5. Jahrestagung der Gesellschaft für Tauch- und Überdruckmedizin e.V.

ecomed

Dieses Werk will Sie informieren. Die Angaben sind nach bestem Wissen zusammengestellt, dennoch sind Fehler nicht vollständig auszuschließen. Aus diesem Grund sind alle Angaben mit keiner Verpflichtung oder Garantie der Autoren und des Verlages verbunden. Sie übernehmen infolgedessen keinerlei Verantwortung oder Haftung für etwaige inhaltliche Unrichtigkeiten des Buches.

Die Deutsche Bibliothek – CIP-Einheitsaufnahme

Tauchmedizin: Fortschritte in der Tauch- und
Überdruckmedizin ; [Kongressbericht 5. Symposium für Tauch-
und Überdruckmedizin vom 12./13. Oktober 1990 in Hannover] /
Ehm...-Landsberg/Lech: ecomed, 1993
(Taucher-Taschenbücher ; 1) (... Jahrestagung der Gesellschaft für
Tauch- und Überdruckmedizin e. V. ; 5)
ISBN 3-609-69530-7
NE: Ehm, Oskar F. [Hrsg.]; Symposium für Tauch- und
Überdruckmedizin <05, 1990, Hannover>; 1. GT; Gesellschaft für
Tauch- und Überdruckmedizin: ... Jahrestagung der ...

Tauchmedizin. Fortschritte in der Tauch- und Überdruckmedizin
Kongreßbericht 5. Symposium für Tauch- u. Überdruckmedizin vom 12./13. Oktober 1990 in Hannover
Herausgeber: Ehm, Gerstenbrand, Lorenzoni, Urban
Abdruck mit freundlicher Genehmigung aus:
Taucher-Handbuch
Verfasser: Hubertus Bartmann
ecomed verlagsgesellschaft mbh & Co. KG
ISBN: 3-609-75180-0

Justus-von-Liebig-Straße 1, W-8910 Landsberg/Lech
Telefon (0 81 91) 125-0, Telex 527 114, Telefax (0 81 91) 125-4 75

Satz, Druck und Bindung: Druckerei Demuth GmbH, 8950 Kaufbeuren/Neugablonz
Printed in Germany: 690 530 / 493 105
ISBN: 3-609-69530-7

Inhaltsverzeichnis

Technik

Hyperbare Oxygenierung

Sporttauchen

Tauchunfälle: Ursachen und Begutachtung

Freie Themen

Vorwort

Nunmehr liegt er in neuem Gewand vor, der Kongreßbericht des 5. Symposiums für Tauch- und Überdruckmedizin vom 12. bis 13. Oktober 1990 in Hannover. Seine Erstellung hat diesmal aufgrund zahlreicher Veränderungen länger als geplant gedauert. Es sind alle gehaltenen Vorträge, soweit sie nach mehrfacher Nachfrage von den Autoren als Manuskript vorgelegt wurden, enthalten. Geringfügige, jedoch nicht sinnverändernde Korrekturen der Texte wurden in Absprache mit den Autoren von der Redaktion im Hinblick auf eine abgerundete Publikationsform vorgenommen.

Kasuistiken und Erfahrungsberichte nahmen naturgemäß auch diesmal wieder einen großen Raum ein. Darüber hinaus sind zahlreiche Beiträge über Erfahrungen und Indikationsstellungen bei der HBO-Behandlung, einem zentralen Anliegen der Gesellschaft für Tauch- und Überdruckmedizin, enthalten. Sie zeigen, daß diese Behandlungsform nach entsprechender Indikationsstellung therapeutische Möglichkeiten eröffnet, aufgrund derer sie zu einem festen Bestandteil innerhalb des Behandlungsspektrums werden muß. Beiträge zur Problematik bei berufsgenossenschaftlichen Begutachtungen sowie zur Ursache von Tauchunfällen zeigen das breite Spektrum der tauchmedizinischen Forschung.

Die Herausgeber bedanken sich sehr herzlich bei den Autoren für die Übersendung der Manuskripte und gleichzeitig für die Geduld bis zur Fertigstellung des Buches. Sie fanden im ecomed-Verlag einen stets verständnisvollen und konstruktiv-kritischen Partner.

Mainz, im Februar 1993

O. Ehm F. Gerstenbrand E. Lorenzoni R. Urban

1.1 Neue Tabellen für tiefe Expositionen im Überdruck – Erfahrungsbericht einer druckluftärztlichen Überwachung

von F. FLECHSIG, U. VAN LAAK, W. WELSLAU, S. GÖBEL, E. BETTINGHAUSEN

Abstract

Zwischen Januar 1989 und April 1990 wurde unter Druckluftarbeit ein 1370 m langer Fernwärmetunnel unter der Kieler Förde gebaut. Die druckluftärztliche Betreuung wurde durch das Schiffahrtmedizinische Institut der Marine durchgeführt. Die geologischen Gegebenheiten machten für die Druckluftarbeit einen Überdruck von bis zu 3,8 bar erforderlich. Damit wurde in der Bundesrepublik Deutschland erstmals die in der Druckluftverordnung vorgegebene Grenze von 3,0 bar Überdruck (barÜ) überschritten. Für den Bereich ab 2,4 barÜ wurden Tabellen eingesetzt, die in Anlehnung an die kanadischen DCIEM-Tabellen von der DLR Köln, Institut für Flugmedizin, dafür vorgeschlagen wurden. Bei diesen Tabellen wird während der Dekompressionsphase ab 9 m 100 Vol-% Sauerstoff geatmet. Im Bereich über 3,0 barÜ sehen diese Tabellen eine maximale Arbeitszeit von 110 Minuten vor. Bautechnische Gegebenheiten machten im Bereich bis 3,3 barÜ die zeitliche Ausweitung dieser Tabellen erforderlich.

Bei 4253 Expositionen mußten 15 Druckluftarbeiter 19mal wegen Symptomen der Dekompressionskrankheit behandelt werden.

Bei den Druckluftarbeiten jenseits von 3,3 barÜ erkrankte keiner der eingesetzten Druckluftarbeiter. Neurologische Symptome der Dekompressionskrankheit wurden in keinem Fall festgestellt. Alle Erkrankten waren nach der initialen Rekompressionstherapie beschwerdefrei.

Aufgrund unserer Erfahrung mit den auf dieser Baustelle angewandten Tabellen erscheint Druckluftarbeit unter besonderen Bedingungen bis zu 4 barÜ möglich.

Einführung

Der „Fördetunnel Kiel“ führt vom Ost- an das Westufer der Kieler Förde. Wie bei den meisten Druckluftbaustellen wurden die Arbeiten auch hier von einer Arbeitsgemeinschaft durchgeführt. Beteiligt waren die Firmen Züblin, Strabag, Heitkamp und Holzmann. Hauptzweck des Tunnels ist es, in Zukunft Fernwärme aus dem Gemeinschaftskraftwerk Kiel-Ost an das Westufer der Kieler Förde zu führen. Daneben werden noch 110 KV-Stromkabel aus dem Kraftwerk und Glasfaserkabel der Bundespost verlegt. Der Tunnel ist ca. 1370 m lang und hat einen Außendurchmesser von 5 m. Eine Benutzung durch Fußgänger oder Radfahrer war und ist nicht vorgesehen.

In der *Abbildung 1* ist ein Querschnitt durch die Kieler Förde in Höhe des Tunnels dargestellt. Anhand dieser Abbildung wird kurz die geologische Problematik dargestellt.

In der Kieler Förde herrscht teilweise bis zu einer Tiefe von 27 m ein nicht tragfähiger Grund aus marinen Ablagerungen. Dadurch mußte der Tunnel mit einem gewissen Sicherheitsabstand zu dieser Zone in einer Tiefe bis zu 38 m unter dem Wasserspiegel der Kieler Förde verlaufen, obwohl die Förde an ihrer tiefsten Stelle nur ca. 15 m tief ist.

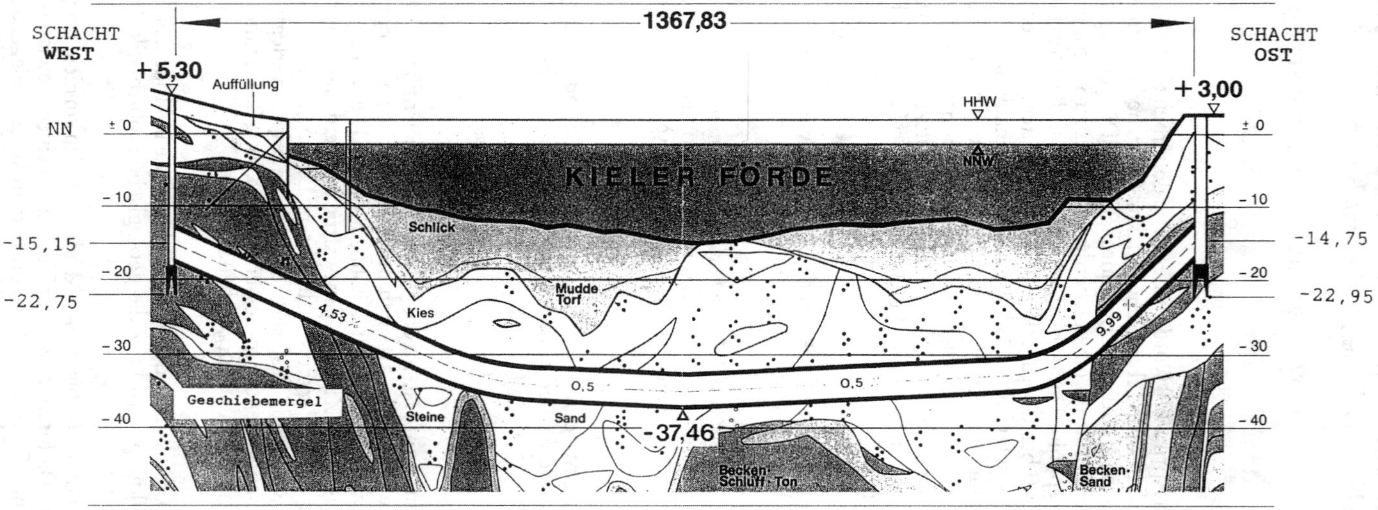

Abbildung 1: Querschnitt durch die Kieler Förde in Höhe des Fernwärmetunnels. Der Höhenmaßstab ist 10fach verstärkt, das Original ist farbig (Ablichtung aus dem Prospekt der Arbeitsgemeinschaft Fördetunnel). Dargestellt ist der Verlauf des Fernwärmetunnels vom Schacht-Ost zum Schacht-West durch die verschiedenen Bodenschichten.

Desweiteren bestehen im Verlauf der Tunnelstrecke verschiedene Arten von Böden, die grob in bindige (z. B. Geschiebemergel, Lehm) und nichtbindige Böden (Sand, Kies) unterschieden werden können. Diese beiden Bodenarten erforderten unterschiedliche Abbauverfahren, wobei beide Verfahren mit dem angefertigten Druckluftschild möglich waren.

Der Abbau des bindigen Bodens erfolgte mit einem Bagger; die Bedienung des Baggers machte den andauernden Einsatz von Druckluftarbeitern erforderlich.

Der nichtbindige Boden wurde mittels Wasserkanonen gelöst und herausgespült. Dies erfolgte weitgehend automatisch, Druckluftarbeit war jedoch noch für das Ausschleusen größerer Steine sowie für Reparatur- und Instandsetzungsarbeiten notwendig.

Die Bauarbeiten begannen im Januar 1989, es wurde zuerst der Schacht-Ost direkt neben dem Kraftwerk in Caissonbauweise fertiggestellt. Ab April 1989 erfolgte der Tunnelbau durch hydraulischen Rohrvortrieb unter Druckluft, wobei sämtliche Arbeiten vom Schacht-Ost durchgeführt wurden. Im Herbst 1989 wurde, ebenfalls durch Caissonarbeit, der Schacht-West fertiggestellt. Im April 1990 erfolgte der Durchbruch des Tunnels in den Schacht-West, damit waren die für den Bau des Tunnels erforderlichen Druckluftarbeiten beendet.

Drucklufttärztliche Problematik

Bei der Erstellung des Tunnels mußten Druckluftarbeiten im Arbeitsbereich über 30 m Tiefe durchgeführt werden. Dies liegt außerhalb der geltenden Druckluftverordnung; es mußten also geeignete Tabellen hinzugezogen werden.

Dies führte bereits in der Planungsphase dazu, daß die beteiligten Firmen die DLR (Deutsche Versuchsanstalt für Luft- und Raumfahrttechnik Köln, Abt. Unterwassermedizin) mit der Erstellung geeigneter Tabellen für Druckluftarbeiten in dieser Tiefe beauftragten.

Die DLR orientierte sich dabei an kanadischen Tauchtabellen, erstellt 1984 vom DCIEM (Defense and Civil Institute of Environmental Medicine). Bei diesen Tabellen wird während der Dekompressionsphase ab 9 Meter 100 % Sauerstoff geatmet.

In der *Abbildung 2* sind die Maximalarbeitszeiten sämtlicher bei dieser Baustelle angewandten Tabellen dargestellt, wobei nur der Arbeitsbereich von 2,1–4,2 barÜ aufgezeigt ist.

Die Maximalarbeitszeiten nach der Druckluftverordnung sind in *Abbildung 2* dargestellt, der Geltungsbereich endet bei 3,0 barÜ.

Die Tabellen sind vom DCIEM in zwei Bereiche unterteilt worden, die auch in *Abbildung 2* dargestellt sind. Die unterste, gestrichelte Verbindungslinie gibt den durch häufige Expositionen mit nachfolgender Untersuchung auf intravasale Gasblasen abgesicherten Bereich an. Längere Expositionen, die auf der oberen der beiden kontinuierlichen Verbindungslinien erkennbar sind, sind vom DCIEM hochgerechnet worden. Häufige Expositionen sind mit diesem Teil der Tabellen bisher nicht durchgeführt worden.

Da Risiken bezüglich der Entstehung einer Dekompressionskrankheit bei Anwendung der Druckluftverordnung im Bereich von 2–3 barÜ bekannt sind, und die „praktische Eingewöhnung“ mit den neuen Tabellen nicht erst im Bereich über 3 barÜ erprobt werden werden sollte, wurden ab 2,4 barÜ die von der DLR vorgelegten Tabellen eingesetzt. Diese sahen jedoch im Bereich ab 2,7 bar Überdruck nur Maximalarbeitszeiten von

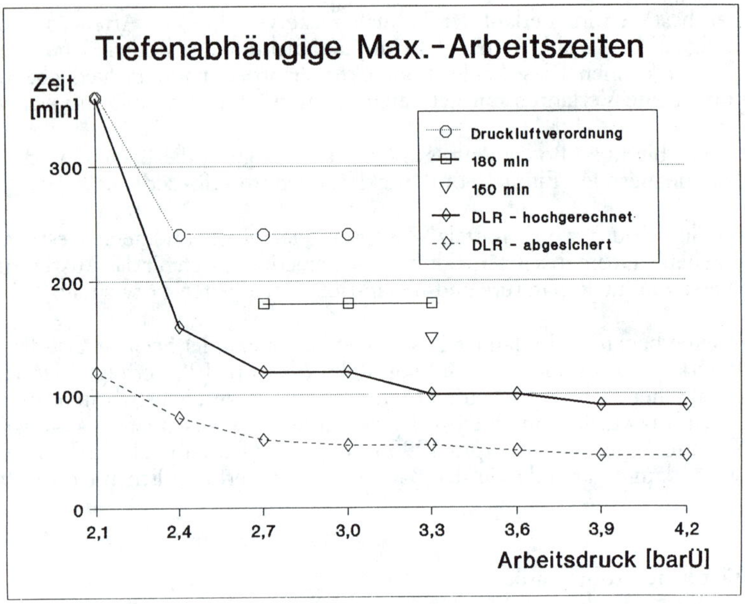

Abbildung 2: Tiefenabhängige Maximalarbeitszeiten der auf der Druckluftbaustelle Fördetunnel Kiel angewandten Tabellen.

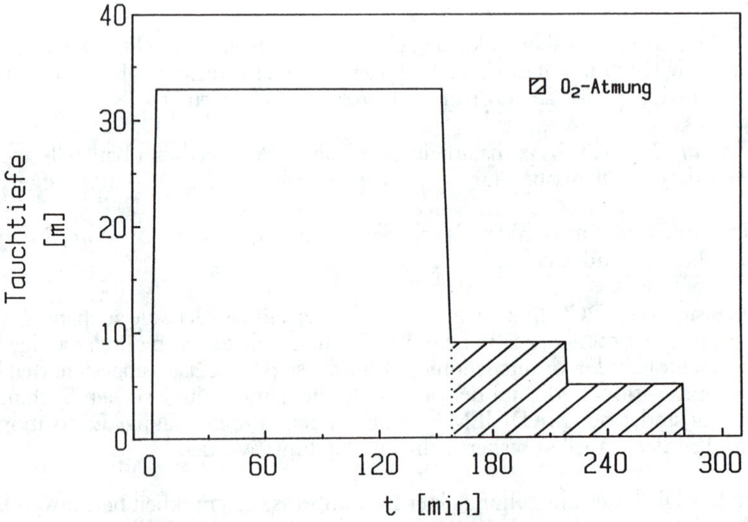

Abbildung 3: Auf der Druckluftbaustelle Kiel angewandtes Tauchprofil für eine 2,5stündige Arbeitszeit bei einer Arbeitstiefe bis 3,3 barÜ. Auf der Abszisse ist die Zeit und auf der Ordinate die Tiefe dargestellt. In der Dekompressionsphase wurde jeweils auf 9 und 5 m für 60 min 100 Vol-% Sauerstoff geatmet.

120 Minuten vor; damit war der bautechnische Ablauf nicht realisierbar.

Im Einvernehmen mit dem Landesgewerbearzt und dem Gewerbeaufsichtsamt wurde nun eine 180minütige Arbeitszeit festgesetzt (in *Abbildung 2* mit Quadraten begrenzte durchgezogene Linie). Hierbei wurde arbeitstiefenabhängig bis zu 2 Stunden Sauerstoffatmung in der Dekompressionsphase erforderlich. Zur Reduktion der Sauerstoffdosis wurde nicht über 2 Stunden auf 9 m 100 % O_2 geatmet, sondern jeweils eine Stunde auf 9 und eine auf 5 m. Bis zu einem Arbeitsdruck von 3,0 barÜ konnte diese Tabelle ohne ein erhöhtes Auftreten von Dekompressionskrankheiten (DCS) angewandt werden.

Zwischen 3 und 3,3 barÜ erkrankten jedoch über 5 % der Exponierten. Daraufhin wurde die Arbeitszeit auf 150 Minuten bei gleicher Dekompression reduziert. Nun nahm die DCS-Erkrankungsrate wieder auf 0,35 % ab. Dieses Druckluftprofil ist in *Abbildung 3* dargestellt.

Die in Zusammenarbeit mit dem Landesgewerbearzt erstellten Druckluftprofile, die sich bewährt haben, sind in *Tabelle 1* aufgeführt.

Arbeitstiefe [barÜ]	Arbeitszeit [min]	Deko 9m mit 100 % O_2	Deko 5m [min]
bis 2,4	180	60	10
bis 2,7	180	60	30
bis 3,0	180	60	60
bis 3,3	150	60	60

Tabelle 1: Arbeits- und Dekompressionszeiten im Tiefenbereich von 2,4–3,3 barÜ. Weitere Erläuterungen im Text.

Bei einem Arbeitsdruck jenseits von 3,3 barÜ wurde nur nach den von der DLR vorgelegten Tabellen geschleust.

In *Abbildung 4* ist die Häufigkeit von Dekompressionskrankheiten, bezogen auf die verschiedenen angewandten Tabellen, dargestellt. Es ergaben sich insgesamt 19 Erkrankungen, dies entspricht einer Gesamtrate von 0,44 %. Eine Erkrankung entstand eindeutig durch eine Überschreitung der vorgeschriebenen Maximalarbeitszeit, sie ist deshalb in der Graphik dieser Abbildung nicht berücksichtigt.

Unter Anwendung der **Druckluftverordnung** bis 2,7 barÜ zeigte sich eine stetige Zunahme der DCS-Erkrankungsrate.

Bei den **180minütigen** Arbeitszeiten zeigte sich bei 2,7 und 3,0 barÜ nur eine sehr geringe Erkrankungsrate, die jedoch bei der Arbeitstiefe bis 3,3 barÜ auf über 5 % anstieg. Nach Reduktion der Arbeitszeit auf 150 min sank die Erkrankungsrate auf 0,35 %.

Sowohl bei Expositionen unter 1,8 barÜ (**Druckluftverordnung**) als auch bei Expositionen über 3,3 barÜ (**DLR-Tabellen**) erkrankte keiner der eingesetzten Arbeiter. Dies erscheint uns insbesondere für den Bereich über 3,3 barÜ von großer Wichtigkeit.

Jenseits von 3,3 barÜ wurden 514 Expositionen ohne einen Fall von Dekompressionskrankheit durchgeführt.

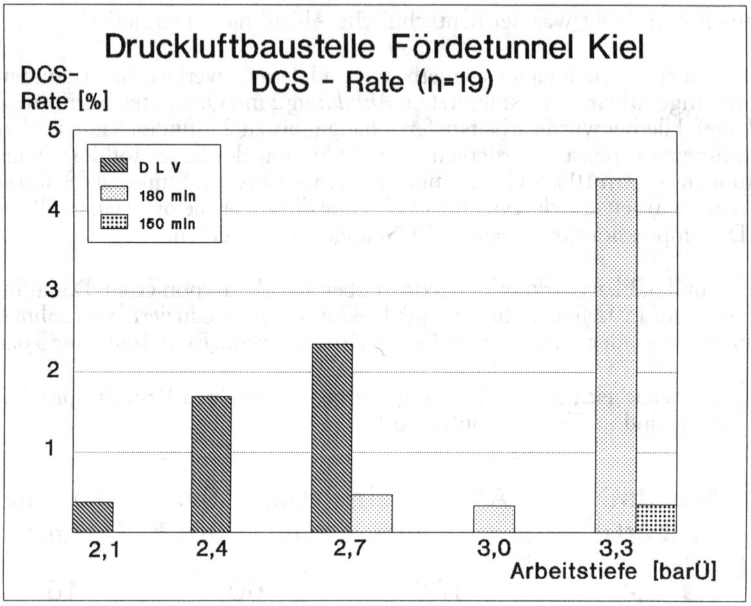

Abbildung 4: Rate an Dekompressionskrankheiten, bezogen auf die auf der Druckluftbaustelle Fördetunnel angewandten Tabellen. Abszisse: Arbeitstiefe [barÜ], Ordinate: DCS-Rate [%]. Unter 2,1 barÜ und über 3,3 barÜ erkrankte keiner der exponierten Druckluftarbeiter, somit ist die DCS-Rate für die Tabellen in diesem Druckbereich 0,0 %. Weitere Erläuterungen im Text.

Drucklufterkrankungen

Insgesamt 15 Druckluftarbeiter erkrankten 19mal an einer DCS. Zwölf Druckluftarbeiter erkrankten einmal, zwei DL-Arbeiter zweimal und ein Druckluftarbeiter dreimal im Verlaufe der Druckluftarbeiten an dieser Baustelle. Es kam in keinem Fall zu neurologischen Symptomen, wohl aber in 3 Fällen zu „Bends under pressure". Sämtliche 19 Dekompressionserkrankungen imponierten mit Muskel- oder Knochenschmerzen, also „Bends". 18mal war die untere, einmal die obere Extremität befallen.

Die Erkrankten wurden nach Zeile 5 oder 6 der US-Navy-Behandlungstabelle therapiert. Sämtliche Erkrankten waren nach der initialen Rekompressionstherapie beschwerdefrei und konnten nach einem expositionsfreien Intervall von 1–3 Tagen ihre Tätigkeit wieder aufnehmen.

Verschiedenes

Die folgenden Punkte sind bei Anwendung dieser oder ähnlicher Tabellen zu berücksichtigen:

– Im Tiefenbereich von 30 bis 40 m kam es zu Symptomen des Tiefenrausches. Vereinzelt wurden Absprachen oder Anweisungen, die vor der Druckluftarbeit festgelegt wurden, während der Druckluftarbeit gar nicht oder nur teilweise durchgeführt.

– Eine längere, bis zu 120 Minuten lange Sauerstoffatmung in der Dekompressionsphase kann aus folgenden Gründen zu Problemen führen:

1. Es besteht bei täglicher Exposition das Risiko der chronischen Sauerstoffvergiftung. Bei möglichen Rekompressionstherapien nimmt dieses Risiko noch erheblich zu.

2. Müdigkeitsbedingte ungenügende O_2-Atmung könnte bezüglich der Entstehung einer DCS nicht kalkulierbare Folgen nach sich ziehen.

Aufgrund dieser Punkte ergibt sich unserer Meinung nach ein Limit für die konventionelle Druckluftarbeit bei ca. 40 m.

Darüberhinaus müssen andere Verfahren, z.B. die Sättigungstechnik, Anwendung finden.

Zusammenfassung

Erstmals in der Bundesrepublik Deutschland wurden Druckluftarbeiten im Bereich von 30 bis 40 m Wassertiefe durchgeführt. Die angewandten kanadischen Tauchtabellen sowie die Modifikationen waren für die hier durchgeführten Druckluftarbeiten praktikabel und scheinen für die Druckluftarbeiter keine gesundheitliche Gefahr darzustellen.

Für Baustellen mit kontinuierlicher Druckluftarbeit im Bereich zwischen 3 und 4 barÜ sind die angewandten Tabellen aufgrund der relativ geringen Arbeitszeit nur bedingt verwendbar, bzw. müßte bei der zur Verfügung stehenden Arbeitszeit wesentlich mehr Personal eingesetzt werden.

Basierend auf den Erfahrungen, die auf dieser Baustelle gemacht wurden, erscheint in Ausnahmefällen Druckluftarbeit auf der Basis von Preßluftatmung in der Arbeits- und Sauerstoffatmung in der Dekompressionsphase bis 40 m möglich.

Literaturverzeichnis:

[1] BENNETT/ELLIOT: The Physiology and Medicine of Diving; 3rd Edition; Baillière Tindall (London), 1982
[2] G. R. LAUCKNER, R. Y. NISHI: Decompression Tables and Procedures for Compressed Air Diving based on the DCIEM 1983 Decompression Model. Defense and Civil Institute of Environmental Medicine No. 84-R-74, Downsview, Ontario, Canada 1984
[3] Persönliche Kommunikation J. WENZEL/Dt. Forschungs- u. Versuchsanstalt für Luft- und Raumfahrttechnik – U. VAN LAAK, F. FLECHSIG/Schiffahrtmedizinisches Institut der Marine
[4] Verordnung über Arbeiten in Druckluft (Druckluftverordnung) vom 4.10.1972
[5] K. H. MÄNNCHE, K. H. DREYER, D. PENSCH-DREYER: Dekompressionsunfälle bei Caisson-Arbeitern – muß das sein? CAISSON Jg. 4/Nr. 3, S. 55–57
[6] ERIC P. KINDWALL, M. D.: Caisson Decompression in: RICHARD D. VANN, Ph. D.: The Physiological Basis of Decompression.
31rd Undersea and Hyperbaric Medical Society Workshop; Bethesda, Maryland 1989
[7] Prospekt Arbeitsgemeinschaft Fördetunnel Kiel

1.2 Wie sicher sind „sichere“ Dekompressionsverfahren? How safe are ’safe’ decompression procedures?

von K. P. FAESECKE

Im folgenden soll die Dekompressionssicherheit für Taucher und Druckluftarbeiter aus dem Blickwinkel des Arbeitsschutzes beleuchtet werden, der in erster Linie nach der Effizienz der Verfahren in gesundheitlicher Hinsicht fragt, und zwar nicht nur kurzfristig, sondern auch auf lange Sicht – moderner gesundheitlicher Arbeitnehmerschutz muß heute die gesamte Lebensspanne des Arbeitnehmers im Auge haben, Beispiele sind hier Asbest und andere Kanzerogene. Denn Taucherärzte wissen auch, daß die Gesundheitsschäden eines langen Taucherlebens erst kurz vor dessen Ende manifest werden können; die möglichen Folgen der Arbeit in Überdruck stellen ja geradezu den Prototyp der Berufskrankheit dar, denn nur wer sich exponiert, kann auch erkranken!

Die grundlegenden physiologischen Vorgänge scheinen uns doch etwa seit der Jahrhundertwende klar vor Augen zu stehen; schließlich hatte bereits 1857 HOPPE den Zusammenhang zwischen Dekompression und „Gasblasenkrankheit“ nicht nur vermutet, sondern eindeutig belegt und publiziert. Dennoch ist die Geschichte unseres Fachs prall gefüllt mit Irrwegen und Mißverständnissen, die viele hundert Arbeitnehmer das Leben gekostet haben. Noch beim Bau des ersten Hamburger Elbtunnels meinte der zunächst mit der ärztlichen Aufsicht betraute Krankenhausarzt, daß die Dekompessionsphase wegen ihrer adiabatischen Abkühlung das eigentlich schädliche Agens sei und deshalb möglichst kurz zu halten wäre. – Es soll hier der naheliegenden Versuchung widerstanden werden, sich in Historizismen zu ergehen, obwohl dabei festzustellen wäre, daß vieles von dem, was wir heute als umwälzende Erkenntnis empfinden, von den Altvorderen bereits vorgedacht worden ist.

Es sei hier behauptet, daß wir immer noch nicht genug Definitives über die Pathologie der Gasblasenkrankheit wissen; wir verfügen über gewisse theoretische Grundlagen und wissenschaftlich verfeinerte Vermutungen, mit deren Hilfe man Taucher und Druckluftarbeiter von ihrem Arbeitsplatz wieder in normale Druckverhältnisse zurückholt; aber eigentlich ist das ein fragwürdiges Vorgehen: wir kennen zwar nicht die theoretischen Grundlagen, aber solange es funktioniert...– Zum Glück werden unsere Autos und Flugzeuge nicht mit dieser Einstellung gebaut.

Die materiell faßbaren Ergebnisse von Überlegungen und Experimenten zur Arbeitssicherheit bei Exposition im Überdruck werden als Austauchtabellen bezeichnet. BÜHLMANN formuliert das so: „Dekompressionstabellen basieren auf empirisch festgestellten und statistisch mehr oder weniger gesicherten Toleranzen.“

Sie sind nach den Parametern Partialdruck (also Tiefe) und Zeit geordnet und geben vor, welche Druckgradienten beim Auftauchen ohne klinisch manifeste Krankheitszeichen toleriert werden. Ihre Ursprünge, und diese gehen inzwischen über 80 Jahre zurück, sind reinste Empirie gewesen. (Aus solchem Versuchsaufbau sind z. B. die Tabellen der US-Navy während des Ersten Weltkriegs hervorgegangen, die noch fast deckungsgleich mit den in der Bundesrepublik Deutschland benutzten Tabellen sind.) Das bedeutet zwangsläufig, daß bei der Anwendung der Tabellen die bei ihrer Entstehung zugrundegelegten Rahmenbedingungen strikt einzuhalten sind: die Aufstiegsgeschwindigkeit der Taucher als Beispiel war durch die Leistung des Krans der USS „Walker“ festgelegt, der pro Minute 18 Meter schaffte und so die noch heute gültige Dimension festlegte.

Je tiefer die Einsätze und je länger ihre Zeitdauer, desto unsicherer die Tabellen; diese langen Taucherprobungen waren auch nur mit einer sehr geringen Anzahl von Tauchern durchgeführt worden. Es gibt deshalb im Anfang die Empfehlung, bei schwerer Arbeit die nächsttiefere Zeile anzuwenden – und erfahrene Tauchereinsatzleiter tun dies auch bei anderen Anlässen. Denn sehr bald hatten sich ja auch die schwerwiegenden gesundheitlichen Nachteile dieser Tabellen gezeigt: Es grenzt schon an Zynismus, daß die gleiche Institution, die diese Tauchtabellen herausgebracht hatte, kurze Zeit später mit Behandlungstabellen herauskam, um die Folgen der offenbar nicht ausreichend sicheren Austauchtabellen zu reparieren: mit einer zweiten, nunmehr Therapie genannten kontrollierten Exposition, die dann mit sehr viel längeren Austauchphasen einhergeht. Dies reflektiert deutlich den militärischen Denkansatz dieser Vorgehensweise: Wenn die erste Front bröckelt, wird die zweite eröffnet, die dann alles auffängt...

Dieser Ansatz hat den Arbeitsschutz im gewerblichen Bereich, wo es um Arbeit im Überdruck geht, bis heute nachhaltig beeinflußt. Das gilt bis in einzelne Formulierungen des G31, wo erkennbar wird, daß die „Durchführung des Einsatzes“ das eigentliche Ziel der Vorsorgeuntersuchung darzustellen scheint.

Die moderne Arbeitsmedizin hat uns inzwischen das konzeptionelle Instrumentarium an die Hand gegeben, um auch die Tauch- und Überdruckmedizin im Sinne der verbesserten Arbeitssicherheit „nachzurüsten“, um hier einmal den Schulterschluß mit den militärischen Kollegen wieder herzustellen.

Die **Analogien zur Problematik krebserzeugender Arbeitsstoffe** sind in unserem Fach wirklich frappierend: Prinzipiell kann eine einmalige Exposition einen Schaden setzen, der in der Regel mit erheblicher Latenzzeit einsetzt; die akuten Erscheinungen sind in der Regel andere als die Spätschäden, sowohl was die Lokalisation als auch die Symptomatik angeht; die Langzeitschäden sind in der Regel nicht heilbar, weil sie meist zu spät entdeckt werden; es besteht, pauschal formuliert, keine Dosis-Wirkungs-Beziehung, die einen völlig gefahrlosen Umgang mit dem Überdruck definieren könnte. Es scheint jedoch einen Schwellenwert zu geben, oberhalb dessen die Gefährdung einen qualitativen Sprung macht, und diesen gilt es herauszufinden; gleiche Überlegungen gibt es auch in der Senatskommission für gesundheitsschädliche Arbeitsstoffe in Bezug auf Karzinogene.

Damit wird die Tauch- und Überdruckmedizin auch wieder in den Rahmen gestellt, in den sie gehört, nämlich die Arbeitsmedizin. Tauchen ist kein Sport, sondern Arbeit; und von der an der Auftragserfüllung orientierten Militärmedizin ist naturgegeben zunächst kein Beitrag zum gesundheitlichen Arbeitnehmerschutz zu erwarten, auch wenn einzelne Befunde sicherlich zur Abrundung des Bildes hilfreich sind.

Der entscheidende Faktor für die gegenwärtig zu dokumentierende Unsicherheit unserer Dekompressionsverfahren (und es wird dazu auf die Bremer Caisson-Baustelle mit 4 % Bends' rate verwiesen) besteht außer in fehlendem Wissen über Grundlagen der Pathophysiologie im exponierten Individuum.

Es sollen hier nur Faktoren wie: Geschlecht, Alter, Fettgehalt des Körpers, Erfahrung, Drogen (wie Alkohol, Zigaretten, Tabletten), auch die situationsbedingte Exsikkose als Beispiel genannt werden.

Das oberste Ziel der ärztlichen Schutzbemühungen muß statt der statistisch validierten Pauschalprophylaxe die Individualprophylaxe, d. h. der Schutz des einzelnen vor vermeidbaren Körperschäden sein. Dazu müssen neue Denkanstöße erfolgen, um eine fruchtbare Diskussion in diesem Kreise anzuregen.

Konsequenterweise muß das letztendliche Ziel aller Bemühungen sein, den Taucher bzw. Druckluftarbeiter überflüssig zu machen, ihn also durch ferngesteuerte oder automatisierte Systeme zu ersetzen. Auf dem Wege zu diesem Ziel ist es Aufgabe verantwortungsbewußter Mediziner, im Zweifelsfall ein technisches Verfahren zu befürworten, welches mit einem geringeren Risiko behaftet ist.

Die Kooperation mit der Technik muß dazu führen, daß moderne Tauchtechnik entsteht, und modern heißt in diesem Zusammenhang natürlich „sicher". Es ist vom ärztlichen Standpunkt alles zu begrüßen, was dazu beiträgt, den Taucher

– vor Schäden durch Druckexposition zu bewahren und

– vor Umwelteinflüssen zu schützen,

sowie ihm hilft, seine physiologischen Handicaps auszugleichen und seine Arbeit besser und damit schneller zu erledigen. („To err is human, to foresee design!") Es muß von ärztlicher Seite rechtzeitig dem Fortschritt der Technik Rechnung getragen werden, der dazu führt, daß einerseits erprobte Verfahren sicherer werden, aber gleichzeitig neue Verfahren zur Anwendungsreife kommen, die mit einem geringeren Risiko behaftet sind.

Nach meiner Ansicht läuft die Entwicklung seit einem Vierteljahrhundert in einem Tempo, das die Anpassungsmöglichkeiten des Menschen zunehmend überfordert und bald nur noch Ausnahmetypen die annähernd volle Ausschöpfung des Potentials ermöglichen wird, ähnlich wie bei der Entwicklung von Hochleistungskampfflugzeugen.

Aber bis dahin werden wir Ärzte noch mit der Fülle der interindividuellen Unterschiede konfrontiert werden und haben dafür zu sorgen, daß unser Tun ein Höchstmaß an individueller Sicherheit am Arbeitsplatz schafft. Dazu ist es unverzichtbar, daß der Arzt auch vor Ort ist. Der mit der gesundheitlichen Betreuung beauftragte Druckluftarzt darf sich nicht in Vorsorgeuntersuchungen erschöpfen und im übrigen darauf warten, daß ihm die Druckluftkranken vor die Behandlungsschleuse gelegt werden. Die eigene Erfahrung zeigt, daß die ärztliche Individualprävention vor Ort die entscheidende Ergänzung zu neuen, sichereren Dekompressionsverfahren darstellt und wesentlich zur Senkung der Erkrankungsrate beitragen wird.

Zusammenfassung

Ausgehend von der Entstehung der zur Zeit in der Arbeitswelt angewendeten Dekompressionstabellen werden deren Risiken dargestellt sowie die Forderung nach einem arbeitsmedizinisch orientierten, umfassenden, individuellen Schutzkonzept für Taucher und Druckluftarbeiter erhoben.

Summary

Based on the origins of decompression tables currently applied at the work-site a risk assessment is outlined and the demand for an overall, individual-orientated safety concept, focusing on occupational health, is set up.

1.3 Die Dekompression ist ein gemeinsames Problem der Luftfahrt, Raumfahrt, Caissonarbeit und des Tauchens.

von P. HAMPE, J. WENZEL, L. VOGT, E. W. MÜLLER

Abstract

Für die Arbeitsgebiete Luft- und Raumfahrt, Caissonarbeit und Tauchen wurden zur Verhinderung von Druckfallkrankheiten nahezu unabhängig voneinander Dekompressionsverfahren entwickelt, die stark auf die jeweiligen Arbeitsbedingungen ausgerichtet waren.

Das DLR- Computerprogramm „EXPOSA“ wurde entwickelt, um die Dekompressionstabellen der Deutschen Berufsgenossenschaften, der US-Navy, des Defence and Civil Institute (Kanada), die der Sporttaucher (HAHN/BÜHLMANN) und die DLR-Mischgas-Kurzzeittauchgänge in der gleichen Weise analysieren zu können wie Sättigungsdekompressionen, Unterdruckexpositionen und einzelne, spezielle Expositionen. Es wurde für 300 verschiedene Körperkompartimente die Sättigung mit den Inertgasen Stickstoff, Helium und gegebenenfalls Wasserstoff engmaschig berechnet. Die Ergebnisse der Tabellenanalysen wurden in einer Datenbank gespeichert.

Gegen Umgebungsdruck und Kompartimentehalbwertszeit aufgetragen bilden die errechneten, auf den Umgebungsdruck bezogenen Übersättigungen dreidimensional gewölbte Flächen, deren Form charakteristisch für das jeweilige Dekompressionsverfahren ist. Faßt man die Ergebnisse der sehr unterschiedlichen Dekompressionsmethoden zusammen, so erhält man dennoch eine glatte, gemeinsame Grenzfläche, die als physiologische Toleranzgrenze des Menschen gegenüber Dekompressionen angesehen werden kann. Diese Grenzfläche kann zur Konstruktion von Dekompressionstabellen verwandt werden.

Das Verfahren hat sich bei der Entwicklung von Naß- und Trockentauchtabellen sowie zur Abschätzung der Möglichkeiten für U-Bootnotausstiege und Unterdruckexpositionen, wie sie beim Aufenthalt im Raumanzug vorkommen, bewährt. Die Methode ist mit Hilfe des DLR-Programms „DECOPLAN“ zur Berechnung von Dekompressionsstufen angewandt worden, um die Tabellen der Druckluftverordnung zu überarbeiten.

Einleitung

Ein gemeinsames Problem sowohl der Luft- und Raumfahrt, als auch der Tauch- und Überdruckmedizin ist die Wirkung von Umgebungsdruckänderungen auf den Menschen. Sie sind stark vom Inertgasaustauschverhalten der Körperkompartimente mit dem Atemgas abhängig. Während der Mensch nicht zu schnelle Kompressionen im allgemeinen gut toleriert, kann es beim Absenken des Umgebungsdruckes zur Entbindung von Gasblasen aus übersättigten Körpergeweben kommen, was zu lebensbedrohenden Erkrankungen führen kann. Es war das Ziel unserer Untersuchungen, ein Verfahren zu entwickeln, mit dem das Risiko einer Dekompressionserkrankung abgeschätzt werden kann und mit dem Dekompressionen berechenbar sind.

Methode und Parameter der Analyse

Um Aussagen darüber machen zu können, welche Dekompressionen von Menschen bei vorgegebener Kompression und Isopression möglich sind, mußten Verträglichkeitsbereiche und insbesondere feste Grenzen gefunden werden, die mit hoher Wahrscheinlichkeit überhaupt nicht überschritten werden können. In den vergangenen Jahren wurde ein umfangreiches Programmpaket für DEC-VAX-Rechner entwickelt, das die physiologischen Toleranzgrenzen des Menschen gegenüber Dekompressionen und die für unterschiedliche Dekompressionsverfahren charakteristischen Inertgasbelastungen sichtbar macht. Dazu werden zunächst die als Folge von Druck- und Atemgasgemischänderungen auftretenden Inertgassättigungen der Körperkompartimente engmaschig berechnet.

Mit Rücksicht auf einen vertretbaren Rechenaufwand wird die Berechnung des Gasaustausches von Körperkompartimenten mit dem Atemgas unter der Annahme parallel geschalteter Kompartimente vorgenommen, die sich als Funktion der Zeit exponentiell sättigen und entsättigen [1, 2, 3, 4, 5, 6]. Entsprechend ihrer Diffusion werden die Inertgase Helium und Wasserstoff den adäquaten Stickstoffhalbwertszeiten durch Umrechnung zugeordnet. Zwar berücksichtigt dieses Modell weder eine spontane Gasblasenbildung bei Dekompression noch die physiologische Wirkung von Sauerstoff und CO_2, und auch nicht die Abhängigkeit des Gasaustausches von Druck und Gasgemisch [7], es ist aber dennoch in der Lage, die physiologischen Gegebenheiten so gut wiederzugeben, daß ein Vergleich von Dekompressionsverfahren und damit auch die Konstruktion neuer Dekompressionsprofile möglich ist.

Das DLR-Programmpaket zur Analyse von Dekompressionen

Zur Analyse von Druckprofilen im Bereich 0 bar absolut bis über 60 bar Überdruck wurde das Programm „EXPOSA“ entwickelt. Es berechnet die Inertgassättigung von 300 Kompartimenten beliebig wählbarer N_2-Halbwertszeiten in Abhängigkeit von Expositionszeit, Umgebungsdruck und den Inertgasanteilen von N_2, He und H_2 im Atemgas. Ausreichende Rechengenauigkeiten sowohl für sehr langsame Druckänderungen (Sättigungsdekompression) als auch für schnelle Druckänderungen (Notaufstieg) erhält man bei Berechnungsschrittweiten von DT = 1 Sekunde. Zur weiteren Verarbeitung werden die Inertgasdrücke aller Kompartimente während der Dekompressionsphasen in Abhängigkeit vom Umgebungsdruck gespeichert.

Die Daten der analysierten Dekompressionen können von einem Sortierprogramm in eine dreidimensionale Matrix eingeordnet werden. Für jeden gespeicherten Gesamtdruck p und jede Kompartimentehalbwertszeit T_H wird dazu das Gewebeübersättigungsverhältnis TR als Quotient aus der Summe aller Inertgaspartialdrücke im Kompartiment und dem Umgebungsdruck berechnet und als Funktion der Kompartimentehalbwertszeit und des Gesamtdruckes gespeichert. Für jede Dekompression ergibt sich dann eine in diesem Raum gekrümmte Fläche, die charakteristisch für das verwendete Dekompressionsverfahren ist. Unterschiedliche Dekompressionsverfahren können anhand ihrer charakteristischen Flächen verglichen werden.

Trägt man in dieses Volumen die Ergebnisse mehrerer beschwerdefrei verlaufener Dekompressionen ein, so erhält man eine obere Grenzfläche, die sich aus den jeweils höchsten tolerierten TR's ergibt. Diese Hüllfläche kann man zur Entwicklung von Dekompressionsprofilen verwenden, deren Restrisiko dem der Hüllfläche zugrundegelegten Dekompressionen entspricht.

Ergebnisse der Analyse

Analysiert wurden die US-Navy-, die DCIEM-, die COMEX- und die BG-Tauch- und Drucklufttabellen, Sporttauchtabellen (u. a. HAHN/BÜHLMANN), die Profile von Dekompressionsversuchen in Unterdruckkammern mit etwa 600 Versuchspersonen, die Dekompressionen von über 600 man-dives bei DLR-Mischgas-Kurzzeittauchgängen bis 205 m, die Dekompressionsverfahren bei Helium-Sättigungstauchgängen sowie einige Profile von speziellen Dekompressionen und auch Profile von Dekompressionsunfällen.

Die *Abbildung 1* zeigt im oberen Teil die Hüllfläche des DCIEM-Tabellenwerkes als Funktion des Umgebungsdruckes und der Kompartimentehalbwertszeit. In der Projektion ist die Linie kritischer Übersättigung TR=1 eingetragen. Die *Abbildungen 2 und 3* zeigen die Hüllflächen der BG-Tabellen und die der US-Navy-Tabellen. Die als sehr sicher geltenden DCIEM-Tabellen weisen die niedrigsten TR's auf, während die US-Navy-Tabellen in allen Bereichen der Kompartimentehalbwertszeiten erheblich höhere Übersättigungen zulassen. Besondere Bedeutung für tiefere Kurzzeitexpositionen und Notaufstiege ist den DLR-Mischgastabellen zuzumessen, da sie einen großen Druckbereich überdecken und durch den Einsatz hoher Sauerstoffpartialdrücke experimentell auf minimale Dekompressionszeit optimiert wurden. Die *Abbildung 4* zeigt die TR-Hüllfläche derjenigen DLR-Tabellen, deren Komplikationsrate unter 50 % lag. Die Zwischentäler der Hüllfläche im Bereich kurzer Halbwertszeiten und niedriger Drücke werden durch den Einsatz von Atemgasen mit hohem Sauerstoffpartialdruck verursacht.

Faßt man für ein Restrisiko bis 5 % alle genannten Dekompressionen in einem einzigen Datensatz zusammen, so ergibt sich eine gemeinsame, stetig verlaufende Hüllfläche *(Abb. 5)*, die im Bereich von 0,3 bar absolut bis über 20 bar im Rahmen der Modellannahmen die absoluten physiologischen Grenzen des Menschen gegenüber Dekompressionen darstellt.

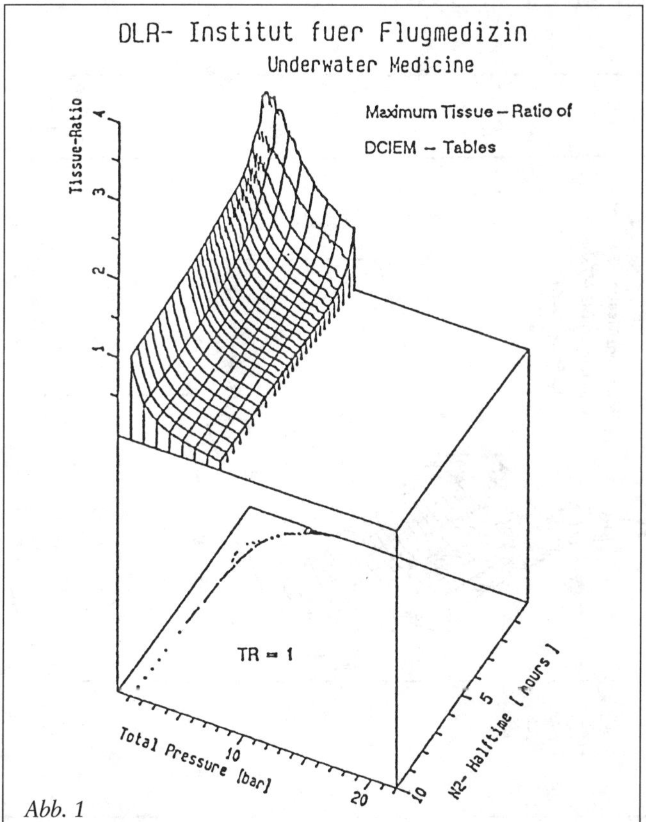

Abb. 1

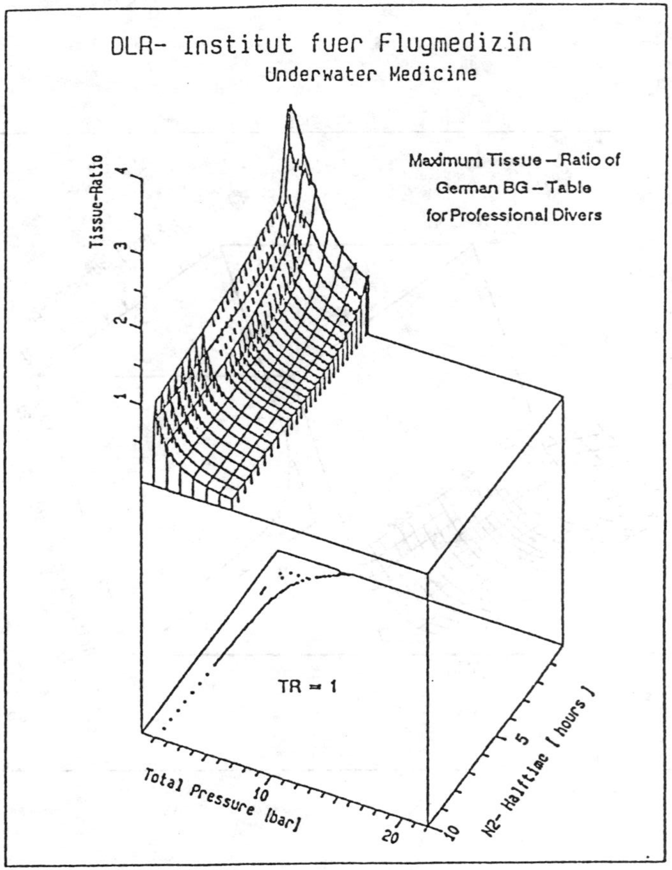
DLR- Institut fuer Flugmedizin
Underwater Medicine
Maximum Tissue – Ratio of
German BG – Table
for Professional Divers
Tissue-Ratio
1
2
3
4
TR = 1
Total Pressure [bar]
10
20
N2- Halftime [hours]
5
10

Abb. 2

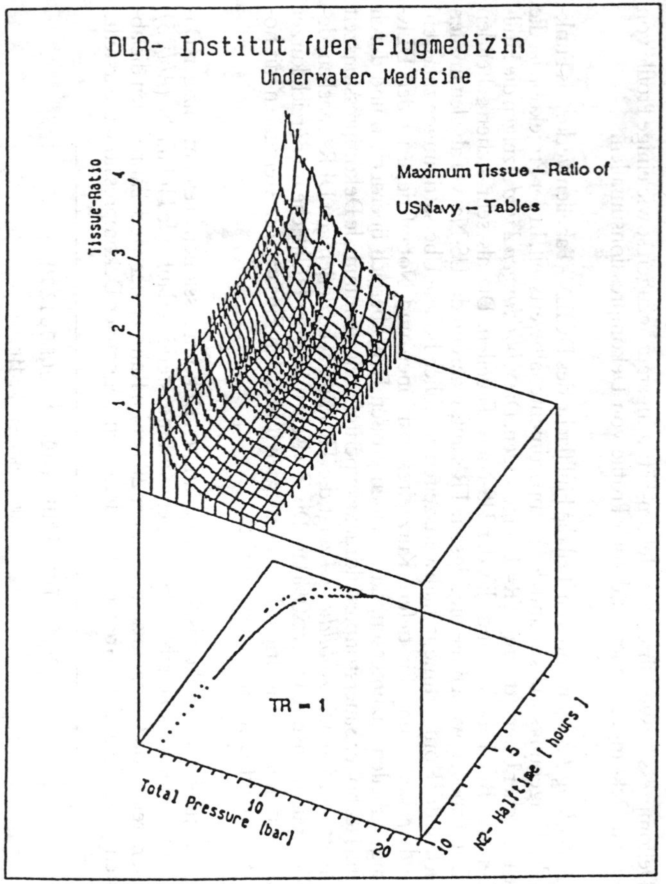
DLR- Institut fuer Flugmedizin
Underwater Medicine
Maximum Tissue – Ratio of
USNavy – Tables
Tissue-Ratio
1
2
3
4
TR = 1
Total Pressure [bar]
10
20
N2- Halftime [hours]
5
10

Abb. 3

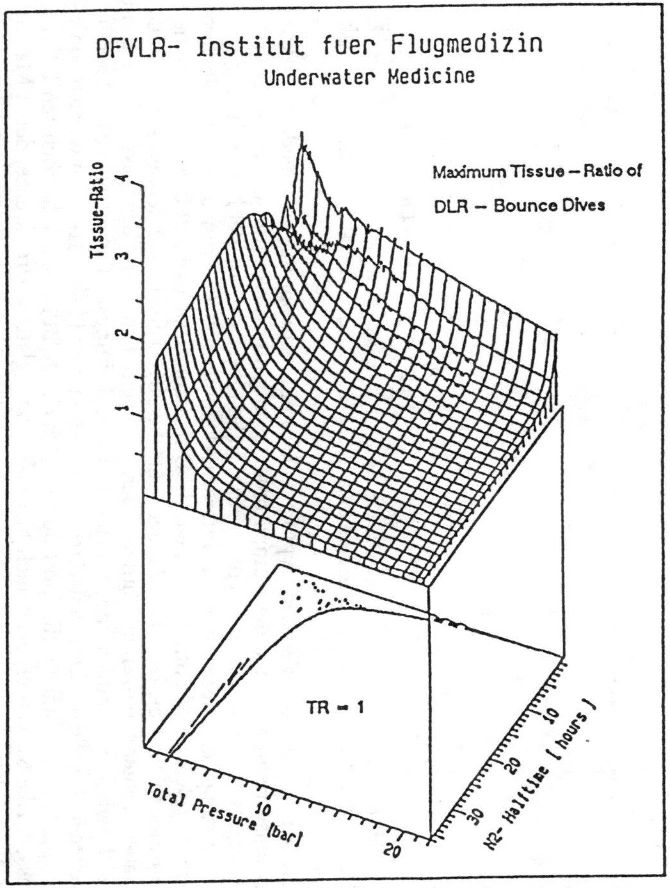
DFVLR- Institut fuer Flugmedizin
Underwater Medicine
Maximum Tissue – Ratio of
DLR – Bounce Dives
Tissue-Ratio
1
2
3
4
TR = 1
Total Pressure [bar]
10
20
N2- Halftime [hours]
10
20
30

Abb. 4

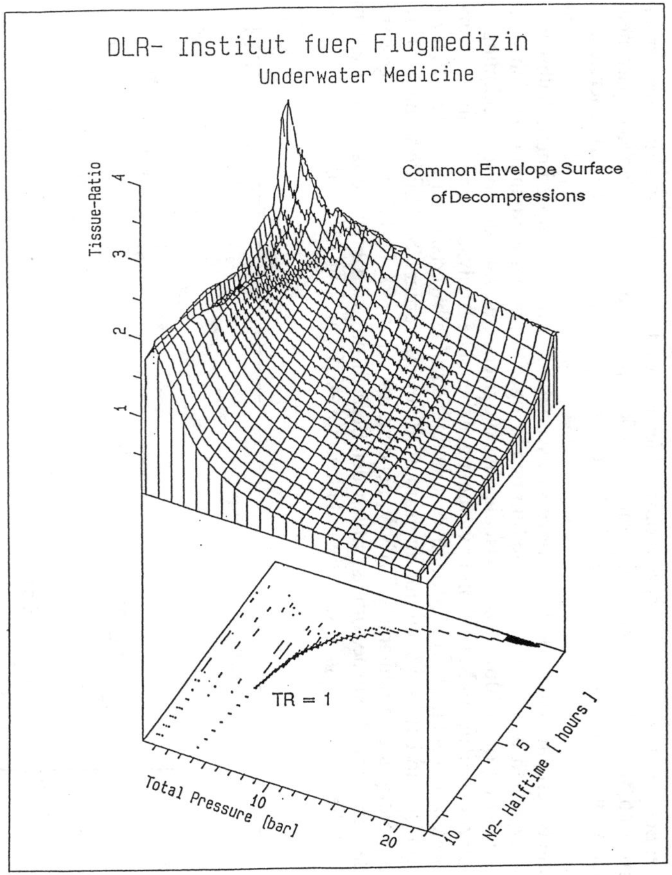
DLR- Institut fuer Flugmedizin
Underwater Medicine
Common Envelope Surface
of Decompressions
Tissue-Ratio
1
2
3
4
TR = 1
Total Pressure [bar]
10
20
N2- Halftime [hours]
5
10

Abb. 5

Bei der Berechnung von Dekompressionsprofilen ist nur dann ein beschwerdefreier Verlauf zu erwarten, wenn die während der gesamten Dekompression auftretenden Kompartimenteübersättigungen, soweit sie ein TR > 1.0 aufweisen, diese Hüllfläche nicht übersteigen.

Für die ersten Analysen von Dekompressionsverfahren waren Kompartimentehalbwertszeiten zwischen 10 Sekunden und 36 Stunden in logarithmischer Aufteilung gewählt worden. Für sehr große Halbwertzeiten ist die physiologische Relevanz der Modellrechnung jedoch in zunehmendem Maße immer weniger gegeben. Die Analyse von Sättigungsdekompressionen aber zeigt, daß die Modellvorstellung bis zu Halbwertszeiten von etwa 10 h zutreffend ist und darüber auch nur langsam an Relevanz verliert. So limitierte beim DLR-Helium-Sättigungstauchgang TITAN V, bei dem mit einem O_2-Partialdruck von 0,45-0,5 bar dekomprimiert wurde, offensichtlich der Bereich um 10 h Halbwertszeit mit einem TR=1,0 die Dekompressionsgeschwindigkeit auf –2,5 bar/Tag *(Abb. 6)*.

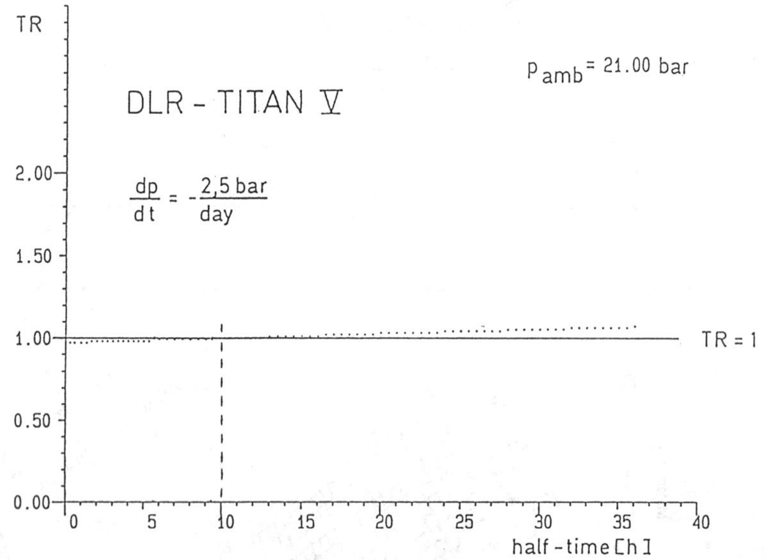

Abb. 6

Interessant ist auch der Vergleich typischer Dekompressionsprofile verschiedener Dekompressionsverfahren anhand der Kompartimentesättigungskurven, die jeweils am Ende der Dekompressionen zugelassen werden *(Abb. 7)*. So führen die von der NASA durchgeführten Sättigungsdekompressionen in Unterdruckkammern ab 8 h Kompartimentehalbwertszeit zu den gleichen Maximalwerten wie die DLR-Baunce-Dives auf 200 m. Lange und tiefe Expositionen der US-Navy-Tabelle, der deutschen BG-Tabelle und der deutschen Drucklufttabelle zeigen Grenzen im mittleren Bereich. Die hohen Werte der Caisson-Tabelle im Bereich zwischen 3 und 5 Stunden zeigen die Überarbeitungsbedürftigkeit der 1972 herausgegebenen Tabelle der Druckluftverordnung. Bei kurzen Halbwertszeiten werden von einer typischen Tauchtabelle für Sporttaucher nach HAHN/BÜHLMANN die höchsten TR's zugelassen. Alle Kurven ergeben auch hier eine relativ glatte obere Grenze, deren Maxima den Wert TR=1,85 an keiner Stelle überschreiten. Da diese obere Grenzkurve aus-

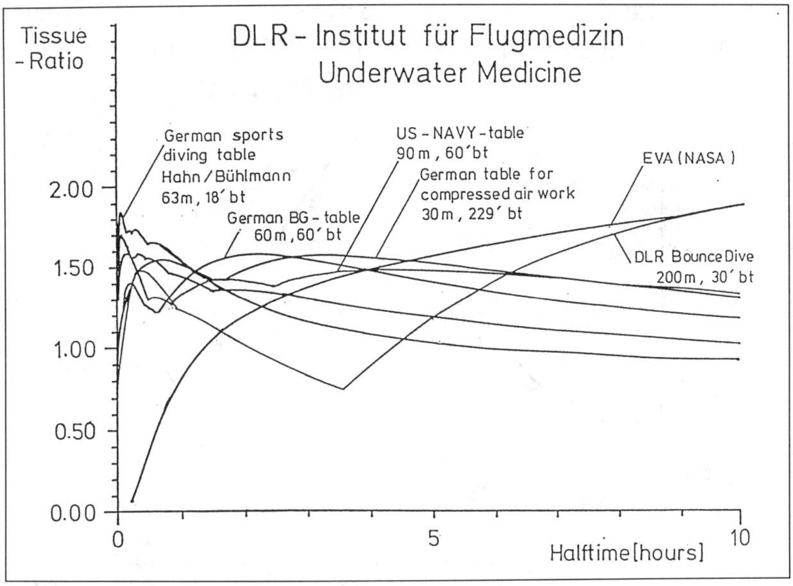

Abb. 7

schließlich aus praktisch durchgeführten, beschwerdefrei verlaufenen Dekompressionen hergeleitet wurde, kann sie zur Beurteilung der Qualität von Dekompressionsprofilen herangezogen werden.

Überprüfung der Toleranzgrenzen und Beispiele

Für Kompartimentehalbwertszeiten ab etwa 4 Stunden ist die sich aus *Abbildung 7* ergebende Grenzkurve für berufliche Routineanwendungen und erst recht für private Expositionen mit einem noch zu hohen Restrisiko versehen. Nach den Erfahrungen bei der Caissonbaustelle unter der Kieler Förde führte die Ausnutzung dieser Toleranzgrenze zu 8 Komplikationen auf 141 Expositionen, was dem zu erwartenden Restrisiko von etwa 5 % entspricht. Erst eine deutliche Reduktion der Arbeitszeit führte zu einer ausreichenden konservativen Dekompression mit nur einer Komplikation auf 241 Expositionen *(Abb. 8)*. An dieser Grenze orientieren sich auch die von der DLR vorgeschlagenen neuen Dekompressionstabellen für Arbeiten in Druckluft.

Auch die Sporttaucher dekomprimieren mit deutlich geringerem Restrisiko als 5 %. Selbst die von HAHN/BÜHLMANN nur noch für Notsituationen vorgesehene Tabelle für 63 m Tauchtiefe läßt nur TR's zu *(Abb. 9)*, die weit unter der aus *Abbildung 7* abgeleiteten Toleranzkurve liegen.

Beim Fliegen ohne Druckkabine wird diese Toleranzkurve allerdings stark überschritten. Selbst ein leistungsfähiges, einmotoriges Sportflugzeug ohne Druckkabine kann nach dem Start innerhalb von 15 min eine Höhe von 20 000 ft erreichen. Das entspricht einer Dekompression von Normaldruck auf 0,4 bar und zwingt die Insassen zur Atmung reinen Sauerstoffs. Die *Abbildung 10* zeigt die dabei entstehenden Kompartimenteübersättigungen. Obwohl diese Kurven die Toleranzkurve für 5 % Dekompressionsrestrisiko stark überschreiten, widersprechen sie nicht den vorangehenden Aussagen. Die in der Regel kurze Verweildauer in dieser Höhe, das Fehlen körperlicher Anstrengung und die Konzentration auf andere Dinge erklären, daß Privatpiloten selten über Dekompressionsbeschwerden klagten, die unter gleichen Bedingungen in der Druckkammer häufig auftreten.

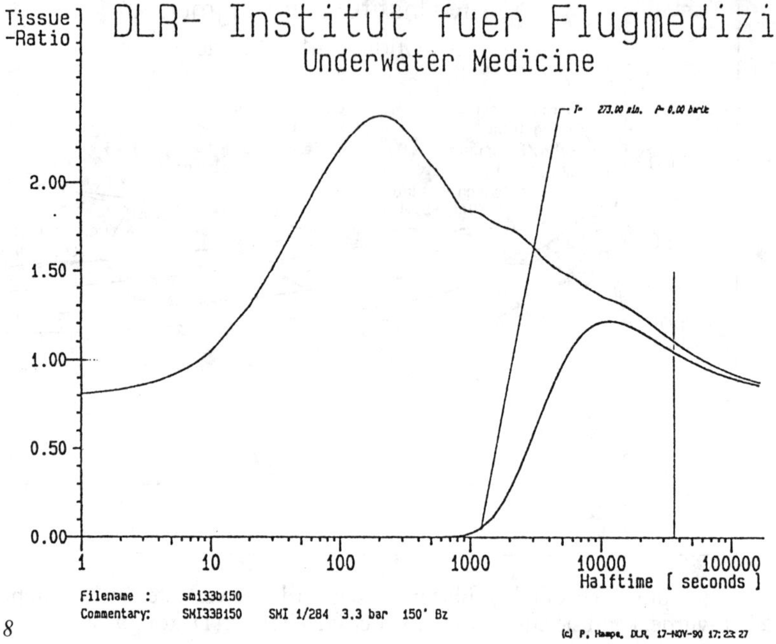
Tissue
-Ratio
DLR- Institut fuer Flugmedizin
Underwater Medicine
2.00
1.50
1.00
0.50
0.00
1
10
100
1000
10000
100000
Halftime [seconds]
Filename : smi33b150
Commentary: SMI33B150 SMI 1/284 3.3 bar 150' Bz
(c) P. Hampe, DLR, 17-NOV-90 17:23:27

Abb. 8

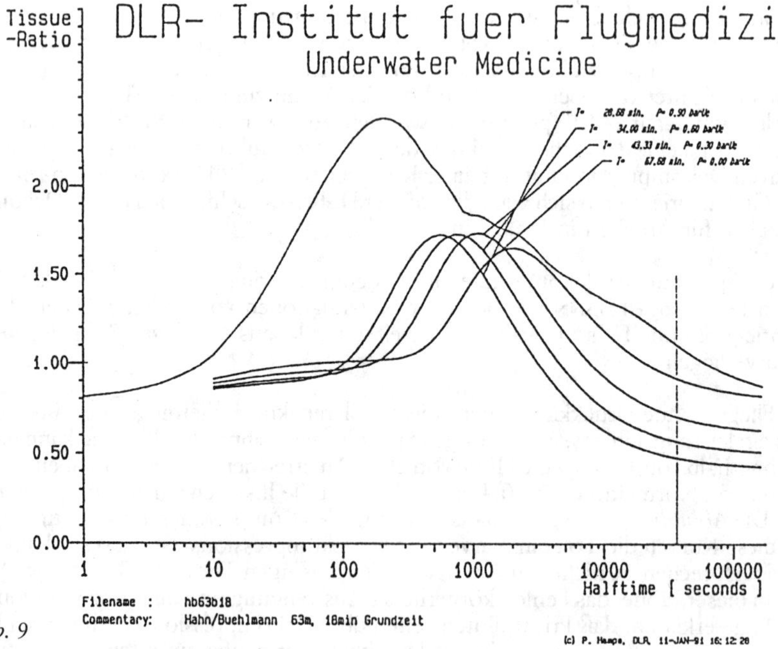
Tissue
-Ratio
DLR- Institut fuer Flugmedizin
Underwater Medicine
2.00
1.50
1.00
0.50
0.00
1
10
100
1000
10000
100000
Halftime [seconds]
Filename : hb63b18
Commentary: Hahn/Buehlmann 63m, 18min Grundzeit
(c) P. Hampe, DLR, 11-JAN-91 16:12:28

Abb. 9

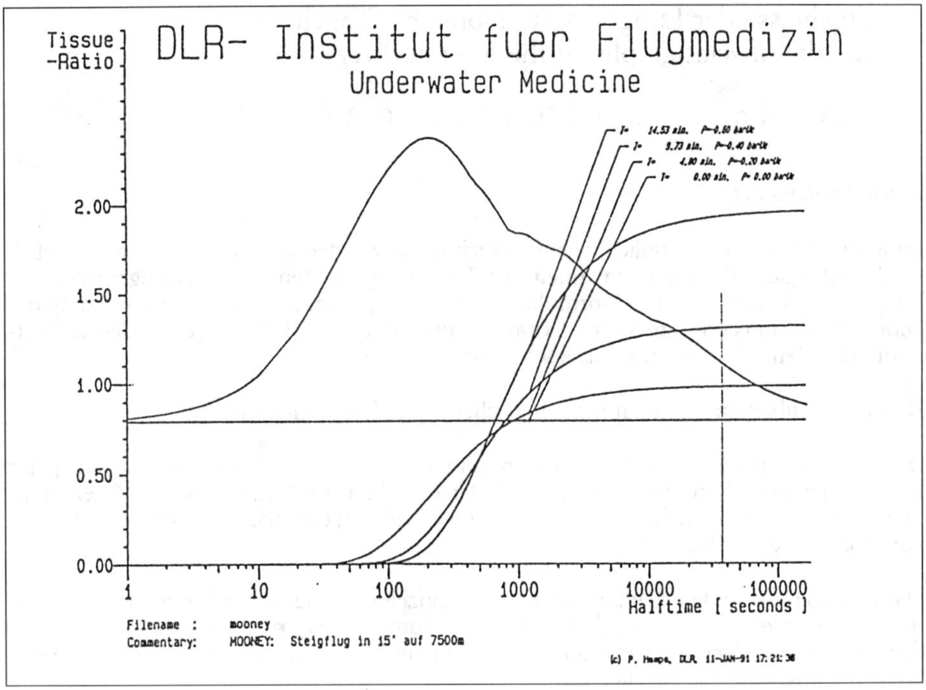

Abb. 10

Literatur

[1] BOYCOTT, A. E., DAMANT, G. C. C. & HALDANE, J. S. (1908) Prevention of compressed air illness, J. Hyg., Lond. 8, 342-443

[2] SCHREINER, H. R. & KELLEY, P. L. (1967) Computation methods for decompression from deep dives. In Proc. Third Symp. Underwater Physiology, pp 277-299. Ed. C. J. Lambertsen. Baltimore: Williams and Wilkins.

[3] BÜHLMANN, A. A., Experimentelle Grundlagen der risikoarmen Dekompression nach Überdruckexpositionen. Schweiz. med. Wochenschrift 112, 48-59, (1982)

[4] BÜHLMANN, A. A., Decompression theory: Swiss practice. In The Physiology and Medicine of Diving and Compressed Air Work, 2nd ed., pp. 348-365, Ed. P. B. Bennet & D. H. Elliott. Baltimore: Williams and Wilkins.

[5] KELLER, H., Use of multiple inert gas mixtures in deep diving (1967). In Proc. 3rd Symp. Underwater Physiology, pp 267-274. Ed. C. J. Lambertsen. Baltimore: Williams and Wilkins.

[6] WORKMAN, R. D. (1965) Calculation of Decompression Schedules for Nitrogen-Oxygen and Helium-Oxygen Dives. Research Report 6-65, USN Exptl Diving Unit, Washington, D.C.

[7] HAMPE, P., K. KOPPENHAGEN, J. WENZEL, N. LUKS, L. HOCK, and L. VOGT. 133-Xenon as a Radioactive Tracer for the Determination of Tissue Inert Gas Exchange in Saturation Dives to 560 Meters and Air-Dives to 120 Meters. Proceedings of the XIV annual meeting of the European Undersea Biomedical Society, Aberdeen Exhibition and Conference Centre, Scotland, 5-9 September 1988, Paper No. 20.

1.4 Ergebnisse der Lungenszintigraphie bei Tauchern Results of scintigraphs of the lung in divers

von W. BEUSTER, F. FLÜCKIGER, G. F. FUEGER, G. B. FRIEHS

Zusammenfassung

Im Rahmen von Tauchtauglichkeitsuntersuchungen wurden bei 101 Tauchern zusätzlich zu den obligaten Röntgenaufnahmen der Thoraxorgane Ventilationsszintigraphien der Lungen mit Xenon-133 unter normobaren Bedingungen angefertigt. Die Auswertung der Diffusionsdynamik erfolgte mittels Computer und ergab in 10 Fällen eine verzögerte Abatmung des Xenonisotops aus einzelnen Lungensegmenten.

Den Röntgenbildern war kein pathologischer Befund zu entnehmen.

In sieben von neun Fällen ergaben Kontrolluntersuchungen vier bis sechs Wochen später keine nenneswerte Retention des Xenon-133 in den oben erwähnten Bezirken. Zwei Szintigraphien wiesen einen nahezu unveränderten Befund auf; ein Proband erschien nicht zum vereinbarten Kontrolltermin.

Das passagere Auftreten von „trapped gas" in einzelnen Lungenbezirken bei sonst gesunden Tauchern könnte im Zuge des Auftauchens zum Barotrauma der Lunge ohne Zustandekommen eines Pneumothorax führen und für eine daraus resultierende arterielle Gasembolie verantwortlich zu machen sein.

Summary

In addition to chest roentgenograms we have performed ventilation scintigraphs of the lung using Xenon-133 under normobaric conditions in physical examinations of 101 healthy divers. The calculation of the dynamic of the radioisotope was done by computer.

In ten cases we detected a delayed decrease of Xenon-133 in particular lung segments. Nevertheless the radiographs did not show any abnormities.

In seven of ten cases repetitive investigations carried out four to six weeks later did not reveal any conspicuous retention of the tracer in the foci mentioned above. Two scitigraphs showed a nearly constant evidence of the gas, one diver missed the repetitive examination.

The temporary presence of trapped gas even in healthy divers may lead to lung barotrauma without producing any pneumothorax and result in arterial gas embolism during the ascent in scuba diving.

Einleitung

Die Analyse der Tauchgänge von sechs Tauchern, die im Hyperbaren Zentrum Graz behandelt worden sind, ergab keine offensichtlich gemachten Fehler. Jeder von ihnen wies Symptome auf, die denen des Typs II in der Dekompressionserkrankung entsprachen.

Auch die sorgfältig erhobenen Anamnesen ergaben keinerlei Auffälligkeiten. In den Tagen vor den Tauchgängen gab es in keinem Fall einen Hinweis auf das Vorliegen eines Infektes der oberen Luftwege.

Alle durchgeführten Abstiege waren „Vergnügungstauchgänge" ohne übermäßige körperliche Belastung. Den Angaben der Taucher bzw. deren Begleiter zufolge verliefen sowohl die Abstiege, als auch die Aufenthalte in der Tiefe völlig problemos; nicht einmal Probleme beim Durchführen des Druckausgleiches seien aufgetreten.

Trotzdem beim Aufstieg sowohl die Auftauchgeschwindigkeit, als auch notwendige (kurze) Dekompressionsstops eingehalten wurden, traten entweder auf der 3m-Stufe oder innerhalb eines kurzen Zeitraumes nach Erreichen der Oberfläche die ersten Symptome auf. Diese nahmen in den folgenden Stunden vereinzelt an Intensität zu. In vier Fällen wurden Plegien bzw. Paresen der unteren Extremitäten, in zwei Fällen Vertigo mit Teilverlust der Orientierung, Benommenheit und Erbrechen diagnostiziert. Ein Patient wies zusätzlich Taucherflöhe und eine Marmorierung der Haut auf.

Auffällig war die Tatsache, daß **in jedem Fall** die Tauchpartner symptomfrei blieben.

Die unmittelbar nach dem Eintreffen an der Klinik angefertigten Röntgenaufnahmen der Thoraxorgane ergaben keinen pathologischen Befund.

Alle Taucher wurden mittels Rekompression bzw. hyperbarer Oxygenierung und rheologisch wirksamen Infusionen (Hydroxyäthylstärke, niedermolekulares Dextran) erfolgreich therapiert. In einem Fall wurde die erste Rekompression mit einer Verzögerung von mehr als 12 Stunden begonnen; alle anderen erreichten die Druckkammer innerhalb eines Zeitraumes von vier Stunden.

Wir stellten die Hypothese auf, daß es sich um pulmonale Barotraumen handelt, welche ohne Auftreten eines Pneumothorax eine arterielle Gasembolie zur Folge hatten.

Auch bei gerichtsmedizinischen Obduktionen von Opfern letaler Tauchzwischenfälle wurden solche Befunde erhoben [7].

Material und Methodik

Jeder der 101 Taucher nahm an dieser Studie freiwillig teil und war über Sinn und Zweck sorgfältig aufgeklärt und unterrichtet worden. 31 der Untersuchten sind Taucher der Österreichischen Wasser-Rettung, 42 Taucher der Feuerwehr, 21 Sporttaucher und zwei Berufstaucher. Das mittlere Alter der sechs weiblichen Taucher lag bei 30,3 Jahren (25–39 Jahre), das der 95 männlichen Kollegen bei 30,9 Jahren (18–50 Jahre). Unter den weiblichen Untersuchten waren zwei, unter den männlichen 34 Raucher.

Um den Nachweis von „trapped gas" zu erbringen, führten wir Ventilationsszintigramme der Lungen unter Verwendung von Xenon-133 unter normobaren Bedingungen durch.

Die Probanden wurden ohne vorhergehende Medikation sitzend mit dem Rücken zur Szintillationskamera positioniert, so daß das Meßfeld über beiden Lungen plaziert lag [1,2,6]. Nach i. v. Injektion von 20 nCi Xenon-133 (in 0,9 % NaCl-Lösung) in eine Cubitalvene wurde die Kameraacquisition gestartet und der Beobachtungszeitraum mit 330 sec limitiert.

Unser Hauptaugenmerk war auf die Dynamik der Abatmung des radioaktiven Gases nach dessen Übertritt in die Alveolen gerichtet.

Um ein „slow reacting compartement“ aufgrund verminderter Compliance auszuschließen, wurden die Taucher angewiesen, „mild“ zu hyperventilieren. ROIs wurden über beide Lungen gelegt und – sofern vorhanden – Regionen verzögerter Xenonausscheidung diagnostiziert (*Abb. 1*). Simultan wurden die gemessenen Zeit-Aktivitätskurven ausgedruckt (*Abb. 2*), [5].

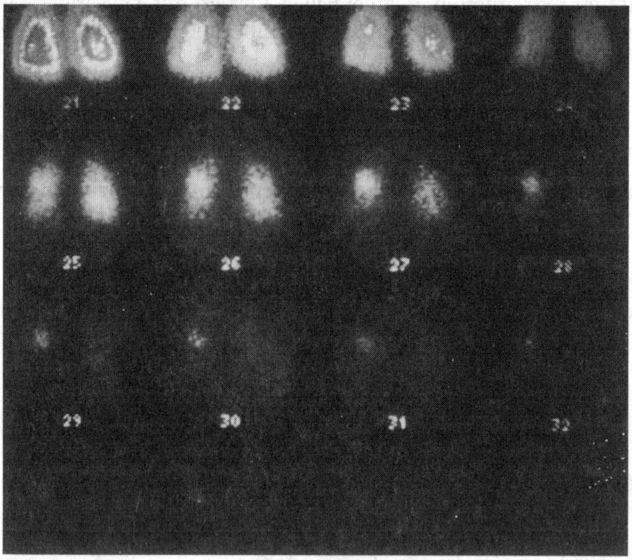

Abb. 1: Verlauf der Abatmung von Xenon-133 aus beiden Lungen. Retentionsherd im Oberfeld der linken Lunge.

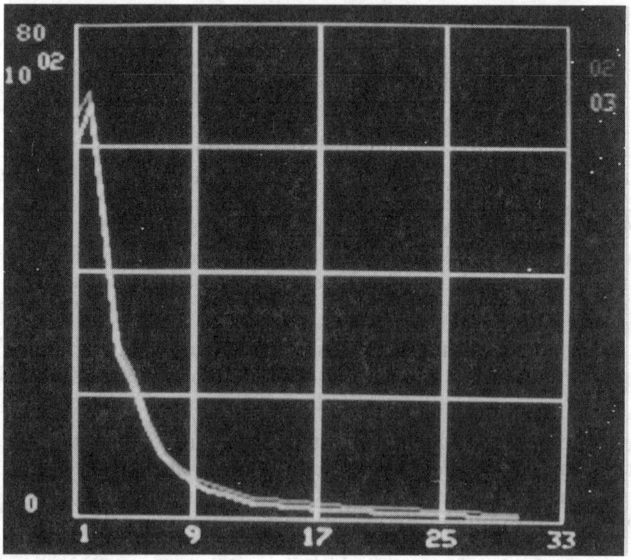

Abb. 2: Kurvenverlauf des Beobachtungszeitraumes von 330 sec mit angedeuteter Plateaubildung.

Die Berechnung der resultierenden Kurve eines Retentionsherdes (*Abb. 4*) erfolgte, indem die Aktivität des umgebenden gesunden Lungenparenchyms von der Gesamtaktivität des betreffenden Herdes subtrahiert wurde (*Abb. 3*).

Zusätzlich wurden Röntgenaufnahmen der Thoraxorgane in zwei Ebenen angefertigt.

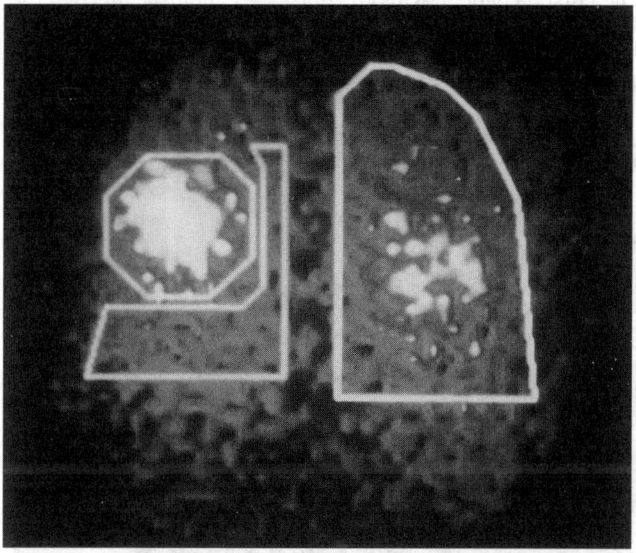

Abb. 3: Die Berechnung der in Abb. 4 ersichtlichen Kurve erfolgt durch Subtraktion der Aktivität des gesunden Lungenparenchyms (L-förmig) von der Gesamtaktivität des Fokus.

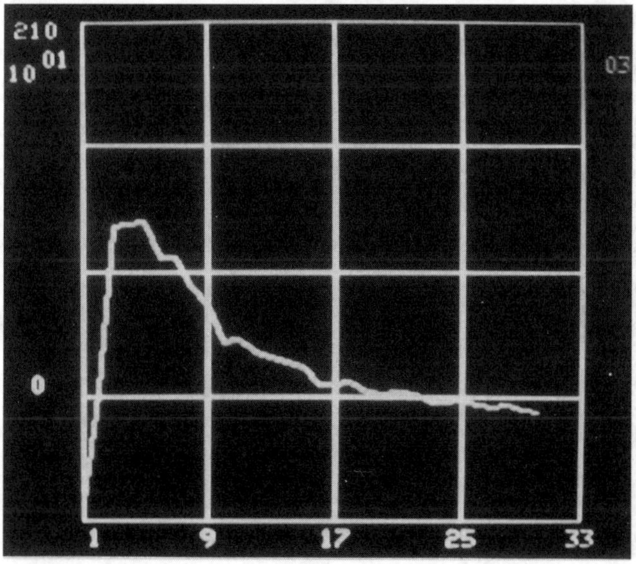

Abb. 4: Zeit-Aktivitätskurve des Retentionsherdes (Aktivitätswerte relativ, max. Anreicherung = 100 %).

Ergebnisse

Die Szintigramme und Kurven von 91 untersuchten Tauchern ergaben einen unauffälligen Verlauf (*Abb. 5,6*). Auch in den Röntgenaufnahmen konnte keine pathologische Veränderung festgestellt werden. Bei zehn männlichen Probanden (drei Taucher der Österreichischen Wasser-Rettung, fünf Taucher der Feuerwehr und zwei Sporttaucher) – davon vier Raucher – wurde eine verzögerte Abatmung des Xenon-133 aus umschriebenen, vorwiegend in den basalen Lungensegmenten gelegenen, Abschnitten diagnostiziert (*Abb.1, 3*). Die entsprechenden Kurven (*Abb. 2, 4*) veranschaulichen die verminderte Abatmung des Radioisotops (angedeutete Plateaubildung im Kurvenverlauf der Aktivitätsabnahme über beiden Lungen (*Abb. 2*) bzw. Abflachung der Kurve über dem betreffenden Herd (*Abb. 4*).

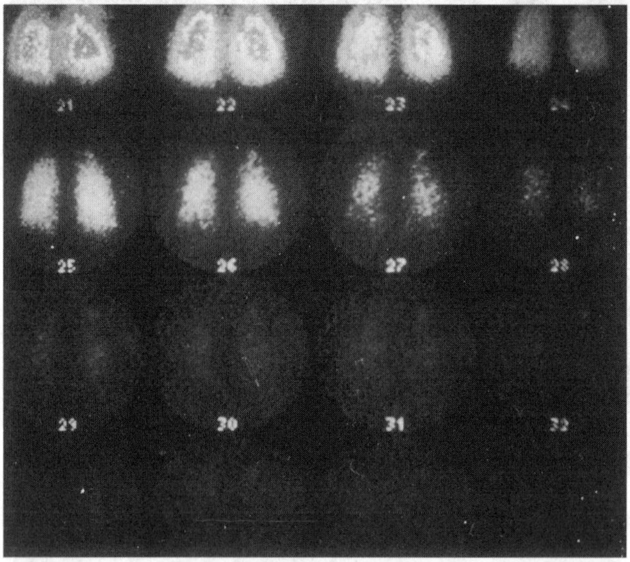

Abb. 5: Homogene Verteilung und zeitgerechte Abatmung des Xenon-133 in/aus allen Lungenabschnitten.

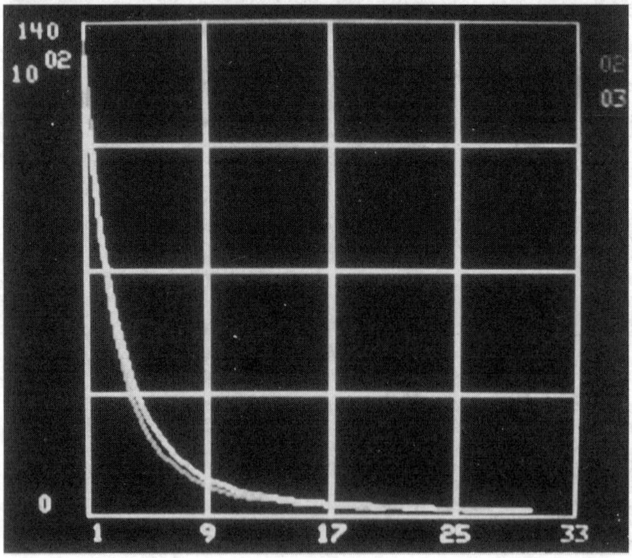

Abb. 6: Unauffälliger Kurvenverlauf.

Auch in diesen Fällen konnte kein pathologischer Röntgenbefund erhoben werden.

Den Betroffenen wurde empfohlen, vorübergehend nicht zu tauchen.

Die 4 bis 6 Wochen später durchgeführten Nachuntersuchungen ließen in sieben Fällen keine auffällige Retention von Xenon-133 erkennen (*Abb. 5,6*). Nur zwei Szintigramme (ein Feuerwehrtaucher, ein Sporttaucher – einer davon Raucher) wiesen eine nahezu konstante Evidenz des Herdes auf. In diesen Fällen waren weitere klinische Untersuchungen notwendig, welche zu folgenden Resultaten führten: Bei einem Patienten wurde eine „small airway disease" infolge beruflicher Exposition (Arbeit als Lackierer in einer Karosseriewerkstätte) diagnostiziert und therapiert, beim anderen Patienten handelte es sich um ein „funktionelles trapped gas" ausschließlich in sitzender Position infolge geringerer Zwerchfellbeweglichkeit bedingt durch Adipositas.

Ein Patient erschien nicht zum vereinbarten Nachuntersuchungstermin.

Diskussion

Das auch bei gesunden Tauchern passager nachweisbare alveoläre „trapped gas" in bestimmten Lungenabschnitten scheint auf eine vermehrte Schleimsekretion zurückzuführen zu sein. Wir nehmen an, daß es sich dabei um ein Residuum eines vor kurzer Zeit asymptomatisch verlaufenen respiratorischen Infektes gehandelt haben könnte, was zu einer partiellen Obstruktion der Bronchiolen zum Zeipunkt der Erstuntersuchung geführt hat.

Da man im Einzelfall nicht wissen kann, wann ein solches „gas-trapping" bei einem offensichtlich gesunden Taucher vorliegt, besteht eine latente Gefahr.

Eine durch vermehrte Schleimbildung verursachte partielle Obstruktion der distalen Bronchialabschnitte könnte durch das Atmen der trockenen Pressluft aufgrund der „Schleimeindickung" noch zunehmen.

Die distal der Obstruktion vorhandene Luft muß während des Aufstieges expandieren und zur Überdehnung bzw. zur Ruptur der Alveolen führen.

Die absolute Tauchtiefe spielt dabei eine nur untergeordnete Rolle, da – nach dem Gesetz von BOYLE-MARIOTTE – die relative Ausdehnung des Atemgases umso größer wird, je näher der Taucher der Wasseroberfläche kommt.

Luft bzw. Stickstoff, der durch die verletzte Alveolarwand in den Kreislauf gelangt, löst eine Reihe rheologisch bedeutsamer Vorgänge aus, die ihren Ursprung an der Grenzfläche zwischen Gasbläschen und Blut haben [3, 4]. So wird unter anderem eine Aggregatbildung fester Blutbestandteile eingeleitet, welche gemeinsam mit den zirkulierenden Gasbläschen eine arterielle Embolie nach sich ziehen kann [3, 8].

Das Auftreten von Symptomen als Folge der Luftembolie wäre damit zu erklären.

Aus unserer Sicht ist die im Rahmen einer erstmaligen Tauchtauglichkeitsuntersuchung durchzuführende Lungenszintigraphie – zumindest bei Berufstauchern – als zusätzliches „screening" für eventuelle organische Prädispositionen eines pulmonalen Barotraumas durchaus geeignet.

Unabhängig davon sind die Resultate der vorliegenden Studie ein Grund mehr dafür zu plädieren, daß **bei jedem Tauchgang** sowohl eine Aufstiegsgeschwindigkeit von zehn Metern pro Minute nicht überschritten, als auch ein Sicherheitsstop von mindestens drei Minuten in drei Metern Tiefe eingehalten werden soll, um eventuell vorhandenem „trapped gas" die Möglichkeit zu geben, die Obstruktion schadlos zu passieren.

Schrifttum

[1] ALDERSON, P. O., B. R. LINE. Scintigraphic evaluation of regional pulmonary ventilation. Sem. Nucl. Med. 19: 218-242, 1980.

[2] ARBORELIUS, M., G. MIORNER. Xenon-133 in the evalutation of regional blood flow. Scand. J. Clin. Lab. Invest. 19: 56, 1967.

[3] BENNET, P. B., D. H. ELLIOT, The Physiology and Medicine of Diving, 3rd ed., San Pedro, California, Best Publishing Comp., 1982, 461-472.

[4] EDMOND, C., C. LOWRY, J. PENNEFATHER. Diving and Subaquatic Medicine. 2nd ed., A Diving Medical Centre Publication, revised and reprinted 1983, 114-127.

[5] KOPPENHAGEN, K., S. JOHN, A. SCHOLZ, M. MATHES, U. PAULICH, J. WAGNER, G. von NIEDIG, K. PETRUSCHKE, H. J. WEDELL, J. HARDIECK, J. FRANKE. Nuklearmedizinischer Nachweis druckinduzierter Gas-Embolisationen mittels 133-Xenon. In: Tauchmedizin 3 (F. Gerstenbrand, E. Lorenzoni, K. Seemann, Hrsg.), Hannover, Schlütersche Verlagsanstalt u. Druckerei, 1986, 138-143.

[6] MEDINA, J. R., J. P. LILLEHEI, M. K. LOKEN, R. V. EBERT. Use of the scintillation Anger camera and xenon, Xe 133, in the study of chronic obstructive lung disease. Journal of the American Medical Association 208: 985-991, 1969.

[7] UNTERDORFER, H. Zur Morphologie des tödlichen Tauchzwischenfalls als Folge eines akuten positiven Barotraumas der Lungen. In: Tauchmedizin (F. Gerstenbrand, E. Lorenzoni, K. Seemann, Hrsg.), Hannover, Schlütersche Verlagsanstalt und Druckerei, 1978, 14-19.

[8] U.S. Navy Diving Manual Vol. 1, 2nd change (NAVSEA 0994-Lp-001-9010) Navy Dept. Washington D.C. 20362, Carson, California, Best Publishing Company, 1980, 8.7-8.13.

1.5 Arthroskopische und feingewebliche Befunde nach Dekompressionskrankheit Typ I am Knie

Arthroscopic and histological findings after type I decompression disease of the knee

von D. TIRPITZ, H. J. KNIERIEM

Summary

The results of nine hyperbaric pressure workers are reported on who suffered a type I decompression disease. All patients were investigated radiologically before the recompression treatment, and the affected kneejoints were examined arthroscopically. A trans-arthroscopic photodocumentation was carried out and biopsies were taken from the cartilage of the medial tibial plateau, the patella and from the synovial membrane. The biopes were examined histologically. Specific alterations such as gas inclusions or microemboli could be detected neither macroscopically nor histologically. Degenerative changes corresponding to age (especially on the retropatellar joint surface) were the most prominent. In two cases, bone necroses of the head of the tibia demonstrated radiologically did not show a corresponding substrate in the inner knee. Definitive correlations between osteoarthrosis of the kneejoint and work under hyperbaric conditions also could not be found in a review of the literature. Despite the small patient population investigated, osteoarthrosis should be considered as an occupational disease No. 2201 requiring compensation in accordance with the BeKV (German regulation governing compensation for occupational diseases).

Taucherarbeiten und Arbeiten im Überdruck sind mit gesundheitlichen Risiken verbunden [3, 17].

Der Gesetzgeber hat dem Rechnung getragen und in der Berufskrankheitenverordnung (BeKV) unter der Nr. 2201 „Erkrankungen durch Arbeit im Überdruck" als entschädigungspflichtige Berufserkrankung eingestuft. Danach werden alle durch Druckdifferenz entstandenen Körperschäden entschädigt – sowohl die im unmittelbaren Zusammenhang stehenden, wie Barotraumata und die Dekompressionskrankheiten (DCS) vom Typ I und II, als auch Spätfolgen, bei denen eine dysbarische Pathogenese angenommen wird, der Knochennekrose und der Osteoarthrose der großen Gelenke [15].

Von der federführenden Tiefbau-Berufsgenossenschaft wurden für das Geschäftsjahr 1989 14 Berufserkrankungen der Nr. 2201 gemeldet; entschädigt wurden – vorzugsweise aus den Vorjahren *(Abb. 1)* – 23 Fälle. Die Zahlen weisen einen erheblichen Zuwachs dieser BK Nr. 2201 von 1984 bis 1988 aus; 1989 einen Rückgang um 50%. Diese Entwicklung mag Folge einer verbesserten Weiterbildung in Quantität und Qualität der nach G 31 ermächtigten Ärzte sein. Ursache des Anstiegs der BK Nr. 2201 ist wohl in der Einrichtung von mehr Überdruckbaustellen zu suchen, die Zahl dieser Baustellen wird zunehmen, wenn man sich nur die Erneuerung des Abwassersystems im Land Nordrhein-Westfalen vergegenwärtigt. Prädilektionsstellen der als dysbarische Erscheinung eingestuften Osteoarthrose beim Überdruckarbeiter ist das Kniegelenk. Auch wenn der Zusammenhang dieser Veränderungen widersprüchlich beurteilt wird, zählen die osteoarthrotischen Veränderungen am Kniegelenk nach Überdruckexposition zu den entschädigungspflichtigen Berufskrankheiten. Bei einer geschätzten MdE bis zu 30% bei Arthrosen des Kniegelenks erscheint eine weitergehende Untersuchung dieser Erkrankung auch aus volkswirtschaftlichen Gründen erforderlich.

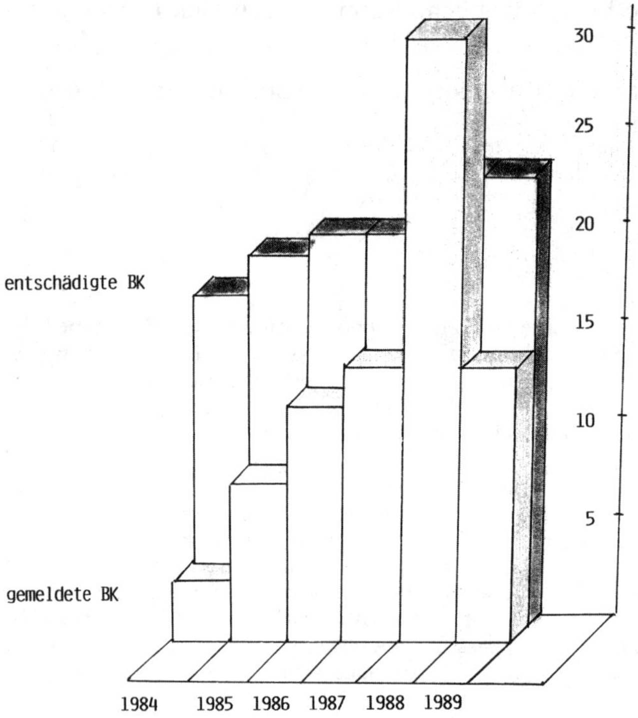

Abb. 1: Gemeldete und entschädigte BK 2201 in den Geschäftsjahren 1984-1989 (Angaben der Tiefbau-BG, München)

In den Jahren 1988 und 1989 wurden im Zentrum für Hyperbare Medizin des St. Joseph-Hospital Duisburg 21 Patienten mit einer Dekompressionskrankheit (DCS) vom Typ I behandelt. Manifestation war in allen Fällen das Kniegelenk. In 9 Fällen konnte **vor** der Rekompressionsbehandlung eine Arthroskopie mit Knorpel- und Synoviabiopsie durchgeführt werden.

Methodik

In allen 9 Fällen wurde vor der Rekompressionsbehandlung die Arthroskopie in Regionär- oder Allgemeinanästhesie durchgeführt. Eine Blutleere oder Blutsperre wurde nicht angelegt. Einführung des Arthroskops durch den anterolateralen Zugang *(Abb. 2)* und Auffüllen

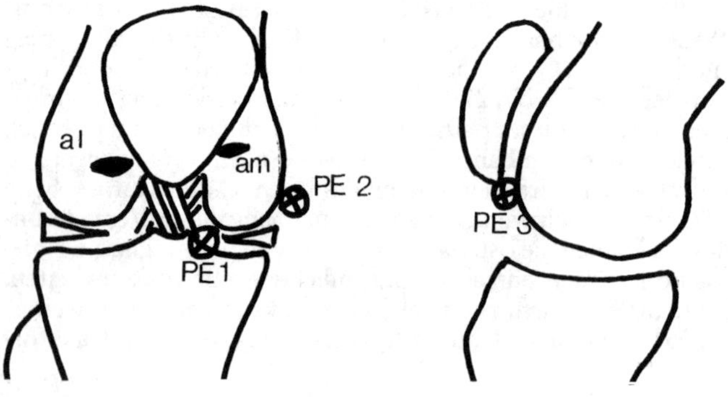

Abb. 2: Methodik der arthroskopischen Untersuchung:
al – anterolaterale Pforte
am – anteromediale Pforte
Probeentnahmen:
1 – med. Tibia
2 – med. Synovia
3 – patellare Gelenkfläche

des Kniegelenks mit Ringerlactat-Lösung. Zur Entfaltung des Gelenks durch die Lösung wurde nur die Schwerkraft genutzt. Eine maschinelle Druckerhöhung, wie z.B. Rollenpumpen wurden nicht eingesetzt. Die Triangulation und die Biopsien wurdem vom anteromedialen Zugang aus durchgeführt. Nach Durchmusterung der einzelnen Gelenk-Kompartimente, stets mit dem Tasthaken, wurden die Biopsien aus der Kniescheibengelenkfläche, dem medio-zentralen Schienbeinkopf und der medialen Synovialmembran entnommen *(Abb. 3)*. Im Anschluß an die Arthroskopie wurde die Rekompressionsbehandlung nach den Spalten 5 bzw. 5a der US-Navy-Tabellen durchgeführt.

Nr.	Alter	Befund makrosk.	Befund histolog.	Rö.-Befund
1	43 J	Plica medio-pat. entz. Synovitis	basophile Degeneration rheumatoide Synovitis	Patella baja retropat. Arthr.
2	34 J	o. B.	mäß. degen. Veränd.	o. B.
3	37 J	o. B.	o. B.	o. B.
4	51 J	insuff. L.c.a. lat. instab.	mäß. basophil. Deg.	o. B.
5	48 J	o. B.	o. B.	asept. Nekrose Schienbeinkopf
6	37 J	Hinterhornlappenriß Innenmeniscus	erhebl. degen. Veränd.	o. B.
7	38 J	Chondropathia Pat. II^0	Chondromalazie, basophil. Degeneration	retropat. Arthr.
8	41 J	Chondrapathia patellae III und III^0	basophile Degeneration	asept. Nekrose Schienbeinkopf
9	40 J	Chondropathia pat. II^0	Knorpel regressiv veränd.	Retropat. Arthrose

Abb. 3: Übersicht der makroskopischen, histologischen und röntgenologischen Befunde

Patientengut

Bei unseren Patienten handelte es sich ausschließlich um männliche Personen im Alter zwischen 34 und 51 Jahren. Die Tätigkeit als Überdruckarbeiter lag zwischen 5 Jahren und 1 Monat. In 4 Fällen war eine Überdruckerkrankung in der Vorgeschichte bekannt, bei den übrigen handelte es sich um eine Ersterkrankung. Die durchschnittliche Dauer der letzten Überdruckexposition betrug durchschnittlich 380 min, die Tätigkeit wurde von allen als mittelschwer bis schwer eingeschätzt. Gesundheitliche Vorschäden waren bei einem Patienten bekannt (Rheuma). Die Beschwerden manifestierten sich bei allen in den Kniegelenken, davon in 4 Fällen nur im Bereich des linken Knies, bei den übrigen in beiden Kniegelenken. Erste Beschwerden traten durchschnittlich 4 Stunden nach Ende der Überdruckexposition auf.

Ergebnisse

In keinem Falle zeigten sich, weder makroskopisch noch histologisch, Anzeichen einer Gasblasenbildung im Bereich der Synovialmembran oder des Knorpels. Anzeichen eines akuten embolischen Geschehens waren nicht zu finden. In allen Fällen pathologischer Veränderungen im Kniegelenk handelte es sich um degenerative Prozesse der Knorpelsubstanz, die als altersentsprechende degenerative Veränderungen eingestuft werden müssen *(Abb. 4–6)*. Als Nebenbefund fanden sich ein insuffizientes vorderes Kreuzband und ein Innenmeniskuslappenriß. Die Hauptmanifestation der Knorpelschäden war die Kniescheibengelenkfläche.

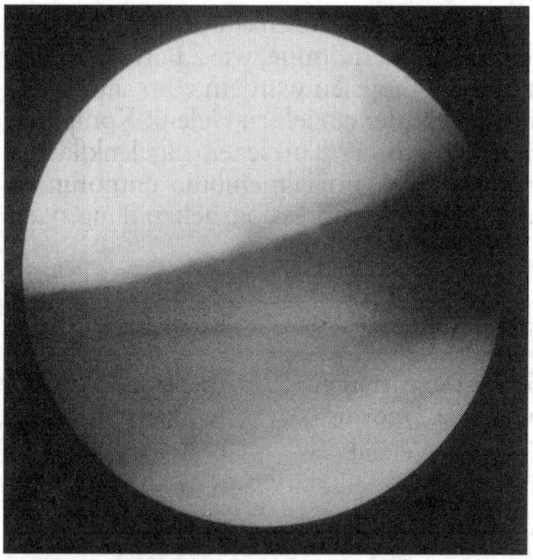

Abb. 4: Arthroskopischer Befund re. Knie: Chondropathie II Grades, med. Femurcondylus

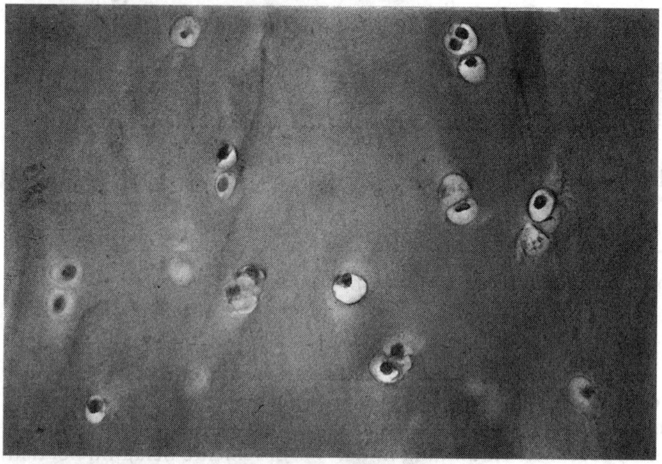

Abb. 5: Histologische HE-Färbung: basophile degenerative Veränderungen der Knorpelmatrix und kleinste Vakuolisierung im Cytoplasma

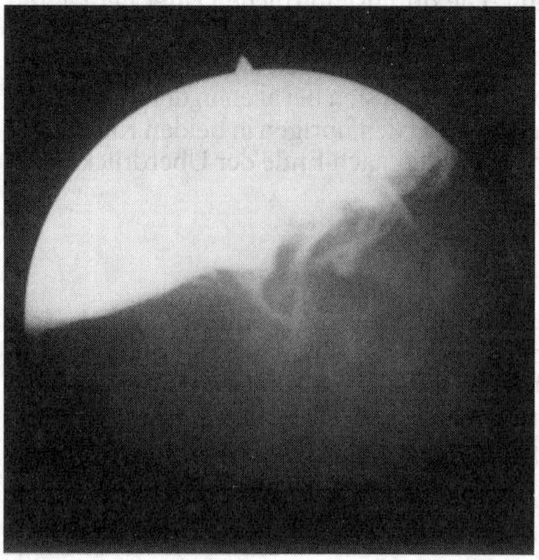

Abb. 6: Arthroskopie li. Knie: Chondropathia patellae II Grades

Der klinische Wert einer retropatellaren Arthrose soll hier nicht diskutiert werden. Bei den durchgeführten röntgenologischen Untersuchungen der Kniegelenke fanden sich zweimal nekrotische Herde im Schienbeinkopf, die weder mit der aktuellen Klinik noch der Dauer der Tätigkeit im Überdruck korrelierten (beide waren Ersterkrankte) *(Abb. 7–13)*.

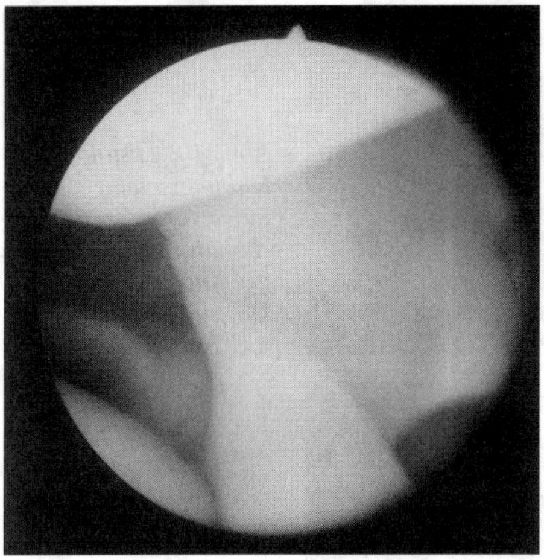

Abb. 7: Arthroskopie li. Knie: Innenmeniskuslappenriß im Übergang vom intermediären zum hinteren Anteil (nicht (frisch)

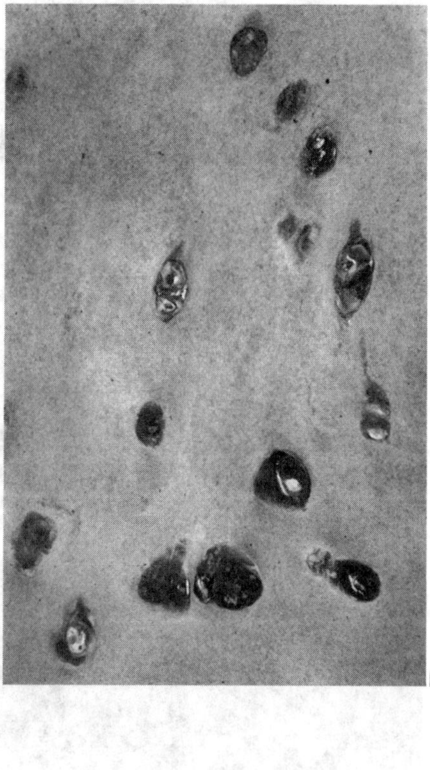

Abb. 8: Histolog. HE-Färbung: nur mäßig regressive Veränderungen mit basophiler Degeneration bei sonst regelrechten Chondrocyten

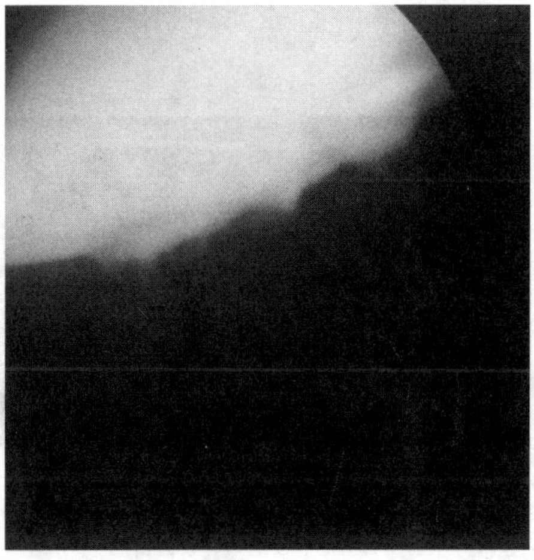

Abb. 9: Arthroskopischer Befund: Chondropathia patellae II. Grades

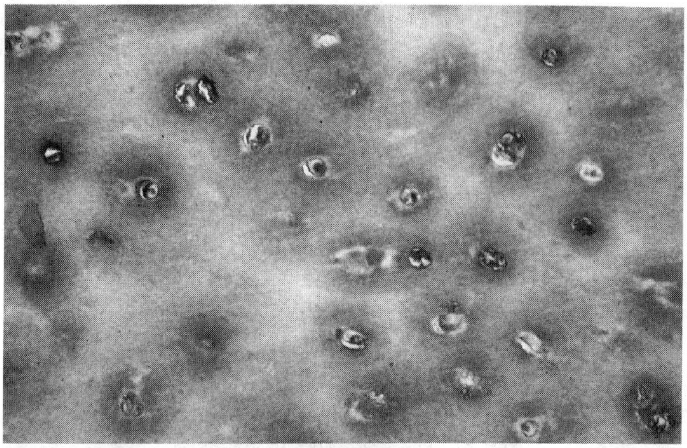

Abb. 10: Histolog. HE-Färbung: mäßig degenerative Veränderungen der chondromatösen Matrix des Knorpelgewebes und kleinste Vakuolisierung im Cytoplasma

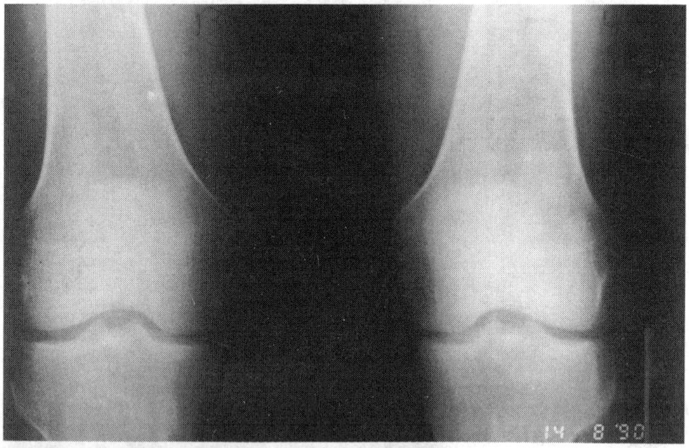

Abb. 11: Röntgenol. Kniegelenk bds. ap: Knochennekrose im Metaphysiären Anteil des re. Schienbeinkopfes

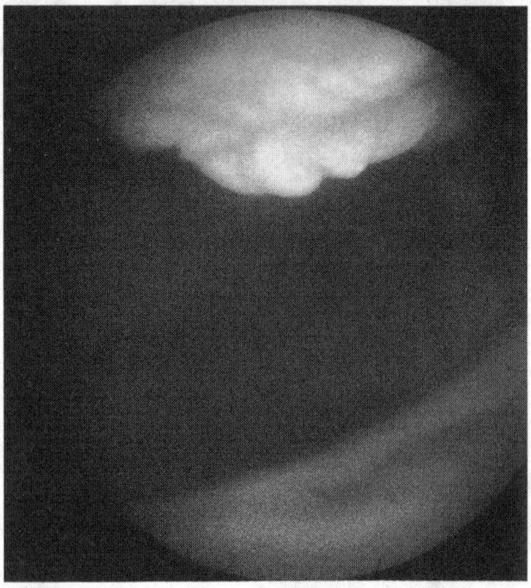

Abb. 12: Arthroskopisch: Chondropathia patellae II. Grades

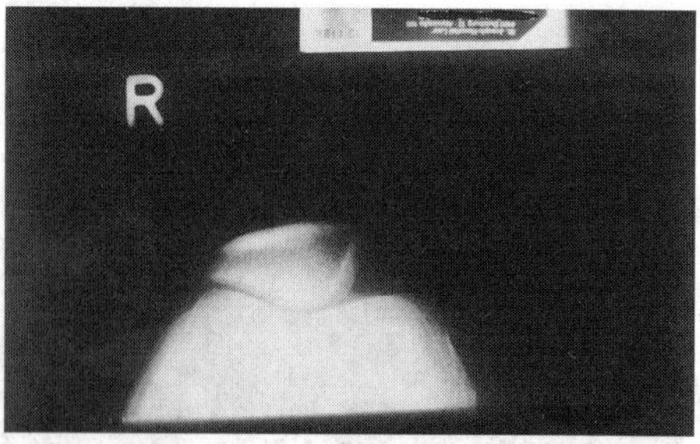

Abb. 13: Röntgenolog. Kniegelenk re. tangential: subchondrale Sklerosierung der patellären Gelenkfläche bei Patelladysplasie Typ II

Nach der durchgeführten Rekompressionsbehandlung waren alle Patienten beschwerdefrei. Durch die Arthroskopie wurde die Arbeitsunfähigkeit nicht wesentlich verlängert (durchschnittlich 4 Tage).

Die Osteoarthrose der großen Gelenke bei Taucher- und Überdruckarbeitern wird schon lange kontrovers diskutiert [6, 11, 12, 15]. Als Ursache werden Gasembolien in der Spongiosa des epi- und metaphysären Bereichs angeschuldigt. Sichere Beweise dafür stehen bis heute aus. Die Tätigkeitsdauer als Ursache der DCS I ist ebenfalls umstritten. Allein die Tatsache, daß aseptische Knochennekrosen bei Arbeiten im Überdruck zu finden sind, kann nicht der Grund für eine Entschädigungspflicht des gesetzlichen Trägers sein. Solche Läsionen werden in jedem Fachbuch für Orthopädie oder Radiologie als „leave me alone-lesions" ohne jeden Krankheitswert beschrieben. RODZAHEGY [10, 15] konnte in seinem großen Kollektiv ebenfalls keine sicheren Zusammenhänge zwischen aseptischen Knochennekrosen als Grundlage der Osteoarthrose und der Überdruckexposition feststellen.

Die von uns erhobenen Befunde am Kniegelenk von erkrankten Überdruckarbeitern lassen Zweifel an der pathogenetischen Verantwortung des Überdrucks bei der Osteoarthrose des Kniegelenkes aufkommen. Es fanden sich vorzugsweise chondropathische Veränderungen retropatellär, die jedoch als altersentsprechend einzustufen sind.

Unsere Erfahrung erstreckt sich auf über 2000 Arthroskopien der Kniegelenke; eine der häufigsten Veränderungen sind dabei die chondropathischen Degenerationen im retropatellaren Raum – oft ohne klinisches Beschwerdebild.

Auch wenn es sich in diesem Referat um ein nur kleines Kollektiv handelt, lassen die Befunde doch eine skeptische Auffassung über die Osteoarthrose als Folge der Arbeiten im Überdruck aufkommen. Die Beschwerden, die früher als Bends, jetzt als DCS I klassifiziert werden, müssen als Dekompressionskrankheit eingestuft werden, insbesondere, als die Rekompression in der Regel eine Restitutio ad integrum herbeiführt – es sei denn, es wurde unzureichend rekomprimiert. Inwieweit die Osteoarthrose als Spätfolge der Dekompressionserkrankung angesehen werden kann, muß sorgfältig geprüft werden. Die Lücke in der pathogenetischen Beweiskette erscheint uns zu groß. Der Zusammenhang wird von uns angezweifelt. Die Einstufung der Osteoarthrose als Berufserkrankung im Sinne der Nr. 2201 der BeKV sollte kritisch überdacht werden.

Literaturverzeichnis

[1] AMAKO, T., KAWASCHIMA, M., TORISU, T., HAYASHI, K.
Bone and joint lesion in decompression sickness
Seminars in arthritis and rheumatism 4/2/ – 1974, 151–190

[2] BOVE, A. A., FAMIANO, F. C., LEVIN, L. L., CAREY, R. A., PIERCE, A. L., LYNCH, P. R.
Alterations in long bone regional blood flow associated with inadequate decompression in dogs
Undersea biomed res. 4 (2) 1977, 169–182

[3] BÜHLMANN, A. A.
Dekompression – Dekompressionskrankheit
Springer-Verlag, Berlin 1983

[4] CONTI, V., SICARDI, F.
Le squelette des oceanautes
Revue de médecine aeronautique et spatiale 12/46/ – 1973. 414–415

[5] EGASHIRA, K., OHNO, M., UCHINO, A., HAYASHI, K., NAKAYAMA, C., NAKATA, H.
Bone scintigraphy of decompression sickness
Nippon acta radiol., 48 (6). 1988, 749–758

[6] EVANS, A., KING, J. D., MCCALLUM, R.I., WALDER, D. N., GOLDING, F. C., TTROWBRIDGE, W. P., DAVIDSON, J. K., GRIFFITHS, P. D.
Aseptic bone necrosis in commercial divers. A report from the decompression sickness central registry and radiological panel
Lancet, 2 (8243). 1981, 384–388

[7] GREGG, P. J., WALDER, D. N., RANNIE, I.
Caisson disease. A study of the Gottingen min pig as an animal model
Br. J. exp. pathol. 61 (1), 1980, 39–54

[8] GREGG, P. J., WALDER, D. N.
Caisson disease of bone
Clinical orthopaedics and related research, No. 210 (43–54), 1986

[9] HORVATH, F., ROSZAHEGYI, I.
Bedeutung der Tomographie für die Diagnose der chronischen Caisson-Osteoarthropathie
Fortschritte auf dem Gebiete der Röntgenstrahlen und der Nuklearmedizin 11/9/5 – 1973, 610–618

[10] HORVATH, F.
Röntgenmorphologie des caissonbedingten Knochenmarkinfektes.
Fortschritte auf dem Gebiete der Röntgenstrahlen und der Nuklearmedizin 12/9/1 – 1978. 33–40

[11] KINDWALL, E. P., NELLEN, J.R., SPEGELHOFF, D.R.
Aseptic necrosis in compressed air tunnel workers using current occupational safety and health administration USA decompression schedules
J. occup. med., 24 (10). 1982, 741–745

[12] PERSLIDEN, B., ROCKERT, H.O.E.
Proteinglycan clearance in rat cartilago exposed to 6 ata
Undersea biomed. res. 7/3/1980, 241–245

[13] POSER, H., GABRIEL-JÜRGENS, P.
Knochen- und Gelenkveränderungen durch Druckluft bei Tauchern und Caisson-Arbeitern
Fortschritte auf dem Gebiet der Röntgenstrahlen und der Nuklearmedizin 12/6/2 – 1977, 156–160

[14] REEVES, E., MCKEE, A.E., STUNKARD, J.A., SCHILLINGS, P.W.
Radiographic and pathologic studies for aseptic bone necrosis in dogs incurring decompression sickness
Aerospace Med., 43 (1). 1972, 61-66

[15] ROSZAHEGYI, I.
Begutachtung der Dekompressionsätiologie von Gesundheitsschäden
Tauchmedizin 4 (1989), 1-6

[16] WEATHERSBY, P. K., MEYER, P., FLYNN, E. T., HOMER, L.D., SURVANSHI, S.
Nitrogen gas exchange in the human knee
J. appl. physiol., 61 (4), 1986, 1534-1545

[17] WÜNSCHE, O., SCHEELE, G.
Aktuelle Diagnostik: Röntgenuntersuchungen der Knochen und Gelenke bei Druckluftarbeitern
Zentr. Bl. Arbeitsmed 24/11 1974, 325-331

[18] XUE, H.L.
Stage III dysbaric osteonecrosis and its management – 10 cases
Zhonhua Guke Zazhi, 4 (2), 1984, 106-110

1.6 Titan XI: Mit Heliox auf 615 m Tiefe

von J. Wenzel, G. Barth, P. Hampe, B. Lorenz, J. Lorenz, E. W. Müller, K. Müller, N. Luks und L. Vogt

Zusammenfassung

Vom 20.4 bis 29.5.1990 fand in der Tieftauchanlage TITAN der DLR in Köln-Porz der bislang tiefste Sättigungstauchgang mit Heliox statt. Drei Taucher wurden in 11 Tagen auf eine Tiefe von 615 m komprimiert und führten innerhalb von 8 Tagen Isopressionszeit ein umfangreiches Experimenteprogramm zur Untersuchung der mentalen und physischen Leistungsfähigkeit des Menschen durch. Der erfolgreich zu Ende geführte Tauchgang konnte zeigen, daß Heliox als Tieftauchgas eine Reihe von Vorzügen besitzt; die Verwendung von stickstoffangereichertem Trimix ist auch für Tauchtiefen von 600 m nicht zwingend. Die durchgeführten Experimente zum Gasaustausch konnten belegen, daß die physische Leistungsgrenze mit dieser Tiefe noch nicht erreicht ist. In einer Reihe von rechnergestützten Tests zur Erfassung der mentalen Leistungsfähigkeit erbrachten die Taucher Ergebnisse, die von den Kontrollmessungen an der Oberfläche nur geringfügig abwichen.

Einleitung

Durch den Einsatz von Helium als Inertgas in Atemgemischen und die Anwendung der Sättigungstechnik fand seit Beginn der sechziger Jahre eine stürmische Entwicklung des (industriellen) Tieftauchens statt. Die heute erreichten Grenzen im Tiefenbereich zwischen 600 und 700 m Wassertiefe werden dabei hauptsächlich durch das HPNS (High Pressure Nervous oder Neurological Syndrome) und die Beeinträchtigung der Atemfunktion durch hohe Gasdichten gesehen.

Es fehlte nicht an Versuchen, das HPNS durch geeignete Mittel abzumildern, beispielsweise durch Auswahl besonders resistenter Taucher und möglichst schonende Kompressionsprofile [1], aber auch durch Beimischung narkotisch wirkender Atemgasbestandteile [2], in der Regel Stickstoff.

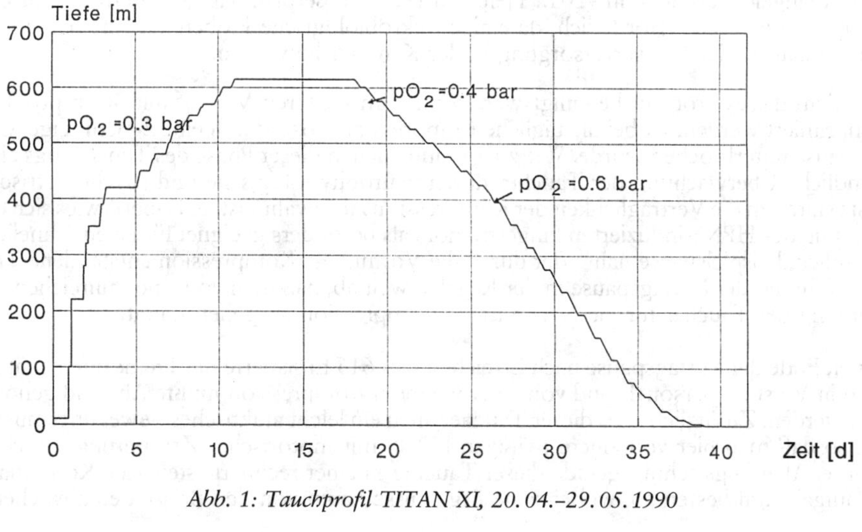

Abb. 1: Tauchprofil TITAN XI, 20.04.–29.05.1990

Die Verwendung von Stickstoff in Tieftauchgemischen ist nicht ohne Nachteil, da hierdurch erstens die Gasdichte bei gegebener Tiefe beträchtlich erhöht wird – mit entsprechenden Auswirkungen auf die Atemfunktion – und zweitens bei weitem nicht klar ist, wie vollkommen die antagonistische Kongruenz zwischen Druck und Narkose tatsächlich ist. Es klingt durchaus plausibel, daß bei Verwendung einer narkotischen Gaskomponente eben nicht nur eine Abschwächung des HPNS erreicht wird, sondern auch eine Dämpfung komplexer zentralnervöser Funktionen mit einer entsprechenden Minderung der mentalen Leistungsfähigkeit in Kauf genommen werden muß (zumindest dieses letzte Argument trifft auch für die vieldiskutierte Verwendung von Wasserstoff als narkotischer Komponente [3] zu).

In diesem Kontext ist die Nutzung reiner Helium-Sauerstoffgemische zumindest bis Tauchtiefen von 400–500 m durchaus interessant, und die Bestrebungen am Institut für Flugmedizin waren darauf gerichtet, mit den vorhandenen Untersuchungstechniken eine objektive Abschätzung der menschlichen Leistungsfähigkeit unter Heliox bei möglichst großer Tiefe vorzunehmen. Dieses Ziel wurde mit dem letzten Tieftauchgang TITAN XI mit einer Maximaltiefe von 615 m erreicht *(Abb. 1)*, und im folgenden wird der Tauchgang beschrieben, sowie einige repräsentative Ergebnisse ausgewählter Experimente.

TITAN XI

Der Tauchgang begann am 20. April 1990 mit einem 24stündigen Aufenthalt in 10 m Tiefe zur Erfassung von Basisdaten und zur Eingewöhnung der Taucher in den Kammerbetrieb. Am nächsten Tag erfolgten zwei schnelle Kompressionsschritte nach 100 und 220 m Tiefe, entsprechend dem Profil eines Auswahltauchgangs, das schon vorher in der GUSI-Tauchserie der GKSS von uns eingesetzt worden war. Die Reaktion der Taucher auf diese provokative Kompression wurde mit Hilfe von neurophysiologischen und psychometrischen Testverfahren untersucht.

Der weitere Verlauf des Tauchgangs orientierte sich an den üblichen Verfahren mit langsamer, exponentiell abnehmender Kompressionsgeschwindigkeit bei zunehmender Tiefe; dabei konnten die Erfahrungen aus dem vorangegangenen Tauchgang TITAN VIII berücksichtigt werden. Der Sauerstoffpartialdruck wurde dabei bis zum Beginn der Dekompressionsphase mit 0,3 bar konstant gehalten unter Kontrolle des Gasaustausches mit einem Sauerstoffmangelexperiment. In 420 m Tiefe wurde eine außerplanmäßige Unterbrechung des Kompressionsprofils erforderlich, da einige mikrobiologische Proben auf eine bakterielle Kontamination der Wasserversorgung in der Kammer hinwiesen.

Nachdem dieses Problem bereinigt war, konnte im weiteren Verlauf mit 30 m pro Tag komprimiert werden, wobei die tägliche Kompressionsdosis durch eine 2–3stündige Mittagspause unterbrochen wurde. Wie zuvor fand auch in dieser Phase des Tauchgangs eine gründliche Überwachung der Taucher durch neurophysiologische und psychometrische Tests statt, um die Verträglichkeit der Kompression zu gewährleisten. Dabei erwies sich die Messung des HPNS-induzierten Fingertremors als besonders geeignet für einen schnellen Überblick; beispielsweise nahm der durch die Vormittags-Kompression entstandene Tremor während der Mittagspause in der Regel soweit ab, daß man von einer hinreichenden Erholung der Taucher für die Nachmittags-Kompression ausgehen konnte.

Gegen Ende der Mittagspause nach Erreichen von 615 m sistierte die Tremorintensität jedoch in Versuchsperson 1, und von einer weiteren Kompression mußte Abstand genommen werden. Zusätzlich wies dieser Taucher auch ein leicht ataktisches Bewegungsmuster auf, so daß man hier von einem mäßigen HPNS mit motorischer Zentrierung sprechen konnte. Allerdings schnitt gerade dieser Taucher in einer rechnergesteuerten Koordinationsaufgabe am besten ab, wobei seine Ergebnisse kaum von den Basisdaten abwichen.

Während der nun folgenden einwöchigen Isopressionsphase bewältigten die Versuchspersonen ein umfangreiches Experimenteprogramm, in dem sowohl die mentale als auch die physische Leistungsfähigkeit eingehend untersucht wurden. Für beide Bereiche konnte kein signifikanter Leistungseinbruch festgestellt werden, so daß man durchaus von einer noch vorhandenen Leistungsreserve im Hinblick auf operationelle Anwendbarkeit ausgehen kann. Eine nicht unerhebliche weitere Belastung für die Versuchspersonen schien in der verminderten Schlafqualität sowie den Auswirkungen der Isolation in der Druckkammer mit mangelnder Verständigungsmöglichkeit untereinander (Heliumsprache!) begründet zu sein.

Die folgende Dekompression wurde zunächst mit einer Geschwindigkeit von 25 m/d begonnen mit einer Nachtpause von 8 h (d.h. ca. 1,5 m/h, bei einem pO_2 von 0,43 bar) bis zu einer Tiefe von 420 m; hier wurde der Sauerstoffpartialdruck auf 0,6 bar und die Dekompressionsgeschwindigkeit auf 40 m/d angehoben. Während dieser Periode wurden die respiratorischen Funktionen der Taucher sorgfältig überwacht, unter besonderer Berücksichtigung der Vitalkapazität sowie der alveolaren Sauerstoffdiffusionskapazität anhand eines Sauerstoffmangelversuchs unter Belastung, währen die Dekompressionsqualität durch Dopplermessungen zur Gasblasenerkennung gewährleistet wurde.

Die hyperoxe Periode bei einem Sauerstoffpartialdruck von 0,6 bar dauerte insgesamt 11 Tage, wobei keinerlei subjektive oder objektive Zeichen der Sauerstofftoxizität auftraten; im allgemeinen wird die Grenze für toxische Langzeitschäden durch Sauerstoff mit 0,5 bar angenommen. Nach insgesamt 39 Tagen konnten die Taucher die Druckkammeranlage wohlbehalten verlassen.

Ausgewählte Experimente

Wie schon an früherer Stelle berichtet [4], lassen sich die experimentellen Fragestellungen in der physiologischen Tieftauchforschung in zwei wesentliche Richtungen unterteilen, nämlich in die Bestimmung der mentalen und der physischen Leistungseinschränkung durch hohe Drücke. Über den ersten Aspekt wird an anderer Stelle berichtet, hier sollen einige neue Entwicklungen und Ergebnisse zum zweiten Aspekt über den Stand von [4] hinaus dargestellt werden.

Der Zusammenhang zwischen Gasdichte und Atemmechanik wurde schon diskutiert; die Frage nach einer Einschränkung der alveolaren Diffusion aufgrund der Druckabhängigkeit des binären Diffusionskoeffizienten ist dagegen immer noch höchst aktuell. Das Sauerstoffmangelexperiment zur Bestimmung der alveolaren Sauerstoffdiffusion in Ruhe wurde ausführlich behandelt; Ergebnisse bis 545 m Tauchtiefe liegen vor [5]. Der gleiche Versuchsaufbau wurde auch im hier diskutierten Tauchgang verwendet, so daß nunmehr die Sauerstoffmangelreaktion in Ruhe beim Menschen bis zu einer Tauchtiefe von 615 m bekannt ist. Es zeigt sich das gleiche Ergebnis wie auch beim vorangegangenen Tieftauchgang: Auch in einer Tauchtiefe von 615 m ist die alveolare Sauerstoffdiffusion gegenüber Normaldruck in keiner Weise eingeschränkt.

Über die Ruhebedingung hinaus ist natürlich besonders die Sauerstoffversorgung unter körperlicher Belastung wichtig; aus diesemGrunde wurde der Versuchsaufbau soweit modifiziert *(Abb. 2)*, daß ein ähnlicher Test auch unter Belastung möglich ist. Hintergrund ist die höhere Ventilation und damit kürzere Kontaktzeit des Frischgases zur alveolaren Durchmischung.

Zur Anpassung des verwendeten geschlossenen Atemkreislaufs an den höheren Sauerstoffverbrauch unter Belastung wurde ein weiteres Puffervolumen (50 l) eingefügt; hier ist eine

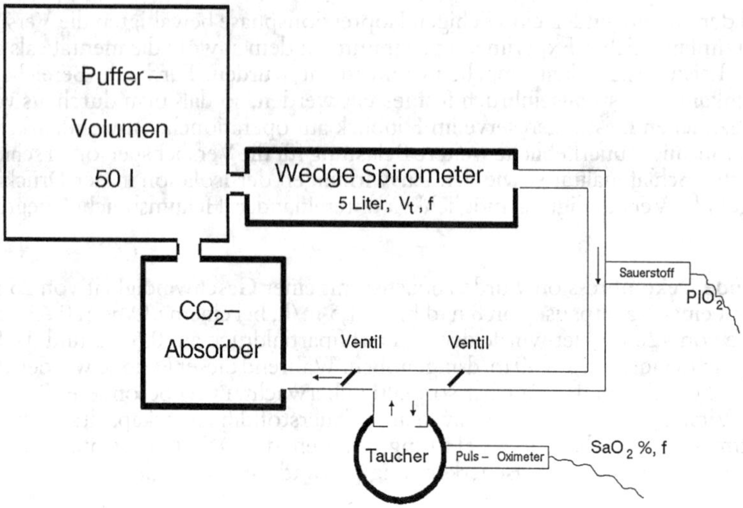

Abb. 2: Experimenteller Aufbau zur Bestimmung der Sauerstoffmangelreaktion unter Belastung

ständige sorgfältige Durchmischung erforderlich, um die Ausbildung von dynamischen Gradienten im Sauerstoffpartialdruck zu verhindern. Unter einer Belastung von 50 W auf dem Fahrradergometer ist damit die Abnahme des Sauerstoffpartialdrucks im geschlossenen System etwa gleich groß wie vorher in Ruhe, so daß die Ergebnisse beider Experimente direkt vergleichbar werden. Wie auch zuvor in Ruhe zeigte sich keinerlei Beeinträchtigung des respiratorischen Sauerstoffangebots über die normobare Sauerstoffmangelreaktion hinaus.

Über die Anwendung von Radio-Xenon als radioaktiver Tracer im Tieftauchexperiment wurde bereits berichtet [6]; in TITAN XI kam nun ein weiteres Experiment mit Schwergas-Tracer zum Einsatz, mit dem die Ergebnisse des Radio-Xenon-Versuchs überprüft und ergänzt werden sollten. Dabei handelt es sich um den Zusatz von SF_6 (Schwefelhexafluorid), einem der schwersten noch atembaren Gase. Das wesentliche Argument zur Verwendung dieses Gases liegt in seiner Molekülstruktur begründet: Die das Schwefel-Zentralatom umgebenden sechs Fluor-Atome machen das Molekül so „sperrig“, daß es denkbar schlechte Diffusionseigenschaften in der Mischung mit Trägergasen wie Helium besitzt. Durch die Untersuchung der alveolaren Diffusion dieses Moleküls soll also eine etwaige hyperbare Diffusionsbeschränkung schon bei heute erreichbaren Tauchtiefen sichtbar gemacht werden, um gegebenenfalls auf die Diffusionseigenschaften der physiologisch wichtigen, leichteren Gase Sauerstoff und Kohlendioxid bei noch größeren Tiefen rückschließen zu können.

Der hierzu verwendete Versuchsaufbau *(Abb. 3)* bedient sich im Prinzip der schon beschriebenen Apparatur für das Sauerstoffmangelexperiment: In einem geschlossenen Atemkreislauf wird ein SF_6-haltiges Testgas angeboten, das während einer Einwaschphase von der Versuchsperson rückgeatmet wird; die differentiellen Änderungen der Tracer-Konzentration im Atemzyklus werden über ein hochauflösendes Respirations-Massenspektrometer zugänglich, das über eine Stahlkapillare kontinuierlich mit Probengas aus dem Mundstück des Atemsystems versorgt wird. Eine Kontrolle des Sauerstoffs wie im Sauerstoffmangelexperiment ist hier nicht erforderlich, da die Rückatmungszeit so kurz gehalten wird, daß ein Sauerstoffmangel nicht eintreten kann.

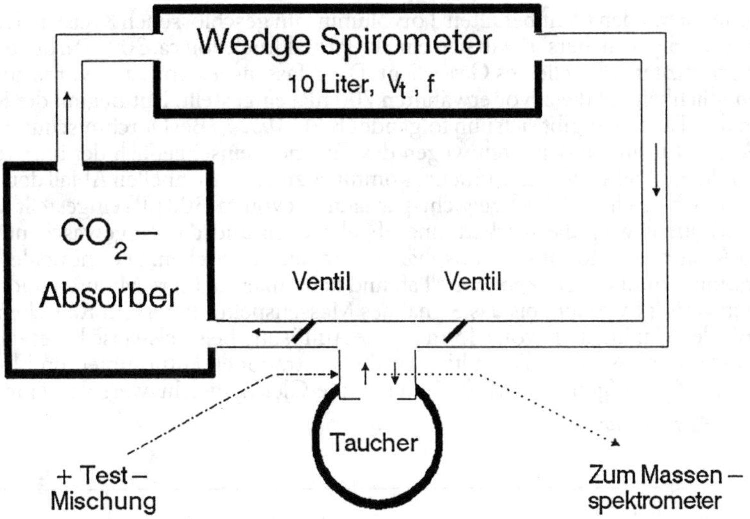

Abb. 3: Versuchsaufbau zum Rückatmungsexperiment mit SF_6

Die Testgemische wurden über die in [6] beschriebene Füllapparatur hergestellt: Eine vorberechnete Menge SF_6 wurde in einen evakuierten Hochdruckzylinder gefüllt, der anschließend mit dem für die jeweilige Tiefe vorgesehenen Notatemgas bis zu einem ebenfalls vorberechneten Druck aufgefüllt wurde. Die Gaskonzentrationen waren dabei so berechnet, daß unter dem jeweiligen Kammerdruck ein atembares Gas mit einem SF_6-Partialdruck von 700 hPa resultierte. Dieses Gas wurde nun über die ebenfalls in [6] beschriebene Einfüllapparatur in das in der Kammer befindliche Atemsystem eingefüllt; über das in den Kreislauf geschaltete Wedge-Spirometer konnte die eingelassene Menge auf exakt 10 l dosiert werden.

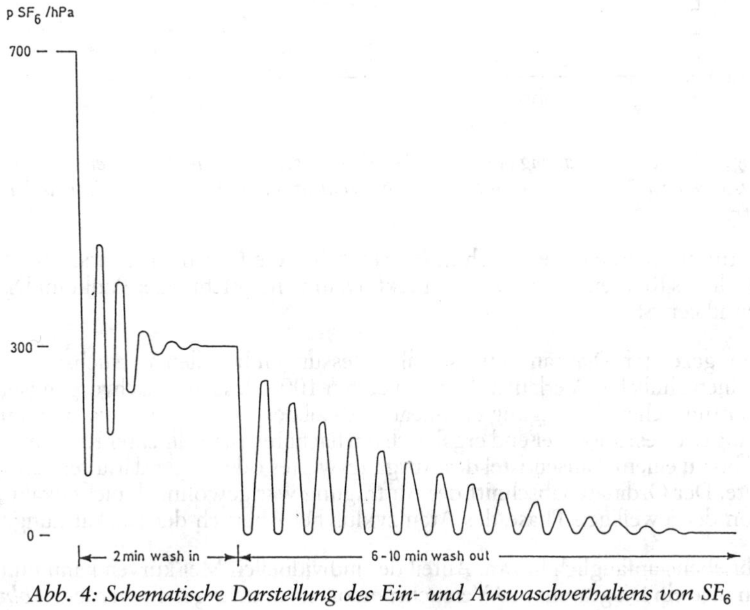

Abb. 4: Schematische Darstellung des Ein- und Auswaschverhaltens von SF_6

Zusammen mit den nicht befüllten Totvolumina im geschlossenen Kreislauf (einschließlich Atemwege des Tauchers) ergab sich ein SF_6-Partialdruck von ca. 300 hPa, der deutlich unter der Narkotizitätsschwelle des Gases liegt. Das Massenspektrometer wurde zuvor in seiner Empfindlichkeit auf die zuvor erwähnten 700 hPa eingestellt. Mit Beginn der Rückatmung durch den Taucher ergibt sich nun folgendes Bild *(Abb. 4)*: Bei Durchmischung des Gases in der Apparatur und in den Atemwegen des Tauchers einschließlich der unmittelbar (blut)-kreislaufgekoppelten Kompartimente kommt es zu einem schnellen Abfall der Tracer-Konzentration, bis sich ein Gleichgewichtspartialdruck von ca. 300 hPa eingestellt hat. Nach exakt 2 Minuten wird die Rückatmung abgebrochen und das eingewaschene Tracer-Gas durch Atmung von Kammeratmosphäre wieder ausgewaschen. Die endtidale Tracer-Konzentration nimmt dabei exponentiell ab und kann über mehrere Minuten und Größenordnungen verfolgt werden, bis das Signal des Massenspektometers im Rauschen verschwindet. Bei der Maximaltiefe von 615 m lag die Auflösung beispielsweise bei etwa 5 ppm. Aus den Meßkurven wurden die endtidalen Konzentrationen entnommen und logarithmisch gegen die Zeit aufgetragen *(Abb. 5)*; der letzte Gleichgewichtswert des Tracers während

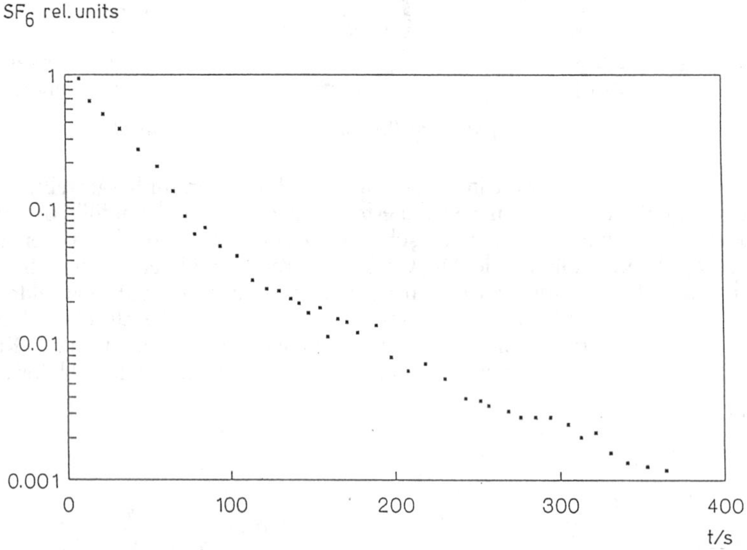

Abb. 5: Logarithmische Auftragung der endtidalen SF_6-Konzentration während der Auswaschung mit Kammergas (Taucher 3 auf 615 m); die Anfangskonzentration gegen Ende der Einwaschung wurde =„1“ gesetzt

der Rückatmung wurde dabei gleich „1“ gesetzt und die folgenden endtidalen Werte als Bruchteile dieses Referenzwertes ausgedrückt. Damit entspricht jeder Punkt im Diagramm einem endtidalen SF_6-Wert.

Wie in dem gezeigten Diagramm wiesen alle Messungen bei allen Versuchspersonen und Drücken einen ähnlichen Verlauf auf: in den ersten 100 s des Auswaschvorgangs fand sich in der logarithmischen Auftragung ein linearer Abfall des Tracers auf etwa ein Hundertstel des Ausgangswertes; anschließend ergab sich ein flacherer, nicht-linearer Kurvenzug, der in der Regel bis zu einem Tausendstel des Ausgangswertes oder sogar darunter verfolgt werden konnte. Der Ordinatenabschnitt der Auftragung war gewöhnlich nicht exakt „1“, abhängig von der jeweiligen Phase des Atemzyklus bei Abbruch der Rückatmung.

Der beschriebene anfänglich lineare Anteil der individuellen Meßkurven kann nun für alle Meßtiefen in je ein Diagramm pro Versuchsperson zusammengefaßt werden. *Abbildung 6*

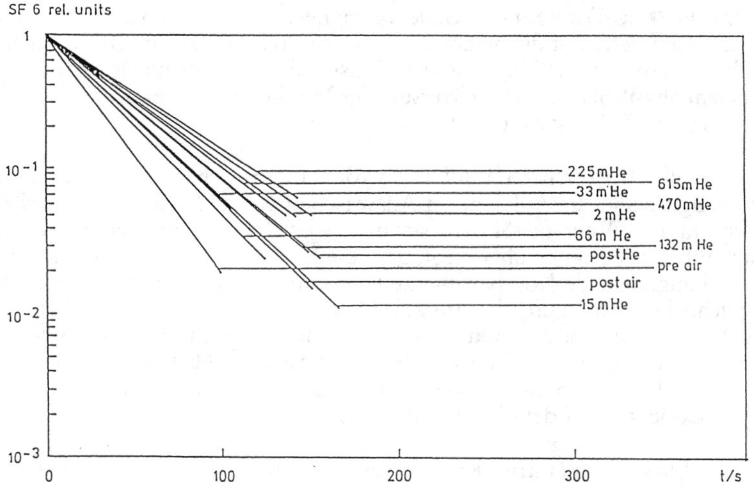

Abb. 6: Lineare Anfangsphase der SF_6-Auswaschung für Taucher 2 bei allen Tiefen; Ordinatenabschnitt auf „1" normalisiert

zeigt das Ergebnis für einen Taucher; zur besseren Vergleichbarkeit wurden die individuellen Kurven wieder jeweils auf „1" normiert, so daß alle Kurven den gleichen Ausgangspunkt besitzen. Obwohl die Steigungen der Tracer-Abnahme bei den unterschiedlichen Tiefen eine gewisse Streuung zeigen, wird doch deutlich, daß keine systematische Druckabhängigkeit vorhanden ist. Besonders starke Abweichungen von der Mehrzahl der Kurven können im übrigen durch entsprechende Auffälligkeiten im jeweiligen Atemmuster erklärt werden: Eine besonders flache und hochfrequente Atmung ergibt bei gleichem Atemminutenvolumen eine wesentlich langsamere alveolare Verdünnung als eine langsame, tiefe Atmung. Zwar wurde das tidale Volumen während der Auswaschung nicht gemessen (der geschlossene Atemkreislauf wurde ja zu Beginn der Auswaschung unterbrochen und damit das Wedge-Spirometer abgekoppelt), zumindest kann aber angenommen werden, daß sich das zuvor gemessene Atemmuster der Einwaschung nicht abrupt ändert (die Atemfrequenz ließ sich auch während der Auswaschung über die Konzentrationskurven verfolgen).

Diskussion

Die vorliegende Arbeit beschäftigt sich hauptsächlich mit dem Teilproblem des alveolaren Gasaustausches bei großen Tauchtiefen, unter Berücksichtigung der aktuellen Ergebnisse aus dem Tauchgang TITAN XI. Das Problem der hyperoxen Hypoxie [7] (Chouteau-Effekt) aufgrund des abnehmenden binären Diffusionskoeffizienten unter Druck [8] wurde mit einem schon beschriebenen Experiment weiterverfolgt und zusätzlich bei körperlicher Belastung untersucht; hierbei konnte keinerlei Beeinträchtigung durch den hohen Druck beobachtet werden.

Das Rückatmungsexperiment mit Schwefelhexafluorid wurde durchgeführt, um gewissermaßen eine Extrapolation zu erheblich größeren Tiefen durchführen zu können: Wenn die Diffusion dieses schweren und sperrigen Tracer-Moleküls im 600-m-Bereich noch ohne signifikante Beeinträchtigung bleibt, ist zu erwarten, daß die physiologisch relevanten Gase Sauerstoff und Kohlendioxid auch bei wesentlich größeren Tiefen in ihrem Austausch nicht gefährdet sind.

Die theoretischen Grundlagen des alveolaren Gasaustausches und die Rolle der binären Diffusion unter hohen Drücken wurden ausführlich beschrieben [9]. Im allgemeinen wird die CHAPMAN-ENSKOG-Formel als besonders geeignet angesehen, um den Einfluß verschiedener äußerer Parameter auf die binäre Gasdiffusion zu beschreiben [10]; danach besteht eine umgekehrte Proportionalität zwischen Diffusionskoeffizient und Druck. Dieser Ansatz würde in einem physikalischen Modellversuch für Mischungen aus Sauerstoff und Helium/Stickstoff experimentell bestätigt [11].

Die experimentellen Kurven nach *Abbildung 5* können demnach wie folgt interpretiert werden: Der anfängliche lineare Abfall in der Auswaschkurve des Tracers repräsentiert die alveolare Verdünnung. Wenn der SF_6-Ausstrom so weit abgenommen hat, daß die über das venöse Blut anfallende Menge überwiegt, geht die Kurve in eine geringere Steigung über, weil Blut und angrenzende Kompartimente langsamer entsättigen als der Alveolarraum. Die anfängliche lineare Steigung der Auswaschkurve repräsentiert den Mischvorgang zwischen dem SF_6-haltigen Gas im funktionellen Totraum und dem Frischgasbolus ohne Tracer. Wenn eine herabgesetzte Diffusion in der Gasphase tatsächlich den alveolaren Gasaustausch bei hohen Drücken beeinträchtigen würde, dan müßte die anfängliche Steigung bei den Hochdruckmessungen deutlich geringer sein.

Da ein solcher Effekt nicht auftritt, ist zu folgern, daß andere alveolare Mischvorgänge die entscheidende Rolle spielen; in diesem Zusammenhang wurden Faktoren wie Konvektion und „Rühreffekt“ durch die Herztätigkeit diskutiert [12–15]. Eine ausführliche Behandlung der verschiedenen Mechanismen für die intrapulmonale Gasmischung findet sich in [16].

Nach heutiger Kenntnis kann demnach eine Beschränkung des Tieftauchens aufgrund der Atemfunktion nur in einer mechanischen Behinderung aufgrund hoher Gasdichten gesehen werden, die experimentell lange bekannt ist [17, 18]; eine alveolare Diffusionsbehinderung ist **nicht** gegeben. Damit nimmt das maximal erreichbare Atemminutenvolumen ab [19], es resultiert ein Anstieg des Kohlendioxidgehalts im Organismus bei hohen Belastungsstufen, ohne daß die Gefahr eines Sauerstoffmangels besteht. Der endtidale CO_2-Partialdruck ist ein gutes Maß für diesen Vorgang, und als Überwachungsparameter ist er geeignet, auch bei praktischen Einsätzen in maximalen Tiefen eine Überforderung des Tauchers zu verhindern.

Die heutige Tiefengrenze für das bemannte Tauchen muß vielmehr im HPNS und den Belastungen von langen Druckkammeraufenthalten gesehen werden.

Literatur

[1] FRUCTUS, X., AGARATE, C., NAGUET, R. and ROSTAIN, J. C. (1976): „Postponing the High Pressure Nervous Syndrome (HPNS) to 1640 feet and beyond“, in C. J. LAMBERTSEN (ed.), Vth Symposium on Underwater Physiology, FASEB, Bethesda, Maryland

[2] BENNET, P. B., and MCLEOD, M. (1984): „Probing the Limits of Human Deep Diving“, Phil. Trans. R. Soc., London, B3 04, 105

[3] GARDETTE, B.: „HYDRA IV and HYDRA V: Human Deep Hydrogen Dives 1983–1985“, in R. W. BRAUER (ed.), Hydrogen as a Diving Gas, UHMS Publication 69 (WS-HYD), Bethesda, Md.

[4] WENZEL, J., BECKER, P., HAMPE, P., MÜLLER, K. und VOGT, L. (1987): Spiro-Ergometrische Untersuchungen im Tieftauchsimulator TITAN der DFVLR, in Gerstenbrand-Lorenzoni-Seemann (Hrsg.), Tauchmedizin 4, Schlüter, Hannover

[5] WENZEL, J. and VOGT, L. (1988): Hypoxia in Deep Diving, Proceedings XIVth Ann. Meet. EUBS, Aberdeen

[6] HAMPE, P., KOPPENHAGEN, K., WENZEL, J., LUKAS, N., HOCK, L. und VOGT, L. (1987): "Nuklearmedizinische Messung von Gewebesättigungs- und Entsättigungskurven mittels 133-Xenon bei bemannten Preßlufttauchgängen bis 70 m und Heliumsättigungstauchgängen bis 560 m", in Gerstenbrand-Lorenzoni-Seemann (Hrsg.), Tauchmedizin 4, Schlüter, Hannover
[7] CHOUTEAU, J. (1971): "Respiratory Gas Exchange in Animals During Exposure to Extreme Ambient Pressures", in: Underwater Physiology IV, Ed. C. J. LAMBERTSEN, Academic Press, New York
[8] HLASTALA, M. P., OHLSSON, J. and ROBERTSON, H. T. (1987): "Alveolar Gas-Phase Diffusion Limitation in the Hyperbaric Environment", in: Underwater and Hyperbaric Physiology IX, BOVE, A. A., BACHRACH, A. J., and GREENBAUM jr., L. J. (Eds.), Undersea and Hyperbaric Medical Society, Bethesda
[9] OHTA, Y. and FARHI, L. E. (1988): "Diffusive Gas Mixing in the Lungs: A Possible Factor Limiting Alveolar Gas Exchange at Depth", in: C. V. PAGNELLI and L. E. FARHI (eds), Physiological Function in Special Environments, Springer, New York
[10] REID, R. C., PRAUSNITZ, J. M. and SHERWOOD, T. K. (1977): The Properties of Gases and Liquids, 3rd ed., MCGRAW-HILL, New York
[11] PAGNELLI, C. V. (1987): "Gas-Phase Diffusion of O_2 in Helium and Nitrogen under Pressure", in: Underwater and Hyperbaric Physiology IX, Proceedings of the Ninth International Symposium on Underwater and Hyperbaric Physiology, BOVE, A. A., BACHRACH, A. J. and GREENBAUM jr., L. J. (Eds.), Undersea and Hyperbaric Medical Society, Inc., Bethesda, Maryland
[12] ENGEL, L. A., MENKES, H., WOOD, L. D. H., UTZ, G., JOUBERT, J., and MACKLEM, P. T. (1973): "Gas mixing during breath holding studied by intrapulmonary gas sampling", J. Appl. Physiol. 35, 9–17.
[13] ENGEL, L. A., WOOD, L. D. H., UTZ, G., and MACKLEM, P. T. (1973), "Gas mixing during inspiration", J. Appl. Physiol. 35, 18–24.
[14] FUKUCHI, Y., ROUSSOS, C. S., MACKLEM, P. T., and ENGEL, L. A. (1976): "Convention, difussion and cardiogenic mixing of inspired gas in the lung; an experimental approach", Respir. Physiol. 26, 77–90.
[15] SIKAND, R. S., MAGNUSSEN, H., SCHEID, P., and PIIPER, J. (1976): "Convective and diffusive gas mixing in human lungs: Experiments and model analysis", J. Appl Physiol. 40, 362–371
[16] SCHEID, P. and PIIPER, J. (1980), "Intrapulmonary Gas Mixing and Stratification", in: J. B. WEST (ed.), Pulmonary Gas Exchange, Academic Press, New York
[17] FAGRAEUS, L. and LINNARSSON, D. (1973): "Maximal Voluntary and Exercise Ventilation at High Ambient Air Pressures", Försvarsmedicin 9, 275–278
[18] SALZANO, J. V., STOLP, B. W., MOON, R. W. and CAMPORESI, E. M. (1981): "Exercise at 47 atm (absolute) and 66 atm (absolute)", in: Underwater Physiology VII, A. J. BACHRACH and M. M. MATZEN (eds.), Undersea Medical Society, Bethesda
[19] LANPHIER, E. (1982): "Respiration and Exercise", in: P. B. BENNETT and D. H. ELLIOTT, The Physiology and Medicine of Diving, Baillière Tindall, London

1.7 Hygienische Aspekte des Tauchgangs TITAN XI

von K. MÜLLER, E. HILDEBRAND, L. KRIZEK

1 Allgemeines über hygienische Maßnahmen in TITAN

In Heliox-Tauchanlagen bestehen infolge der hohen erforderlichen Temperatur und der damit verbundenen hohen absoluten Feuchte günstige Bedingungen für die Vermehrung von Bakterien. Dazu kommt, daß durch das Fehlen natürlicher Umgebungsbedingungen die Immunabwehr unspezifisch geschwächt wird und das Zusammenleben mehrerer Personen auf engstem Raum die Übertragung von Infektionen begünstigt. Ein besonderer Problemkeim ist hier Pseudomonas aeruginosa. Ps. aeruginosa kommt bei einem Teil der gesunden Bevölkerung auf Schleimhäuten vor, ohne Krankheitssymptome zu verursachen. Bei Tauchern ist der Anteil wegen der häufigen Exposition gegenüber oft Ps. aeruginosahaltigem Wasser höher als im Bevölkerungsdurchschnitt. Unter geeigneten Bedingungen, die in Heliox-Sättigung gegeben sind, können Hautkrankheiten und äußerst schmerzhafte Otitiden auftreten. Daher sind besondere hygienische Maßnahmen erforderlich, um in einem Heliox-Sättigungstauchgang die Ausbreitung von Pseudomonas-Infektionen zu verhindern. Andere opportunistische Keime wie z. B. Klebsiellen spielen in hyperbaren Kammern nur eine untergeordnete Rolle.

Die hygienischen Maßnahmen sind im einzelnen desinfizierende Reinigung der Kammer, Sanierung des Wassers, Ausschluß von Tauchern, die Pseudomonas-Carrier sind, und bakteriologische Überwachung der Kammer und der Taucher.

Kammerreinigung bei TITAN

Vor dem Tauchgang und zweimal wöchentlich währenddessen wird die Kammer mit einem Desinfektionsmittel, das als wirksame Bestandteile Biguanide und Quats enthält (Teta-Aktiv[R]) scheuerdesinfiziert. Zur Erfolgskontrolle werden unmittelbar vor der routinemäßig abends stattfindenden Reinigung sowie am Morgen danach Abklatsche genommen.

Das Wasserleitungssystem darf möglichst keine Kunststoff- oder Gummiteile enthalten. So wird z.B. als Brauseschlauch ein Edelstahl-Faltenschlauch verwendet. Vor dem Tauchgang werden die Wasserleitungen mit einem Desinfektionsmittel behandelt, das als Wirkstoffe Wasserstoffperoxid und Silberionen enthält (Herlisil[R], Verdünnung auf 2 % H_2O_2, Einwirkungszeit 12 Stunden). Im laufenden Gebrauch wird das gleiche Desinfektionsmittel in Verdünnung auf 50 ppm H_2O_2 dem Wasser zugesetzt. An den Kammerreinigungsterminen werden an allen Zapfstellen sowie an der Wasseraufbereitungsanlage der Kalt- und Warmwasserleitung Proben entnommen.

Taucherauswahl

Im Rahmen der Untersuchungen vor einem Tauchgang werden von den Tauchern an zwei verschiedenen Tagen bakteriologische Proben vom Mund, aus beiden Gehörgängen, aus der Nase und von zwei Stellen der äußeren Haut genommen. Nachweis von Pseudomonas aeruginosa ist eine absolute Kontraindikation für Teilnahme an dem Tauchgang. Ausgenommen hiervon ist nur der Nachweis vereinzelter Pseudomonaden auf der äußeren Haut.

Die Proben werden im Hygieneinstitut der Universitätsklinik Bonn ausgewertet. Die Befunde stehen zwei bis drei Tage nach der Entnahme zur Verfügung.

2 Probanden

Für den Tauchgang TITAN XI waren fünf Interessenten gekommen, drei professionelle Sporttauchlehrer, ein Forschungstaucher mit mehreren 100 Tauchstunden, überwiegend bei technischen Versuchen im Wasserbecken und ein Arzt, der keine Tauch-, aber Druckkammer-Sättigungserfahrung bei geringem Druck hatte. Ein Kandidat hatte massenhaft Pseudomonaden im Mund und kam deshalb nicht in die engere Auswahl. Von drei ausgewählten Teilnehmern hatte einer (im folgenden als T 1 bezeichnet) vereinzelte Pseudomonaden am Unterarm, die als bedeutungslos beurteilt wurden.

3 Keimbesiedlung während des Tauchgangs

Wasserleitung

Nach Beginn des Tauchgangs, als die Taucher schon auf 420 m standen, zeigten die Befunde der Proben, die unmittelbar vor der Kompression entnommen waren, daß das Brauchwasser massenhaft mit Pseudomonas verunreinigt war. Rekonstruktion der Reinigung der Wasserleitungen ergab, daß infolge eines Rechenfehlers das Desinfektionsmittel in deutlich zu geringer Konzentration eingesetzt worden war. Daher wurde die Kompression unterbrochen und erst fortgesetzt, als nach der erneuten Reinigung weder im Wasser noch auf den Tauchern Pseudomonas nachweisbar war. Im weiteren Verlauf des Tauchgangs war noch mehrfach das Wasser mit Pseudomonas verunreinigt, so daß die Reinigung wiederholt wurde. Unter dem Verdacht, daß er ein für das Desinfektionsmittel nicht zugängliches Pseudomonas-Reservoir enthält, wurde der handelsübliche, Kunststoffteile enthaltende Brausekopf gegen einen Eigenbau ganz aus Metall ausgetauscht. Außerdem wurde die Brause alle zwei Tage dampfsterilisiert.

Taucher

Die Besiedlung der Taucher mit Pseudomonas aeruginosa ist in den *Abbildungen 1 bis 3* dargestellt. Im ersten Teil des Tauchgangs war auf den Tauchern bis auf eine Probe (Mund

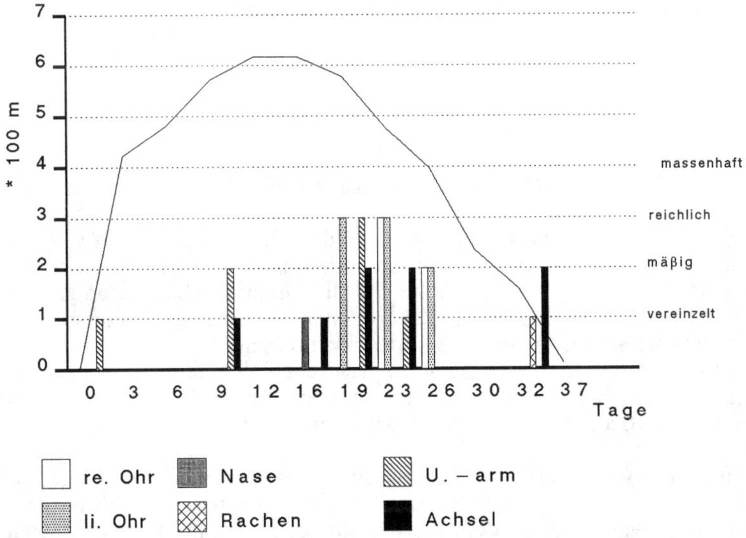

Abb. 1: Pseudomonas-Besiedlung T 1

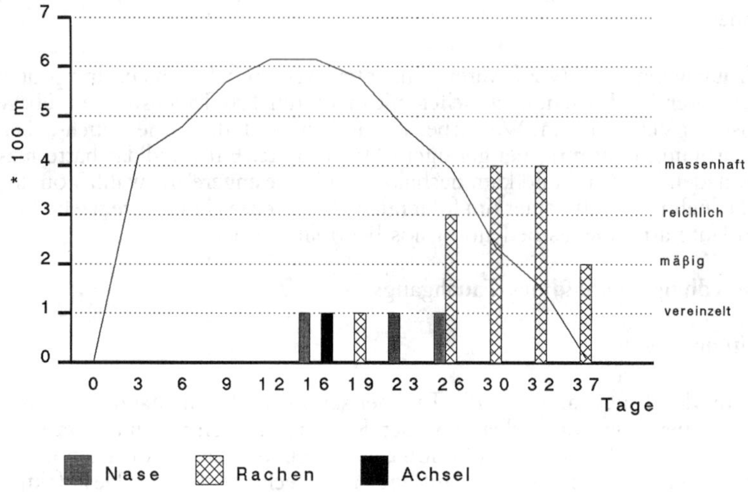

Abb. 2: Pseudomonas-Besiedlung T 2

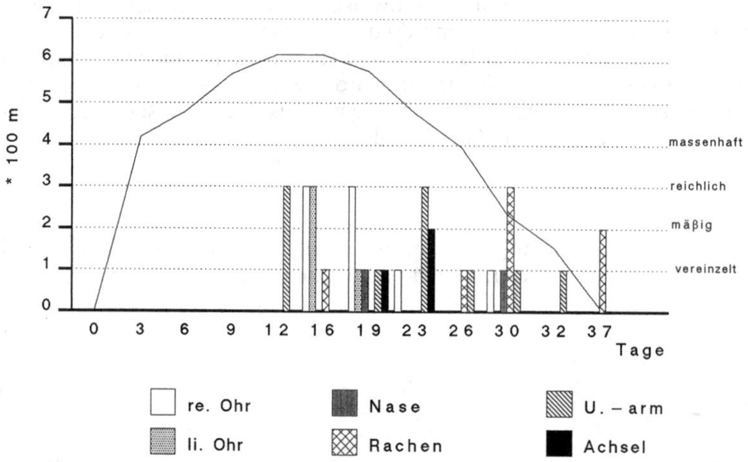

Abb. 3: Pseudomonas-Besiedlung T 3

T 1, 6. Tag) kein Pseudomonas nachweisbar. Ab dem 9. (T 1 und T3) bzw. 17. Tag (T 2) wurden mit zunehmender Tendenz Pseudomonaden an wechselnden Entnahmestellen gefunden. Am 10. Tauchgangstag berichtete T 1 über exophytisches Granulationsgewebe seitlich am Nagelwall eines Fingers. Ein zugezogener Dermatologe diagnostizierte den Befund als Candida-Infektion, wie sie auch bei Rückkehrern aus feuchtwarmem Tropenklima vorkommt, und verordnete eine lokale antimykotische Behandlung. Es konnte jedoch aus Abstrichen, die vor Behandlungsbeginn entnommen wurden, kein Pilz angezüchtet werden. Auch auf selektiven Pilzzuchtmedien wuchs nur Pseudomonas.

Im weiteren Verlauf wuchs das Granulationsgewebe, es wurden weitere Finger und Zehen und auch die anderen Taucher befallen. Aus allen Abstrichen wurde reichlich Pseudomonas aeruginosa nachgewiesen. Außerdem wurden unregelmäßig in kleineren Mengen Klebsiella, Staphylokokkus aureus, E. coli, Enterobacter und gramnegative Stäbchen gefunden.

Die Farbe der Nägel blieb unauffällig. Wegen der wiederholt negativen Pilznachweise wurden die Paronychien dann weiter mit Polyvidon-Iod-Salbe behandelt. Auch damit ließ sich die weitere Ausbreitung nicht völlig stoppen. Bei T 1 breiteten sich die Paronychien nach Größe des Granulationsgewebes und Zahl der befallenen Finger schnell weiter aus. Deshalb erhielt er an den letzten 11 Tauchgangstagen nach Antibiogramm zusätzlich 2 x 500 mg Ciprofloxazin oral. In den ersten zwei Tagen nach Tauchgangsende entleerte sich an mehreren Fingern spontan Eiter aus Abszesshöhlen unter dem Granulationsgewebe und dem Stratum corneum, die nicht bis unter den Nagel reichten. Das Granulationsgewebe und die abgelöste Hornschicht wurden dann entfernt und die Wunde mit 3 % Wasserstoffperoxid und Polyvidon-Iod-Lösung gespült. Die Wunden heilten dann in kurzer Zeit ab.

Der Eiter konnte leider nicht bakteriologisch untersucht werden. Auffällig ist jedoch, daß der Eiter weiß war und nicht grün, wie bei Pseudomonas zu erwarten gewesen wäre.

In den Ohren wurde während der zweiten Tauchgangshälfte bei T 1 und T 3 unregelmäßig Pseudomonas nachgewiesen. T 2 hatte in den Ohren ausschließlich Standortflora oder Flora der oberen Luftwege, obwohl er im letzten Drittel des Tauchgangs regelmäßig Pseudomonas im Mund hatte. Bei keinem Taucher traten Symptome der Otitis externa auf.

Die Keimtypisierung ergab bei den am Unterarm von T 1 gefundenen Pseudomonaden wie in der Wasserleitung den Typ PMC10. Auch alle weiteren Keimtypisierungen während des Tauchgangs ergaben PMC10. Der wegen Pseudomonas-Besiedlung des Rachens ausgeschlossene Taucher hatte dagegen den Typ PME16. Damit ist unklar, ob die Infektion von T 1 oder von der kontaminierten Wasserleitung ausgegangen ist.

Kammer

Die Stellen in der Kammer, von denen routinemäßig Proben entnommen wurden, wurden im normalen Gebrauch häufig von den Tauchern berührt. Trotz der nur unvollständig geschützten Paronychien war auch vor der Reinigung nur unregelmäßig Pseudomonas nachweisbar *(Abb. 4)*. Dagegen wurden koagulase-negative Staphylokokken als Keim der normalen Hautflora fast immer gefunden *(Abb. 5)*. Auch Staphylokokkus aureus kam häufig vor *(Abb. 6)*. Zusätzlich traten unregelmäßig auch andere Arten auf. Zwischen dem Zustand vor Kammerreinigung und der Erfolgskontrolle ca. 12 Stunden später ist bei keiner Art ein signifikanter Unterschied zu erkennen.

Als sich die Paronychien ausbreiteten, wurden die hygienischen Maßnahmen intensiviert:

Die Kammer wurde täglich gereinigt. Die Bettdecken, die vorher zweimal wöchentlich frisch bezogen wurden, wurden täglich zum Lüften ausgeschleust und abends mit frischer Wäsche eingeschleust. Der Duschvorhang wurde alle 2 Tage mit 90 °C gewaschen.

Damit ist keine Verminderung der Keimzahlen erkennbar. Pseudomonas breitete sich aber auch nicht weiter aus, was als Folge der infizierten Finger befürchtet wurde.

4 Zusammenfassung

Trotz eines Störfalls in der Sanitärwasserversorgung ist es in TITAN XI gelungen, die Kontamination der Kammer mit Pseudomonas aeruginosa unter Kontrolle zu halten. Die Taucher hatten Paronychien, aber eine Otitis externa trat nicht auf.

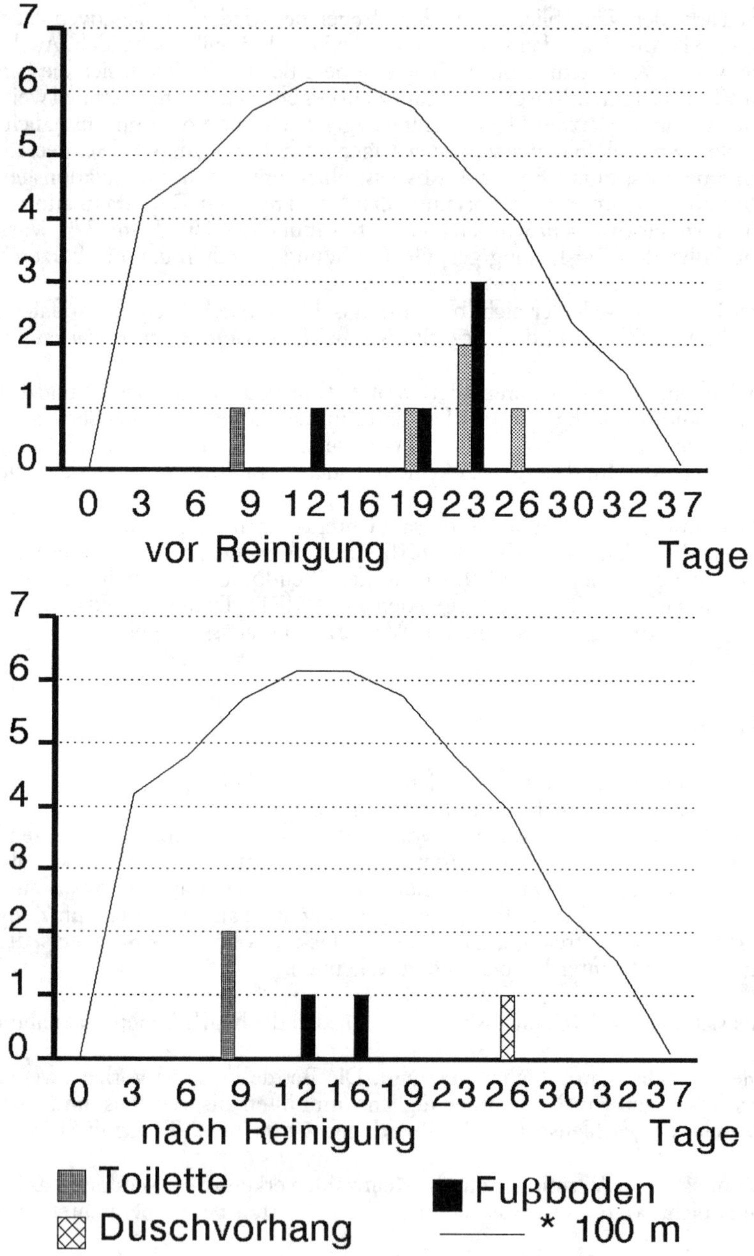

Abb. 4: Kammerbesiedlung mit Pseudomonas aeruginosa

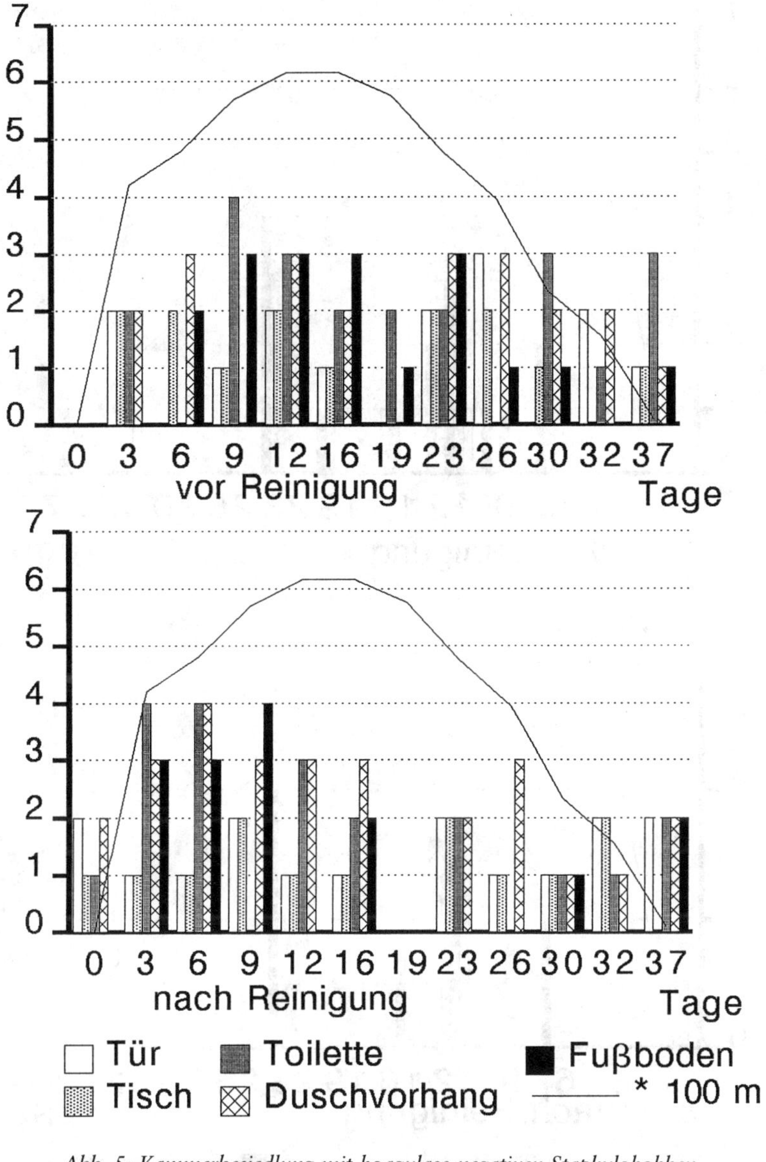

Abb. 5: Kammerbesiedlung mit koagulase-negativen Staphylokokken

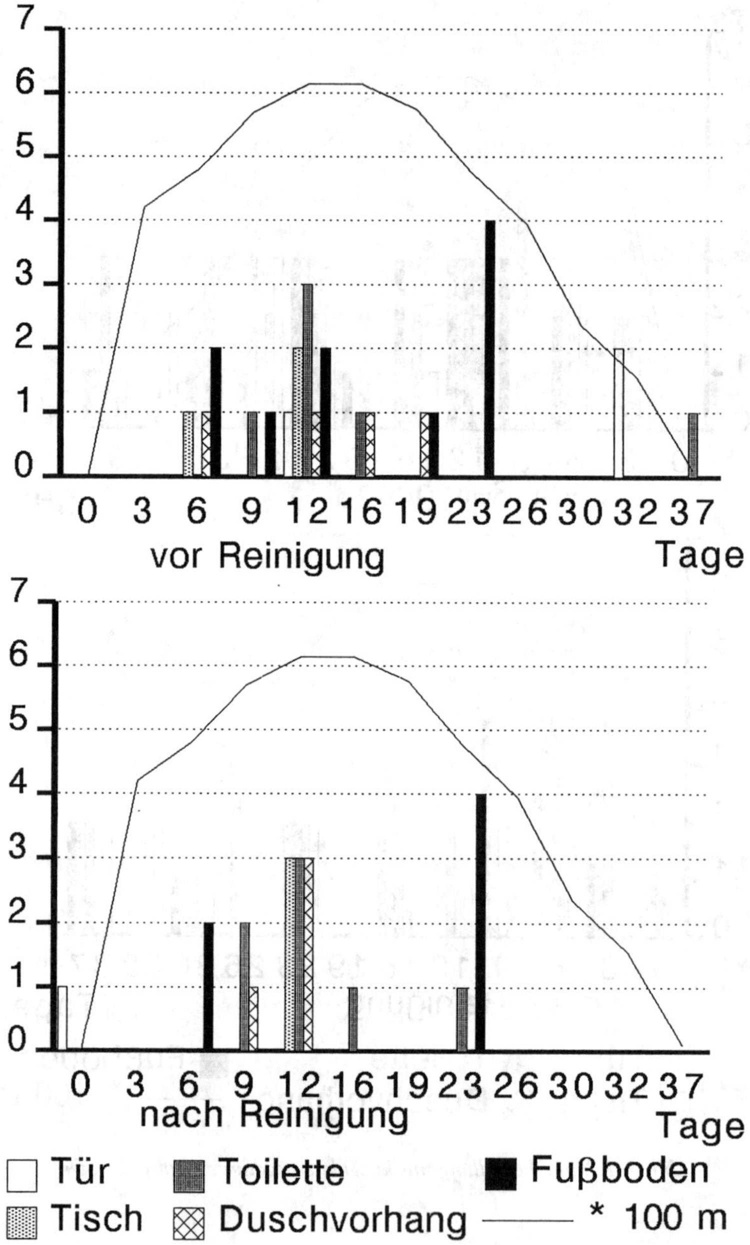

Abb. 6: Kammerbesiedlung mit Staphylokokkus aureus

1.8 Probleme der Dekompression bei Taucherabstiegen bis 50 Meter Tiefe mit Luft

von J. Zimmermann

Einleitung

Taucherabstiege in dekompressionspflichtige Wassertiefen erfolgten in der ehemaligen DDR sowohl im professionellen als auch im Sporttaucherbereich ausschließlich mit Luft als Atemgas. Die Dekompression wurde im Wasser oder als Oberflächendekompression (kombinierte Wasser-Druckkammer-Dekompression) unter Verwendung einer 1964 in der Sowjetunion eingeführten Tabelle durchgeführt.

Diese Tabelle basiert auf einem modifizierten Haldane-Rechenschema mit einer längsten Halbsättigungszeit von 120 Minuten. Für Dekompression nach Wiederholungstauchen sind die Grundzeiten zu addieren. Zur Oberflächendekompression darf aufgetaucht werden, wenn das 40-Minuten-Gewebe noch maximal 2,6 bar Stickstoffspannung besitzt [3].

Die Vielzahl von Einflußfaktoren und Fehlermöglichkeiten bedingt immer ein gewisses Dekompressionsrisiko. Neben Wissen und Können von Tauchereinsatzleiter und Taucher ist aber besonders die Qualität der angewendeten Tabelle wesentlich.

Wenn dann trotz erheblichem Erkenntniszuwachs in den letzten Jahrzehnten bezüglich Inertgassättigung und -abgabe Menschen immer noch nach Tabellen tauchen, die auf einem 25 Jahre alten Wissensstand beruhen, darf die Frage erlaubt sein, ob diese Tabellen so gut, oder Taucher bzw. Gesetzgeber so traditionsbewußt sind.

Auch die in den Unfallverhütungsvorschriften VBG 39 (Ausgabe 1984) und UVV See ausgewiesene Tabelle findet sich praktisch unverändert schon seit (mindestens) 1969.

Kasuistik

Bei 2165 Taucherabstiegen in Tiefen zwischen 20 und 50 (in Ausnahmen bis 60) Metern kam es in 17 Fällen zu leichten Dekompressionserkrankungen (Haut/Muskulatur). Die Abstiege erfolgten in einem Zeitraum von fünf Jahren, es waren daran 87 Taucher beteiligt. Jeder von ihnen hatte zuvor mindestens etwa 80 Stunden in geringeren Tiefen getaucht.

Von Dekompressionserkrankungen waren neun Taucher betroffen, zwei von ihnen viermal.

Zum Einsatz kamen autonome Leichttauch- und Schwere Helmschlauchtauchgeräte, in den Tiefenbereichen jeweils annähernd gleich häufig (*Abb. 1*).

Bei 18,7 Prozent der Erkrankungsfälle waren Fehler nachzuweisen (unbemerktes Überschreiten der Grundzeit, nur 16 Stunden Pause zum vorangegangenen Abstieg u. ä.).

Überwiegend wurde über mehrere Tage täglich getaucht, wobei zwischen den Abstiegen Pausen von annähernd 24 Stunden lagen. Die größte Erkrankungshäufigkeit ist mit 1,36 Prozent im Tiefenbereich um 25 Meter mit Helmtauchgerät festzustellen. Alle diese Zwischenfälle ereigneten sich während der ersten 20 Abstiege der Betroffenen auf diese Tiefe. Eine begünstigende Ursache dürfte ein geringer Trainingsgrad in der unbequemen, schweren Ausrüstung sein. Zudem neigt der Unerfahrene dazu, mit wenig Spülluft zu arbeiten,

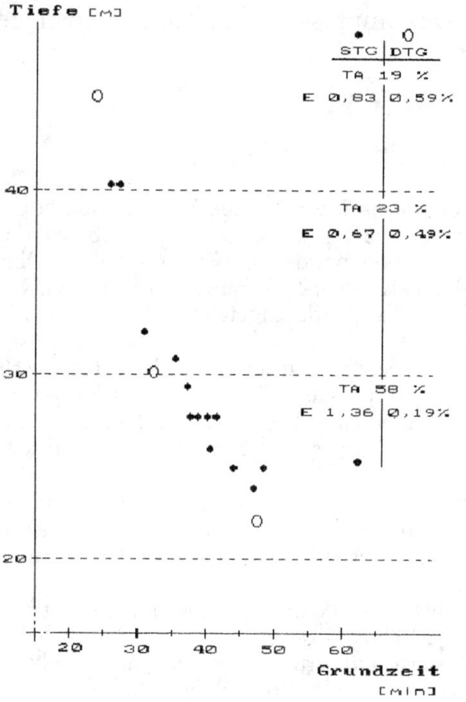

Abb. 1

dadurch steigt der CO_2-Gehalt der Atemluft im Gerät und beschleunigt die Stickstoffaufnahme.

Oberflächendekompression

Die Anwendung der Oberflächendekompression wird von den Unfallverhütungsvorschriften eingeschränkt, von den Tauchern jedoch weniger abgelehnt. Sie erkennen meist nicht das Risiko eventueller Spätfolgen, erleben aber unmittelbar die Kälte im Wasser und die Bonifikation für die etwas längere Gesamttauchzeit in Wasser und Druckkammer.

Im Erfahrungsbereich wurde die Oberflächendekompression bei 49,7 Prozent der Abstiege angewandt. Die Frist von maximal sechs Minuten von der letzten Stufe im Wasser bis zum Erreichen des gleichen Druckniveaus in der Kammer wurde in allen Fällen eingehalten oder unterschritten. Auf dieser Stufe wurde zehn Minuten verweilt und dann nach verlängertem Regime (eine Zeitspalte tiefer) weiter aufgetaucht.

15 der 17 Erkrankungsfälle traten bei kombinierter Dekompression auf, 12 davon konzentrierten sich auf vier Taucher.

Wiederholungstauchen

Nach regelrechter Dekompression besteht im Organismus eine tolerierte Übersättigung. Der weitere Abbau dieses Stickstoffes erfolgt exponentiell und benötigt eine wesentlich längere Zeit als vormals angenommen.

Wird nun täglich oder täglich mehrmals getaucht, geht demnach beim Folgeabstieg die Stickstoffaufnahme von einem entsprechend höheren Niveau aus. Bleibt das unberücksichtigt, können kritische Stickstoffdrücke überschritten werden.

Festlegungen, daß die Grundzeiten zu addieren sind, wenn „an einem Tage mehrere Abstiege... erfolgen" (TGL 30578) oder daß sie als Wiederholungstauchgänge zählen, wenn sie „in kürzeren Abständen als 12 Stunden aufeinander folgen" (VBG 39 und Durchführungsanweisung), sind unkonkret bzw. nicht ausreichend.

Bei Pausen von 22 bis 24 Stunden traten erst dann keine Zwischenfälle mehr auf, wenn ab zweitem Taucherabstieg generell nach der nächsthöheren Tauchzeitstufe (verlängerte Dekompression) aufgetaucht und die Grundzeit zusätzlich um fünf Minuten verkürzt wurde.

Die Anwendung der Grundzeitadditionsregel ist sowohl unwirtschaftlich als auch für den Taucher nicht ohne Risiko.

Eine Verbesserung wird erreicht, wenn unter Berücksichtigung der Stickstoffabgabe in der Pause zwischen den Tauchgängen (*Abb.* 2) und der neuen geplanten Tauchtiefe der Reststickstoff mit einem Zeitzuschlag zur neuen Grundzeit erfaßt wird. Tabellen für solch „Repetitives Tauchen" sind seit langem bekannt. Für die Dekompressionstabelle der TGL wurden unter Verwendung der von BÜHLMANN [1] angegebenen Grundlagen entsprechende Pausen- und Zuschlagstabellen berechnet.

Die bisher nach diesem Verfahren durchgeführten 548 Taucherabstiege verliefen ohne Zwischenfälle.

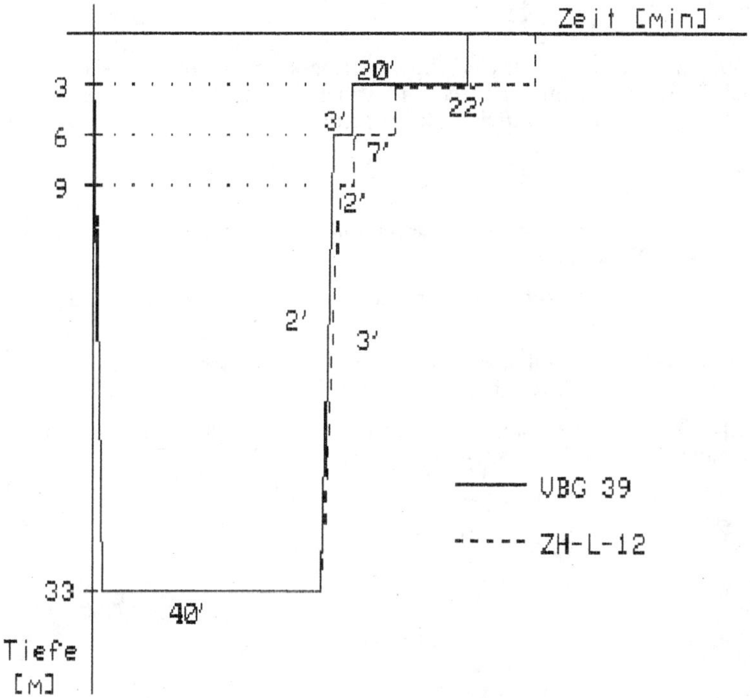

Abb. 2

Restrisiko

Konventionelle Methoden für die Ermittlung des Risikos, nach einem Tauchgang von einer Dekompressionserkrankung befallen zu werden, erfordern eine große Zahl von Tauchgängen [4]. Computersimulationen sind möglich, absolute Sicherheit ist trotzdem nicht erreichbar.

Bei der o.g. Berechnung der Repetitivgruppen ergab sich ein Vergleich der Übersättigung der Gewebe im Verlauf der Dekompression mit den ZH-L_{12}-Verfahren. Dabei war festzustellen, daß in 52 Prozent der Dekompressionsregime der TGL-Tabelle ein oder mehrere Gewebe überkritische Stickstoffdrücke erreichen, und zwar trotz teilweise deutlich längerer Gesamtdekompressionszeit. Wesentlich ist also auch ein optimales Dekompressionsprofil.

Ein Vergleich der VBG 39-Tabelle (1984) ergibt eine häufige, meist geringe Überschreitung der nach ZH-L_{12} möglichen Übersättigungen. Betroffen sind die Kompartimente 7 (Muskulatur) sowie 10 und höher (Innenohr, Gelenke, Knochen).

Einzelne Dekompressionsregime weichen stärker ab, in einem Fall wird dabei schon beim Aufstieg zur ersten Dekompressionsstufe das ZNS ungenügend dekomprimiert.

Für diese Vergleiche fanden die Faktoren des ZH-L_{12}-Verfahrens Anwendung, die in jüngeren Veröffentlichungen teilweise in Richtung höherer Sicherheit korrigiert worden sind [2].

Schlußfolgerungen

Der Erkenntniszuwachs auf dem Gebiet der Inertgassättigung und -entsättigung macht es erforderlich, Dekompressionsverfahren und Tabellen, auch für relativ geringe Wassertiefen, bezüglich Risiko und Effektivität zu überprüfen und gegebenenfalls zu korrigieren.

Schrifttum

[1] BÜHLMANN, Dekompression-Dekompressionskrankheit, Springer-Verlag, Berlin, Heidelberg, New York, Tokyo 1983

[2] BÜHLMANN, Decompression after repeated dives, Undersea Biomedical Research, Jan. 1987

[3] PADELT, Aspekte der kombinierten Dekompression, 5. Arbeitstagung AG Tauchermedizin/Taucherwesen, Rostock 1989

[4] TIKUISIS, NISHI, WEATHERSBY, Use of the maximum likelihood method in the analysis of chamber air dives, Unders. Biomed. Res. 4, 1988

[5] TGL 30578, Einsatz von Tauchern, (August 1985)

[6] VBG 39, Taucherarbeiten, (1. 10. 1979)

1.9 Moderne Druckkammertechnologien im Überblick

von T. HAUX, G. HAUX

Mit der Intensivierung der Aktivitäten im Bereich der Hyperbaren Medizin sind auch die Anforderungen an die Druckkammer-Technologien gestiegen.

Durch Schwachstellenanalysen und das konsequente Infragestellen alter Ausführungsformen, konnten mit Hilfe moderner Techniken und neuer prinzipieller Basis- oder Detaillösungen Verbesserungen erzielt werden, von denen hier nur einige beispielhaft genannt seien:

- Bedienerfreundlichkeit durch hervorstechende Schaltpultergonomie z. B. mit selbsterklärenden Pictogrammen;

- Entlastung des Bedienerpersonals von Routineaufgaben durch Computerunterstützung für Datenerfassung, Dokumentation, Alarmauslösung und Druckkammersteuerung;

- moderne Steuerungstechniken durch Einhebelventile kombiniert für Druckaufbau und Druckabbau, hand-/fern- oder computerbedient;

- automatisches Frischluftspülsystem ohne Volumeter;

- Patientenfreundlichkeit durch Lärmbekämpfung mit speziell entwickelten Druckkammer-Schalldämpfern.

Mit Hilfe dieser und einer Vielzahl weiterer innovativer Techniken und Detaillösungen konnten für das Gesamtsystem Druckkammer erhebliche Verbesserungen erreicht werden, die heute für den Druckkammerbau neue Maßstäbe vorgeben und wegweisend sind.

1.10 Hyperbare Sauerstofftherapie mit der Ein-Personen-Kammer HAUX-OXYSTAR

von T. HAUX, G. HAUX

Die von HAUX speziell entwickelte Einpersonenkammer zur Sauerstoffbehandlung unter Überdruck ist Ausdruck und Beispiel zugleich für die weiterentwickelten Techniken und Detaillösungen im Druckkammerbau.

Stand in der Vergangenheit im wesentlichen die Lösung grundsätzlicher technischer Probleme an erster Stelle, sind nunmehr Ergonomie sowie Bediener- und Patientenfreundlichkeit in den Vordergrund getreten.

Das wohl auffallendste Merkmal der neuen Anlage ist die modulare Ausbaufähigkeit von manueller Steuerung bis hin zur kompletten Computersteuerung und -überwachung. Weitere Eigenschaften der HAUX-OXYSTAR stellen die Prioritätensetzung unter Beweis:

- neue und einfache Handhabung des Kammerverschlusses, dazu ein Öffnungswinkel von 180°, der den gesamten Kammerquerschnitt zum Einbringen des Patienten zur Verfügung stellt;

- durch bewährte Flachbodentechnik optimal nutzbarer Innenraum;

- Wechselsprechanlage und neuartig gestaltete Sichtscheiben mit optimal großen Sichtwinkeln beugen einer möglichen Claustrophobie vor;

- aufgrund ihrer geringen Breite paßt die Kammer durch jede normale Tür, d. h. sie läßt sich in jeder Praxis ohne aufwendige Infrastrukturmaßnahmen aufstellen;

- Kammer und Fahrstand sind mobil, d.h. nicht an Schienen gebunden.

Dem Kammerinsassen und -bediener wird somit höchster Anwendungs- und Bedienkomfort geboten.

In der Wirtschaftlichkeit einer Einpersonenkammer liegt sowohl für ein Krankenhaus als auch für freie Praxen die Chance einer günstigen Einstiegsmöglichkeit in die hyperbare Sauerstofftherapie mit interessanten Perspektiven der Kosten-/Nutzenseite.

1.11 Hyperlog von Dräger – Ein Beatmungsgerät für den Einsatz in hyperbaren Kammern

von J. Gildhoff

Beatmungsgeräte zur Beatmung von Patienten sind seit langer Zeit bekannt und gibt es in großer Zahl. Die Funktion dieser Geräte ist unterschiedlich. Die verschiedensten Systeme kommen zur Anwendung.

Bevor ich zum Hyperlog komme, lassen Sie mich kurz eine Form eines Beatmungsgerätes erläutern, das Oxylog, welches eine Vorstufe zum Hyperlog ist.

Da ich Ingenieur bin, möchte ich mich bei den vorgestellten Geräten und deren Entwicklung auf die Gerätetechnik beschränken.

Das Oxylog ist ein Beatmungsgerät für die zeitgesteuerte und volumenkonstante kontrollierte Beatmung von Kindern ab 5 kg Körpergewicht und Erwachsenen.

Das Gerät ist konzipiert für den mobilen Einsatz in Rettungsfällen, für den Transport in Rettungsfahrzeugen oder im Hubschrauber zur Klinik, für Verlegungsfahrten und Verlegungsflüge, für die Beatmung in der Notaufnahme und für die Verlegung von Beatmungspatienten innerhalb der Klinik, z.B. vom OP zur Intensivstation.

Der Betrieb des Oxylog erfordert einen Eingangsdruck am Gerät von mindestens 2 bar bei einem Flow von 60 l/min.

Die verwendeten Antriebsquellen (zentrale Gasversorgung oder Gasflasche mit Druckminderer) müssen stets diese Betriebsbedingung sicherstellen.

Eventuell vorgeschaltete Schließ- oder Dosierelemente müssen vollständig geöffnet sein!

Eine Überprüfung der Funktion des Oxylog mit der Druckgasquelle ist möglich.

Die Gasarten zur Versorgung des Oxylog sind üblicherweise:

- Luft atmosphärischer Zusammensetzung
- O_2
- O_2-Luft-Gemisch
  bezogen über einen Druckgasmischer, der dem Oxylog vorgeschaltet ist.

Der Eingangsdruck am Oxylog muß, wie bereits erwähnt, immer mindestens 2 bar bei einem Flow von ca. 60 l/min betragen. Das Oxylog ist auch für eine kontrollierte Beatmung z.B. von Unfallopfern in einer toxischen Umgebungsatmosphäre einsetzbar.

Diese Umweltbedingungen beim Betrieb:

Temp.:	–5 °C bis +50 °C
Feucht.:	0 – 100% RF
Umgebungsdruck:	600 bis 1200 mbar

lassen eine Anwendung des Oxylog unter hyperbaren Bedingungen nicht zu bzw. erfordern ständige Nachregelungen bei der Anwendung.

Das führte sehr schnell zu der Entwicklung eines modifizierten Oxylog, dem „Oxylog mod.“

Die eingestellte Frequenz blieb über den Druckbereich 0 bis 5 bar Betriebsüberdruck (entsprechend 1 bis 6 ata) konstant. Der Ventilationsdruck erreichte bei 5 bar Betriebsüberdruck (6 ata) nur noch 50 % seines Wertes, der bei Umgebungsdruck bestand.

Es war allerdings möglich, die Werte des Atemminutenvolumens des in der Druckkammer aufgestellten Oxylog mod von außen über druckdicht durchgeführte Wellen zu verstellen.

Dadurch ließen sich jederzeit die gewünschten Werte unter den unterschiedlichsten Druckbedingungen in der Druckkammer erreichen.

Für jede Druckstufe war allerdings eine neue Einstellung erforderlich, die auch überprüft werden mußte. Das alles war etwas umständlich und zeitraubend. Da auch schwerverletzte Patienten und auch Intensivpflege-Patienten unter hyperbaren Bedingungen beatmet werden müssen, wurde der Wunsch nach einem Beatmungsgerät laut, welches genauso einfach wie das Oxylog zu bedienen ist und welches unter hyperbaren Bedingungen funktioniert.

Die Anforderung

Ärzte haben für diesen Einsatz ein Beatmungsgerät gefordert, das auch bei sich verändernden Druckverhältnissen innerhalb der Druckkammer die eingestellten Werte für Atemfrequenz und Minutenvolumen konstant hält. Der Beatmungsdruck sollte außerdem jederzeit ablesbar sein. Weitere Forderungen: stabile Bauweise, einfache Handhabung und übersichtliche Anordnung der Bedienungselemente.

Das Gerät

Mit dem Hyperlog ist Dräger diesen Forderungen nachgekommen. Basierend auf der bewährten Technik des Notfallbeatmungsgerätes Oxylog wurde ein völlig neues Gerät speziell für den hyperbaren Einsatz entwickelt.

Das Hyperlog behält die eingestellten Beatmungsparameter konstant, unabhängig von Veränderungen des Behandlungsdruckes in der Druckkammer. Das Hyperlog kann mit Luft, Sauerstoff oder Luft/Sauerstoff-Gemischen betrieben werden und besitzt eine Bauartzulassung als Gerät der Gruppe 1 nach MedGV. Zur Überprüfung des Atemminutenvolumens und des Atemhubvolumens kann ein Volumeter angeschlossen werden.

Technische Daten des Hyperlogs:

Funktionsprinzip	Respirator mit intermittierendem Flow
Steuerprinzip	pneumatisch, zeitgesteuert
Beatmungsfrequenz	10 bis 39/min, +/– 20 %, stufenlos einstellbar
Atemminutenvolumen	2 bis 20 l/min, +/– 15 %, stufenlos einstelllbar
Atemzeitverhältnis I:E	1:1,5
Beatmungsdruckanzeige	über Druckmesser
Betriebsdruck in der Druckkammer	0 – 5 bar Überdruck (1 – 6 ata)
max. Beatmungsdruck	50 bis 120 mbar, kammerdruckabhändig
Sicherheitsventileinstellung	120 mbar

Beatmungsdruckanzeige	über Druckmesser –10 bis +80 mb
pneumatischer Hauptschalter	I – 0
Betriebsdruck	0 – 5 bar Überdruck
Antriebsgas	O_2, Luft, oder Gemisch aus O_2 und Luft, trocken, öl- und staubfrei
Antriebsdruck	10 bar

En wichtiger Hinweis zu dem Antriebsgas: Das Hyperlog ist für den Betrieb mit Sauerstoff als Antriebsgas geeicht. Bei Verwendung von Luft oder Gemischen aus Luft und Sauerstoff erhöhen sich AMV (um bis zu 5 %) und die Beatmungsfrequenz (um bis zu 12 %) gegenüber den mit Sauerstoff gemessenen Werten.

Grundsätzlich möchte ich noch einmal hinzufügen, daß die Atemfrequenz und das Atemminutenvolumen über den ganzen Druckbereich konstant sind, d. h. der einmal gewählte Wert ändert sich nicht. Aber beide Werte sind auch unter Druck änderbar.

In Mehrpersonenkammern erfolgt diese neue Einstellung durch einen sachkundigen Helfer in den Druckkammern.

Bei einer Einpersonenkammer sind zusätzliche druckdichte Durchführungen erforderlich, um von außen die Atemfrequenz und das Atemminutenvolumen zu verstellen.

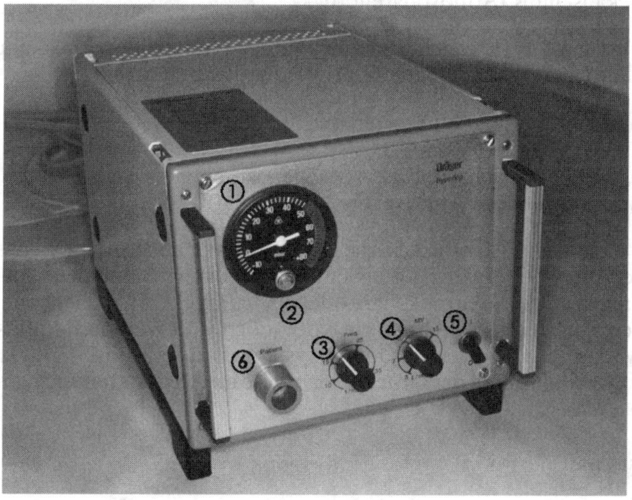

Abb.1

Was ist was am Hyperlog *(Abb. 1)*

1 Atemdruckmesser mit Anzeigebereich von –10 bis +80 mbar
   – zur Überprüfung einer patientengerechten Einstellung
   – zur optischen Funktionskontrolle
2 Nullpunktkorrektur des Atemdruckmessers
3 Drehknopf zur Einstellung der Beatmungsfrequenz
4 Drehknopf zur Einstellung des Minuten-Volumens (MV)

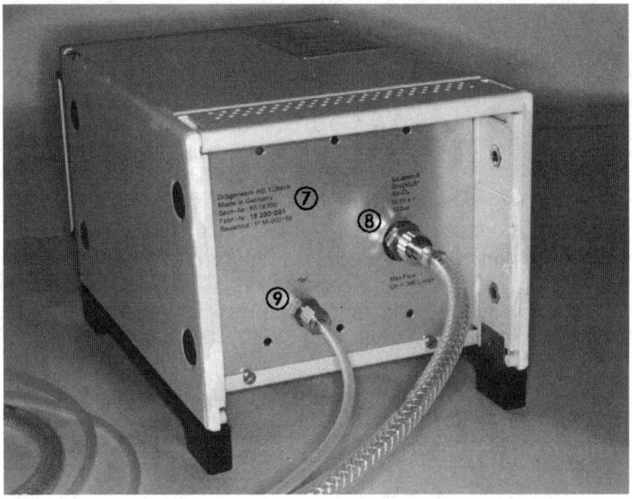

5 Pneumatischer Haupt-Schalter
6 Tülle für Beatmungsschlauch
7 Fabrikschild
8 Druckgasanschluß
9 Referenzdruckanschluß (Atmosphärendruck)

Das Hyperlog ist ein Gerät, welches in Mehr- oder Einpersonendruckkammern, die mit Luft oder O_2 betrieben werden, eingesetzt werden kann.

Erforderlich sind dabei folgende Anschlüsse:

- Antriebsgas, welches gleichzeitig das Atemgas ist, sowie
- Referenzdruck zur äußeren Atmosphäre.

Grundsätzlich kann das Ausatemgas in die Druckkammer ausgeatmet werden. Sehr häufig wird aber eine Anreicherung der Druckkammeratmosphäre mit dem Ausatemgas, z.B. O_2-Anreicherung in einer Luftatmosphäre oder auch umgekehrt, nicht gewünscht. Dann ist es möglich, den Ausatemschlauch an ein vorhandenes „Overboarddumpsystem" anzuschließen, bzw. das Dräger-Overboarddumpsystem einzusetzen (*Abb.2*). Das Ausatemgas wird dann ohne Beeinflussung der Druckverhältnisse im Atemsystem sicher nach außen geleitet.

Erforderlich ist eine

- Entsorgungsleitung.

Unabhängig davon, ob das Ausatemgas in die Druckkammer ausgeatmet oder nach außen abgeleitet wird, ist mit Hilfe eines Volumeters die Messung des Atemminutenvolumens und des Atemhubvolumens (tidal volume) möglich.

Eingesetzt wird dazu das Drägerminutenvolumeter 3000, welches unabhängig von der Gaszusammensetzung den tatsächlichen Ausatemflow im Bereich von 3,5 bis 120 l/min anzeigt. Der Druckflußwiderstand dieses Meßgerätes beträgt nur 1 mbar bei 80 l/min (gemessen unter atmosphärischen Bedingungen).

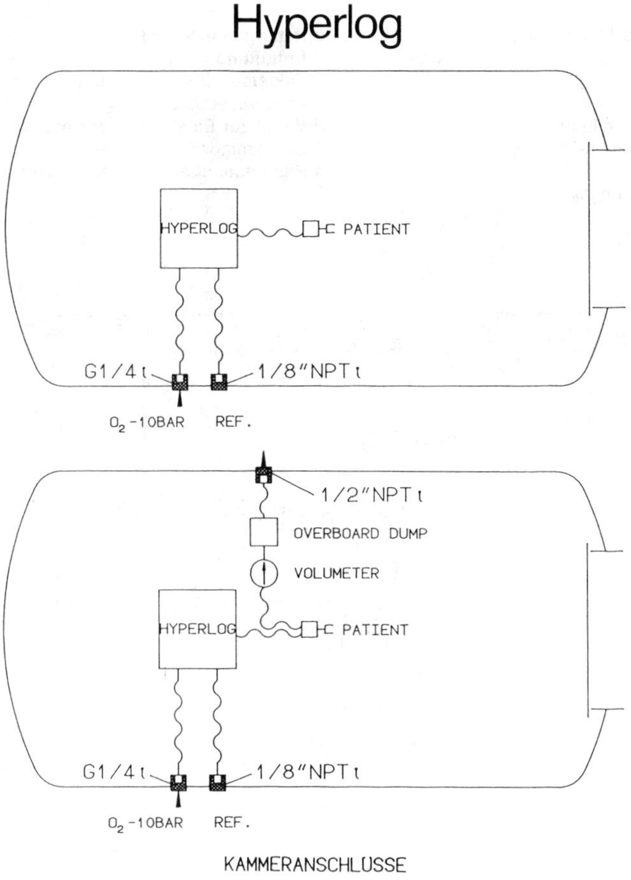

Abb. 2

Aufbau des Hyperlogs *(Abb. 3)*

Alle wesentlichen Teile des Hyperlog entsprechen dem Oxylog. Neu ist der Druckverhältnisregler (3).

Dieser Druckverhältnisregler (3) reduziert den Eingangsdruck auf einen Wert, der in einem festen Verhältnis zum Kammerdruck in bar abs steht, d. h.:

$$\frac{\text{P Hinterdruck Regler (bar abs)}}{\text{P Kammerdruck (bar abs)}} = \text{konstant}$$

Dadurch ist gewährleistet, daß der Volumen-Durchfluß am Ventil zur Einstellung des Atem-Minuten-Volumens (5) auch bei veränderlichem Kammerdruck stets konstant bleibt (gemessen bei dem jeweiligen Kammerdruck).

Neu ist ebenfalls ein Frequenzkonstanthalter (11). Der Frequenzkonstanthalter (11) kompensiert die sich aus dem veränderlichen Kammerdruck ergebenden Frequenzänderungen, indem er die Größe der Volumina 29 und 30 den sich mit dem Kammerdruck ändernden Strömungsverhältnissen anpaßt.

1 Versorgungsdruck-Anschluß
2 Referenzanschluß Atmosphärendruck
3 Druckverhältnisregler
4 Taktventil
5 Ventil zur Einstellung des Atem-Minuten-Volumens
6 Manometer
7 Druckbegrenzungsventil
8 Patientenanschluß
9 Entlüftungsventil
10 Taktsteuerungs-Baugruppe
11 Frequenzkonstanter
12 Ventil zur Einstellung der Atemfrequenz
13 Druckminderer
14 Pneumatischer Ein- und Ausschalter

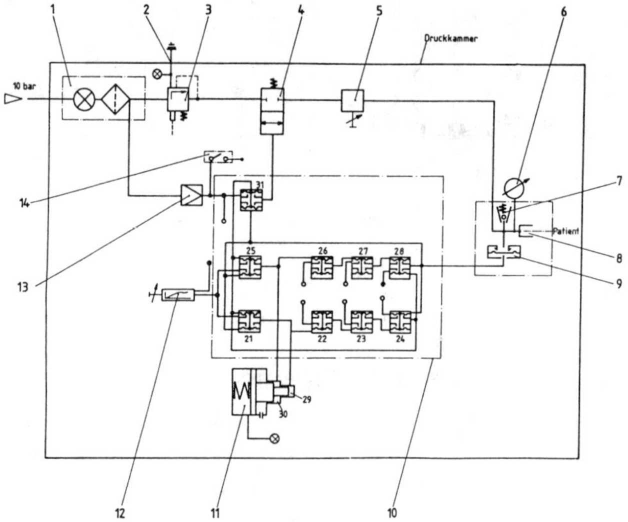

Abb. 3

Testergebnisse

Das Hyperlog wurde nicht nur von Dräger, sondern auch von verschiedenen externen Fachleuten geprüft.

Eine Messung wurde bei der italienischen Marine in La Spezia durchgeführt. Prof. Pelaia und seine Mitarbeiter unterzogen das Hyperlog einer wissenschaftlichen Untersuchung. Hierbei wurden mittels Stoppuhr und Bell-Spirometer (Survey Spirometer, Warren E. Collins) Frequenz bzw. Atemhubvolumen gemessen. Das Dräger-Volumeter wurde zum Vergleich herangezogen. Außerdem wurde mit der Dräger-Testlunge LS 800 die Funktion des Gerätes bei unterschiedlicher Compliance und Resistance getestet. Die Tests fanden bei 0 – 1 –1,5 – 2 bar (Antriebsgas O_2) und 5 bar (Air) statt.

Die Ärzte waren mit den Ergebnissen sehr zufrieden und bemerkten, daß das Hyperlog selbst genauer arbeite, als das Dräger-Volumeter erkennen lasse.

Umfangreiche Tests wurden im Drägerwerk selbst durchgeführt *(vergl. Abb. 4 bis 10).*

Alle Prüfungen im Drägerwerk und bei unseren Kunden haben gezeigt, daß das Hyperlog ein Beatmungsgerät ist, das problemlos unter hyperbaren Bedingungen eingesetzt werden kann.

DRÄGER - Testprotokoll
Hyperlog-Prototyp (SN 18200-001)

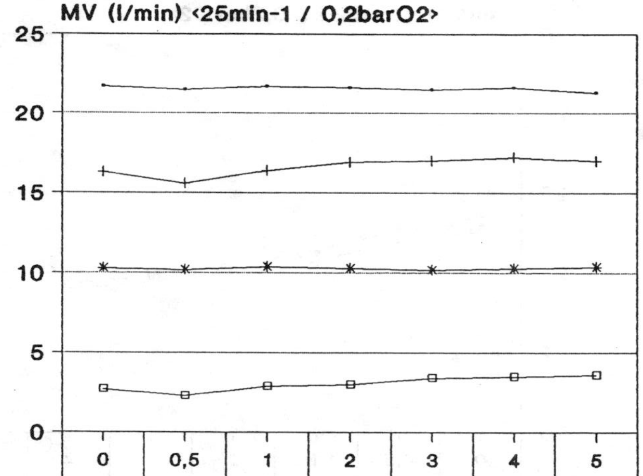

	0	0,5	1	2	3	4	5
20l/min	21,7	21,5	21,7	21,6	21,5	21,6	21,3
15l/min	16,3	15,6	16,4	16,9	17	17,2	17
10l/min	10,3	10,2	10,4	10,3	10,2	10,3	10,4
3 l/min	2,7	2,3	2,9	3	3,4	3,5	3,6

p (bar‹g›)

20l/min — 15l/min — 10l/min — 3 l/min

...25.01.90 Nie ka-dk S.1e

Abb. 4: Atemminutenvolumen AMV l/min über Druck (bar) für 4 verschiedene eingestellte AMV-Werte.

DRÄGER - Testprotokoll
Hyperlog-Prototyp (SN 18200-001)

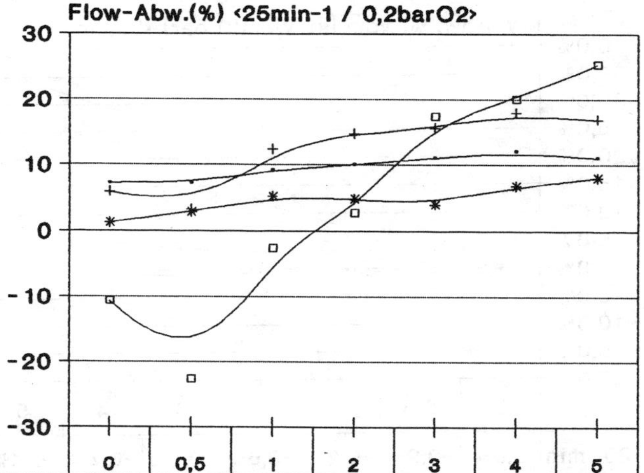

	0	0,5	1	2	3	4	5
20l/min	7,2	7,2	9,2	10	11	12	11
15l/min	5,9	3,2	12,3	14,7	15,5	17,9	16,8
10l/min	1,2	2,8	5,2	4,8	4	6,8	8
3 l/min	-10,7	-22,7	-2,7	2,7	17,3	20	25,3

p (bar‹g›)

20l/min — 15l/min — 10l/min — 3 l/min

...25.01.90 Nie ka-dk S.2e

Abb. 5: Die prozentuale AMV-Abweichung.

DRÄGER - Testprotokoll
Hyperlog-Prototyp (SN 18200-001

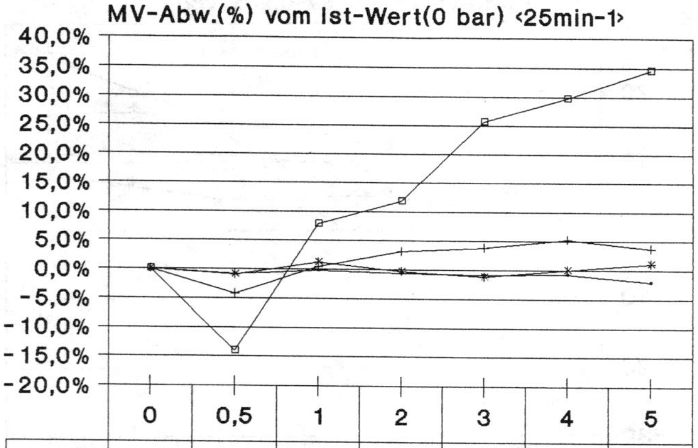

	0	0,5	1	2	3	4	5
20l/min	0,0%	-0,9%	-0,2%	-0,6%	-0,9%	-0,7%	-2,1%
15l/min	0,0%	-4,3%	0,4%	3,1%	3,8%	5,3%	3,7%
10l/min	0,0%	-1,0%	1,2%	-0,3%	-1,2%	0,0%	1,1%
3 l/min	0,0%	-14,1%	7,8%	11,9%	25,7%	29,7%	34,6%

p (bar‹g›)

...05.02.90 Str as-ma-hbm S.7.1e

Abb. 6: Die AMV-Abweichung in Prozent, aber alle Anfangswerte wurden als Nullpunkt eingesetzt.

DRÄGER - Testprotokoll
Hyperlog-Prototyp (SN 18200-001)

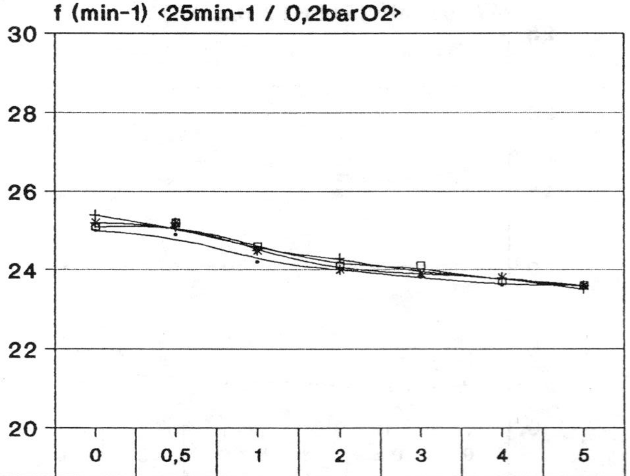

	0	0,5	1	2	3	4	5
20l/min	25	24,9	24,2	24	23,8	23,6	23,6
15l/min	25,4	25,1	24,5	24,3	23,9	23,8	23,5
10l/min	25,2	25,2	24,5	24	23,9	23,8	23,6
3 l/min	25,1	25,2	24,6	24,1	24,1	23,7	23,6

p (bar‹g›)

...25.01.90 Nie ka-dk S.4e

Abb. 7: Frequenz (min^{-1}) über Druck (bar) für 4 verschiedene AMV.

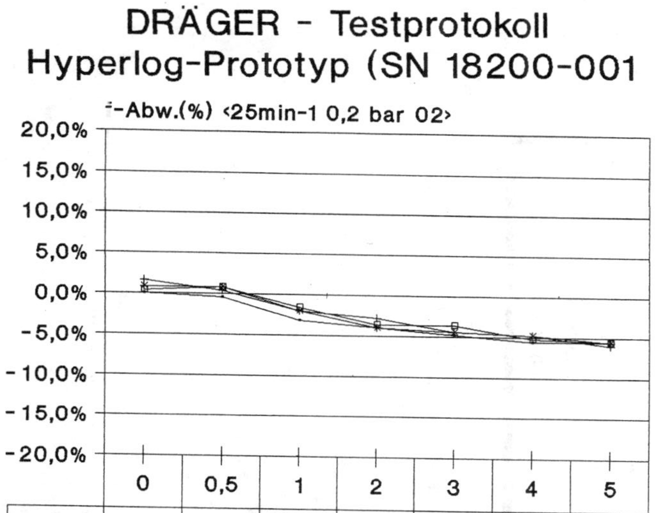

	0	0,5	1	2	3	4	5
20l/min	0,0%	-0,4%	-3,2%	-4,0%	-4,8%	-5,6%	-5,6%
15l/min	1,6%	0,4%	-2,0%	-2,8%	-4,4%	-4,8%	-6,0%
10l/min	0,8%	0,8%	-2,0%	-4,0%	-4,4%	-4,8%	-5,6%
3 l/min	0,4%	0,8%	-1,6%	-3,6%	-3,6%	-5,2%	-5,6%

p (bar‹g›)

...05.02.90 Str as-ma-hbm S.4.1e

Abb. 8: Frequenz über Druck als prozentuale Abweichung für 4 verschiedene AMV

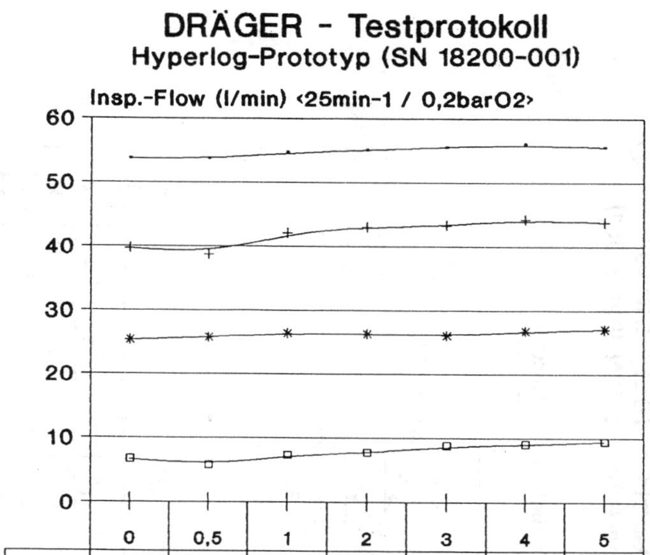

	0	0,5	1	2	3	4	5
20l/min	53,6	53,6	54,6	55	55,5	56	55,5
15l/min	39,7	38,7	42,1	43	43,3	44,2	43,8
10l/min	25,3	25,7	26,3	26,2	26	26,7	27
3 l/min	6,7	5,8	7,3	7,7	8,8	9	9,4

p (bar‹g›)

...25.01.90 Nle ka-dk S.3e

Abb. 9: Inspirativer Flow (l/min) für 4 verschiedene AMV über den Druck (bar) in einer Druckkammer

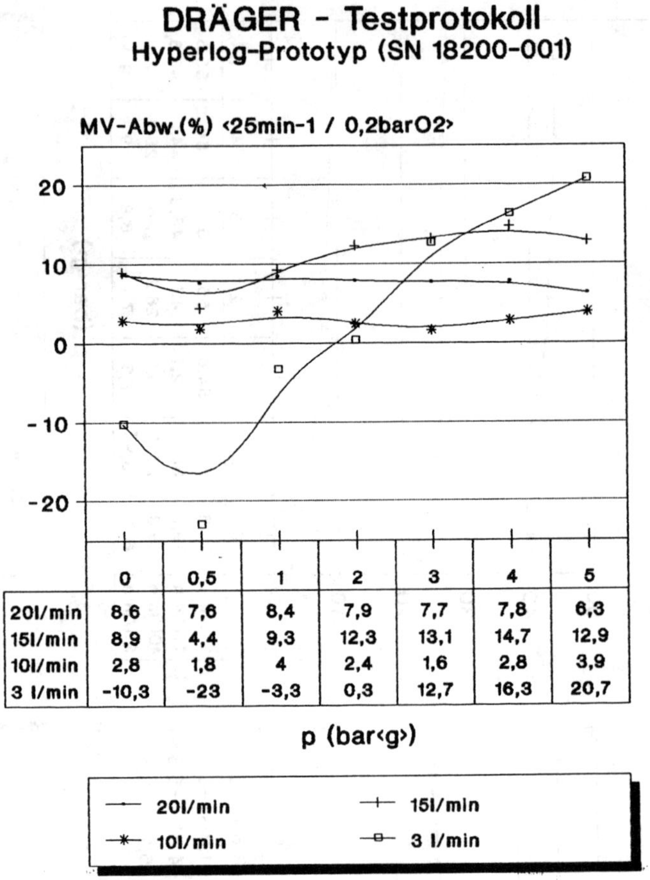

	0	0,5	1	2	3	4	5
20l/min	8,6	7,6	8,4	7,9	7,7	7,8	6,3
15l/min	8,9	4,4	9,3	12,3	13,1	14,7	12,9
10l/min	2,8	1,8	4	2,4	1,6	2,8	3,9
3 l/min	-10,3	-23	-3,3	0,3	12,7	16,3	20,7

...25.01.90 Nie ka-dk S.7e

Abb. 10: Dieselben Werte als prozentuale Abweichung.

1.12 Beatmung und Überwachung während der Hyperbaren Oxygenierung

von S. Hargasser, B. Breinbauer, L. Mielke,
E. Entholzner, B. v. Hundelshausen, R. Hipp

Als anerkannte Indikationen für die hyperbare Oxygenierung gelten Dekompressionskrankheit, Gasembolie, Kohlenmonoxidintoxikation und Gasbrandinfektion. Häufig benötigen diese Patienten während der HBO vor allem eine adäquate intensivmedizinische Behandlung, müssen überwacht und gegebenenfalls beatmet werden. Die Bereitstellung der dafür erforderlichen apparativen Ausrüstung erweist sich als problematisch, denn bisher sind weder geeignete Beatmungsgeräte noch Monitore zur Patientenüberwachung und Therapiekontrolle kommerziell erhältlich, die eine dem aktuellen Stand entsprechende Intensivtherapie auch während der Druckkammerbehandlung gewährleisten. Ziel des folgenden Beitrages ist, die Technik der Beatmung bei Hyperbarer Therapie zu beschreiben und Lösungsvorschläge für die dabei entstehenden apparativen Probleme aufzuzeigen.

1 Indikation zur Beatmung

Die Beatmung dient dem Ersatz oder der Unterstützung der spontanen, physiologischen Atemtätigkeit. Das Prinzip zur Aufrechterhaltung des pulmonalen Gasaustausches besteht darin, daß in der Inspirationsphase eine positive Differenz zwischen inspiratorischem Atemwegsdruck und extrathorakalem Druck aufgebaut wird. In der Exspirationsphase kann diese Druckdifferenz bis auf Null absinken.

Die Indikation zur Anwendung einer Beatmungstherapie ist jede Form der Gasaustauschstörung, die zur vitalen Bedrohung des Patienten führt. Im Rahmen der Hyperbaren Therapie muß die Indikationsstellung auf Patienten, die nicht kooperationsfähig sind, erweitert werden.

Der Zugang zu den Atemwegen wird durch die endotracheale Intubation mit Abdichtung in der Trachea durch Blockung eines Cuffs hergestellt. Dadurch werden die Atemwege z. B. vor Aspiration von Mageninhalt gesichert.

Die Beatmung erlaubt die Zuführung eines therapeutisch notwendigen Atemgases oder Atemgasgemisches. Atmet der Patient ein Gas, zum Beispiel Sauerstoff, ohne Hilfe spontan, so spricht man von Inhalation.

2 Besonderheiten der Beatmung während Hyperbarer Therapie

Die Dichte der Atemgase erhöht sich proportional mit steigendem Umgebungsdruck. Dies steigert die Viskosität der Atemgase nur gering, dennoch muß man einen steigenden Atemwegswiderstand erwarten. Dies wurde durch verschiedene Untersuchungen [1,8] bestätigt. Die Resistance verdoppelt sich bei einem Umgebungsdruck von 6 bar. Einen weiteren Aspekt stellt die Vergrößerung des physiologischen Totraums unter hyperbaren Bedingungen dar [8]. Die Ursache ist bislang unbekannt. Dies erzwingt höhere Atemminutenvolumina und eine Überwachung des exspiratorischen CO_2. Im Druckbereich der HBO bis 3 bar besitzt die Totraumvergrößerung keine klinische Relevanz. Die oben beschriebenen

Effekte müssen aber dann Beachtung finden, wenn der zu behandelnde Patient bereits eine vorgeschädigte Lunge besitzt. Die Anforderungen an ein geeignetes Beatmungsgerät sind entsprechend hoch zu stellen.

3 Beatmungseinrichtung

Für die Beatmungseinrichtung gilt die Forderung, daß jeder Patient bei allen zur Therapie notwendigen Kammerdrücken adäquat zu beatmen sein muß. Die Dosierung der Atemgase, also Menge und Zusammensetzung muß gewährleistet sein. Die Geräte dürfen die Sicherheit in der Behandlungskammer nicht gefährden, extreme Gefahrensituationen stellen zum Beispiel Explosion oder Brandentstehung dar.

3.1 Manuelle Beatmungseinrichtungen

Obwohl prinzipiell bei längerdauernder Beatmung aus verschiedenen Gründen eine maschinelle Ventilation anzustreben ist, so erlaubt doch die Handbeatmung bei entsprechender Erfahrung des betreuenden Arztes eine bestmögliche Adaptation der Atemgaszufuhr an die Bedürfnisse des Patienten. Aufgrund der besonderen Problematik in der Druckkammer hinsichtlich räumlicher Enge und Exposition des Personals muß gerade hier die optimale maschinelle Beatmung angestrebt werden. Die manuelle Beatmung wird heutzutage fast nur noch im Bereich der Notfallmedizin eingesetzt. Grundsätzlich und insbesondere unter sicherheitstechnischen Aspekten bietet die Beatmung mit dem Drägerkreislaufteil auch innerhalb der Druckkammer keine Probleme.

3.1.1 Handbeatmungsbeutel

Als einfachste Möglichkeit einer Beatmungseinrichtung gilt der Handbeatmungsbeutel. Diese Beutel werden von verschiedenen Herstellern angeboten. Für Kinder gibt es spezielle, verkleinerte Ausführungen oder kombinierte Kinder-Erwachsenenausführungen. Die Steuerung der Atemgase geschieht über ein kombiniertes In- und Exspirationsventil, das eine Rückatmung von bereits exspiriertem Atemgas verhindert. Im Beatmungsbeutel kann die Sauerstoffkonzentration durch einfache Zuleitung von Sauerstoff bis auf 40 % erhöht werden und bleibt damit unbefriedigend. Als Lösungsmöglichkeit bietet sich die Vorschaltung eines Reservoirbeutels vor den Gaseinlaß des Beatmungsbeutels an. Diese Methode erlaubt bis zu 100 % inspiratorischer Sauerstoffkonzentration. Die Funktion des Beatmungsbeutels wird durch den Überdruck in der Kammer nicht beeinträchtigt. Das Exspirationsgas entleert sich in die Kammer. Diese einfache und billige Beatmungseinrichtung sollte grundsätzlich in jeder Überdruckkammer zusammen mit Maske, Endotrachealtubus und Intubationsbesteck verfügbar sein.

3.1.2 Beatmung mittels Narkosekreisteil

Als Standardbeatmungseinheit benützen wir ein Dräger Kreislaufteil 8 ISO. An einem Rotameterblock kann mit einer Sauerstoff- und einer Druckluftmeßröhre sowohl die Menge des Frischgases als auch dessen Zusammensetzung von 21 % bis 100 % inspiratorischer Sauerstoffkonzentration eingestellt werden. Die Abweichung der Rotameteranzeige unter Kammerdruckveränderungen wird später beschrieben. Je nach Einstellung der Frischgasmenge kann das Kreissystem mit oder ohne Rückatmung der Ausatemluft betrieben werden. Bei Betrieb mit Rückatmung muß das abgeatmete Kohlendioxid über einen Kohlendioxidabsorber eliminiert werden. Bei der Kohlenmonoxidintoxikation darf nicht mit Rückatmung gearbeitet werden, hier ist der Betrieb ohne Rückatmung mit einem ausreichend hohen Frischgasflow erforderlich. Der Druck im Kreissystem und das Exspirationsvolumen werden mechanisch erfaßt und angezeigt. Beide Meßgeräte bleiben unter den gegebenen Umgebungsdruckverhältnissen für klinische Anforderungen ausreichend genau. Das Überschußgas führt der kammerseitig vorhandene Ejektor ab. Durch Verwendung von speziellen Beatmungsschläuchen mit geringerer Compliance und kleinerem Volumen können auch Kinder mit dem Kreislaufteil betreut werden. Ebenfalls erlaubt das Kreislaufteil den Anschluß von spontanatmenden Patienten über Tubus oder Maske.

3.2 Maschinelle Beatmungseinrichtungen

Die maschinelle Ventilation in der Druckkammer weist eine große Vielfalt apparativer Probleme auf. Die Anforderungen an ein derartiges Gerät sind [7]:
- geringe Größe,
- Verzicht auf elektrische Bauteile,
- kein Gebrauch brennbarer Schmiermittel,
- volumengesteuerte Betriebsart,
- großer einstellbarer Bereich von Beatmungsfrequenz und -volumen,
- geringer Bedarf an Änderungen bei Einbau in die Kammer,
- PEEP-Einstellung möglich,
- kontrollierte und assistierte Beatmung möglich,
- Antrieb mit Druckluft.

Zusätzlich sollte ein Ventilator auch alle Warneinrichtungen besitzen, über die ein modernes Beatmungsgerät üblicherweise verfügt [5]. Folgende Parameter müssen vom Maschinenmonitoring erfaßt werden:
- Ausfall des Antriebs,
- Ausfall der Gasversorgung,
- Diskonnektionsalarm,
- Überschreiten des eingestellten maximalen Beatmungsdruckes,
- Über- oder Unterschreitung des eingestellten Atemminutenvolumens.

Bisher gibt es weder ein kommerziell oder experimentell verfügbares Beatmungsgerät zum Einsatz in der Druckkammer, das alle oben aufgeführten Anforderungen erfüllt. Eine Vielzahl von Geräten wurde erprobt [2,3,4,9,10]. Als Hauptproblem erweist sich die vom Umgebungsdruck abhängige Volumenabgabe bei elektronisch gesteuerten Geräten oder die geringere Qualität der Beatmung bei eingeschränkten Möglichkeiten zum Maschinenmonitoring der mechanisch geregelten, volumenkontrollierten Ventilatoren.

3.2.1 Hyperlog

Der Hyperlog ist ein pneumatisch gesteuerter Respirator, der für Druckwerte von 1 – 5 bar geeignet sein soll. Das Exspirationsvolumen wird mechanisch erfaßt. Beatmungsfrequenz und Beatmungsvolumen sind einstellbar. Maschinenmonitoring ist nicht vorhanden. Aufgrund des Arbeitsprinzips und der Konstruktion ist dieses Gerät für die differenzierte Beatmung respiratorischer Problempatienten unter hyperbaren Bedingungen nicht geeignet.

3.2.2 Servoventilator 900 B

Zur maschinellen Beatmung verwenden wir einen Siemens Servoventilator 900 B. Es handelt sich hierbei um ein auf Intensivstationen seit langem bewährtes Beatmungsgerät, das im halboffenen System arbeitet. Die Einstellmöglichkeit von Atemzugvolumen, Atemfrequenz, Inspirations-Exspirationsverhältnis, Pausendauer und Beatmungsdruck ermöglicht eine differenzierte Beatmungstherapie. Der Respirator besitzt serienmäßig ein umfassendes Maschinenmonitoring mit entsprechender optischer und akustischer Warneinrichtung.

Das Gerät gibt Alarm bei Ausfall des Antriebs, bei Diskonnektion, bei Überschreitung des eingestellten Beatmungsdruckes und bei starker Zu- oder Abnahme des eingestellten Atemminutenvolumens.

Funktionsprinzip

Im Arbeitsdruckspeicher, der über die Gasversorgung mit Frischgas befüllt wird, befindet sich das Inspirationsgas unter einem weitgehend konstanten Druck. Über ein Inspirationsventil und einen Flowwandler wird das Atemgas zum Patienten geleitet. Im Exspirationsschenkel befindet sich eine identische Anordnung. Die Flowwandler geben ein vom Gasdurchfluß abhängiges elektrisches Signal ab, das nach elektronischer Weiterverarbeitung die elektrisch bewegten In- und Exspirationsventile steuert.

Stromversorgung

Das Gerät wird mit 220 V Wechselstrom betrieben. Somit ist aufgrund sicherheitstechnischer Vorschriften ein Betrieb in der Druckkammer im Originalzustand nicht gestattet. Zwei Problemlösungen sind möglich. Elektronikteil und Pneumatikteil werden getrennt und durch ein spezielles Verlängerungskabel elektrisch verbunden. Der Pneumatikteil wird in der Kammer installiert, der Elektronikteil mit dem Hochspannung führenden Netzteil findet außerhalb der Kammer Platz. Ein wesentlicher Nachteil dieser Lösung besteht in der Bedienbarbeit des Beatmungsgerätes, denn alle Einstellknöpfe sind am Elektronikteil angebracht, ebenso die Anzeigen für Beatmungsdruck und Exspirationsvolumen. Damit ist dem betreuenden Arzt in der Kammer ein wesentliches Instrument zur Beatmungskontrolle nicht direkt zugänglich.

Eine andere Lösung besteht darin, nur die Stromversorgungseinheit aus dem Gerät auszulagern. Das Netzteil wird außerhalb der Druckkammer installiert. Alle Bedienungselemente, Steuereinheiten und Instrumente einschließlich der gasführenden Teile befinden sich innerhalb der Druckkammer.

Gasversorgung

Auch für die Gasversorgung sind verschiedene Lösungen möglich. Der Servoventilator 900B kann über einen Niederdruck- und einen Hochdruckeingang mit Frischgas versorgt werden. Der Gasdruck am Hochdruckeingang muß zwischen 2,5 und 7 bar liegen. Die Zusammensetzung des Atemgases wird mit einem Mischventil vorgenommen. Nur bei Bedarf, das bedeutet, wenn der Druck im Arbeitsdruckspeicher unter einen eingestellten Wert gefallen ist, öffnet ein Ventil den Hochdruckeingang. Das Ventil bleibt offen bis der Arbeitsdruck wieder erreicht ist. Somit fließt nur die dem eingestellten Beatmungsminutenvolumen entsprechende Gasmenge in den Arbeitsdruckspeicher. Eine Kontamination der Kammeratmosphäre mit reinem Sauerstoff durch Überschußgas aus dem Arbeitsdruckspeicher wird so zuverlässig vermieden. Die zweite Möglichkeit nutzt den Niederdruckeingang. Das Frischgas wird von einem Rotameterblock mit Sauerstoff- und Druckluftmeßröhre an den Niederdruckeingang geführt. Die Zusammensetzung des Frischgasgemisches und Höhe des Frischgasflows werden an diesem Rotameterblock eingestellt. Fließt ein Frischgasfluß, der das Beatmungsminutenvolumen übersteigt, in den Arbeitsdruckspeicher, so entleert sich das Frischgas nach Erreichen des Arbeitsdruckes in die Druckkammer mit der Folge der nicht erwünschten Erhöhung der Sauerstoffkonzentration in der Kammer. Um eine einwandfreie Funktion zu erhalten, muß der Frischgasflow dennoch um 1 – 2 Liter/Minute höher sein als das Beatmungsminutenvolumen.

Rotameter

Die über die Rotameter regulierte Frischgasmenge sinkt bei steigendem Kammerdruck als Folge der geringeren Druckdifferenz zwischen Gasversorgung und Kammer und erfordert deshalb ein Nachregeln. Zusätzlich zeigen die Rotameter als Folge der Kammerdruckerhöhung falsch hohe Werte an. Ursache ist die zunehmende Dichte der komprimierten Gase. Eine mathematische Beziehung mit der sich die Anzeigeveränderung abschätzen läßt, wurde bereits angegeben [6].

Gasentsorgung

Die Entsorgung der Exspirationsgase erfolgt über den Ejektor in Verbindung mit einem Bypass-System, das sowohl einen Gasübertritt in die Kammerluft verhindert, als auch eine Beeinflussung des Servoventilators durch möglichen Unterdruck vermeidet.

Funktion im Überdruck

Mit Hilfe eines modifizierten Dräger Lungensimulators LS800 prüften wir die Funktion des Beatmungsgerätes bei Kammerdrücken von 1 bis 6 bar. Ein Apple Macintosh Computer diente als Datenspeicher. Es zeigte sich, daß die Anzeige von Beatmungsdruck und Arbeitsspeicherdruck unabhängig vom Kammerdruck arbeiten. Die Einstellung der Atemfrequenz und des Inspirations- Exspirationsverhältnisses bleiben bestehen. Dagegen fallen die Atemzugvolumina mit steigendem Kammerdruck kontinuierlich ab. Dieser Effekt entsteht prinzipbedingt bei der Erfassung der Atemzugvolumina. Dabei führt die mit steigendem Kammerdruck zunehmende Dichte der durch die Flußwandler strömenden Gase zu falschen Meßergebnissen. Auch die Exspirationsvolumenmessung zeigt falsch hohe Werte an. Es ist daher erforderlich, Tabellen zu erstellen, die eine umgebungsdruckkompensierte Einstellung erlauben.

4 Monitoring

Zur intensivtherapeutischen Behandlung in der Kammer müssen alle Vitalfunktionen, wie zentralnervöse Funktion, Herz-Kreislauffunktion, respiratorische Funktion, Körpertemperatur, Nierenfunktion und Metabolismus engmaschig überwacht werden.

4.1 ZNS

Der entscheidende Parameter für die Funktion des ZNS ist die Vigilanz. Sie ist durch den Arzt ständig zu prüfen, da sich schnelle Änderungen während der Therapie ergeben können. Für die Ableitung eines EEG sehen wir bislang keine Indikation, ebensowenig wie für die Messung des intracraniellen Druckes. Technisch sind beide Verfahren möglich.

4.2 Herz-Kreislauf-Funktion

Die Funktion von Herz und Kreislauf wird sowohl durch die Erkrankung des Patienten oder auch durch die Behandlung, insbesondere durch die Beatmung beeinflußt oder beeinträchtigt. Dies erfordert eine engmaschige oder besser kontinuierliche Überwachung. Am einfachsten kann der Blutdruck mit einer handelsüblichen Blutdruckmanschette manuell bestimmt werden. Die kontinuierliche blutige arterielle Druckmessung bietet dann Vorteile, wenn Patienten mit hypotonen oder instabilen Kreislaufverhältnissen oder Kreislaufzentralisation zu behandeln sind. Der Druckwandler für die Meßwerterfassung muß als Differenzdruckaufnehmer ausgebildet sein. Die Messung des zentralvenösen Druckes entspricht technisch der blutigen arteriellen Blutdruckmessung. Zur Bestimmung des Herzzeitvolumens wird das Thermodilutionsverfahren angewendet. Wir sehen derzeit keine routinemäßige Indikation für eine Herzzeitvolumen-Bestimmung während HBO. Die Meßwertaufnehmer befinden sich in der Kammer, der Monitor außerhalb.

Die Ableitung des EKG geschieht in üblicher Technik. Der Betrieb eines EKG-Monitors mit Braunscher Röhre als Display erfolgt außerhalb der Druckkammer.

Obwohl die Sauerstoffsättigung bei HBO wenig Aussagekraft besitzt, so ermöglicht die plethysmographische Komponente der Pulsoxymetrie dennoch die Bestimmung der peripheren Pulsfrequenz und die Abschätzung von Blutdruck und arterieller Druckkurve. Geeignet sind Geräte mit Akkubetrieb, die dem Überdruck ausgesetzt werden können.

4.3 Respiratorische Funktion

Die Durchführung der Blutgasanalyse ist grundsätzlich bei der HBO möglich. Die Analysegeräte werden je nach Konzept innerhalb oder außerhalb der Kammer betrieben. Dabei werden die O_2- und CO_2-Partialdrücke ermittelt.

Im Gegensatz dazu wird bei der transkutanen Oxymetrie der Sauerstoffpartialdruck in der Haut gemessen. Dazu klebt man eine beheizte Elektrode auf die Haut. Die Erwärmung führt zur Hyperämisierung, die den O_2-Partialdruck der Haut auf das Niveau des arteriellen pO_2 hebt. Somit kann die Effektivität der Sauerstoffinhalation verifiziert werden.

Die Messung des CO_2-Partialdruckes erlaubt die Beurteilung von Beatmung, Kreislaufsituation und Metabolismus.

Zur Kapnometrie sind derzeit drei Meßverfahren verfügbar mit zum Teil unterschiedlichen Indikationen. Die transcutane PCO_2-Messung wird in Verbindung mit der transkutanen Oxymetrie angewandt. Damit ist die Beobachtung von langsamen und kontinuierlichen CO_2-Partialdruckänderungen im Blut möglich. Um schnelle Schwankungen des exspiratorischen CO_2 zu überwachen, ist die Messung durch die Infrarotabsorptionsspektrometrie sehr geeignet. Zwei Methoden basieren auf diesem Verfahren: Die Meßzelle wird zwischen Tubus und Y-Stück plaziert, das heißt, sie mißt im Hauptstrom die exspiratorische CO_2-Konzentration. Der Nullabgleich findet bei jeder Inspiration statt.

Wir benutzen einen modifizierten Capnolog der Firma Dräger. Um den Vorschriften zum Betrieb elektrischer Einrichtungen in Druckkammern zu genügen, installierten wir das Hochspannung führende Netzteil außerhalb der Kammer. Wegen der Stoßverbreiterung der CO_2-Infrarotabsorptionslinien mit zunehmendem Umgebungsdruck ist eine Korrektur der angezeigten CO_2-Werte notwendig. Dazu wurde eine Korrekturtabelle erstellt. Aus dem Meßwert und dem Kammerdruck kann der Partialdruck abgelesen werden. Auf andere Weise kann die exspiratorische CO_2-Konzentration mit Hilfe der Nebenstromkapnometrie gemessen werden. Durch einen dünnen Schlauch vom Y-Stück abgehend wird eine Gasmenge von 100 ml pro Minute aus der Kammer heraus über ein Rotameter geleitet. Das Kapnometer saugt eine vorgegebene Gasmenge an und zeigt den CO_2-Anteil in Prozent an. Abhängig vom Kammerdruck muß aus einer Tabelle der CO_2-Partialdruck abgelesen werden. Bei diesem Verfahren wird die Infrarotmeßzelle nicht durch Druckschwankungen in ihrem Betrieb gestört.

4.4 Temperatur

Die Körpertemperatur, ein häufig zu wenig beachteter Vitalparameter, sollte mindestens einmal, besser kontinuierlich während der Behandlung gemessen werden. Bewährt haben sich elektrische Thermometer, deren Meßbereich von 20–45 °C reicht.

4.5 Nierenfunktion

Zur Beurteilung der Nierenfunktion muß die Urinausscheidung kontrolliert werden. Diese kann nach Legen eines Blasenkatheters leicht gemessen und beurteilt werden. Die Indikation für einen Blasenkatheter ist bei der HBO großzügig zu stellen.

4.6 Routinemonitoring

Unser Überwachungskonzept sieht folgendermaßen aus: Zum Standardmonitoring zählen Vigilanzkontrolle, unblutige Blutdruckmessung, EKG, Pulsoxymetrie, Hauptstromkapnometrie. Je nach Indikation erweitern wir die Patientenüberwachung um die transcutane O_2- und CO_2-Messung, invasive Blutdruckmessung, Blasenkatheter und Temperaturmessung.

5 Zusammenfassung

Die Hyperbare Oxygenierung ist bei bestimmten Erkrankungen als Therapieform etabliert. Bei Patienten, die intensivmedizinischer Behandlung bedürfen, muß die Intensivtherapie auch während der Hyperbaren Oxygenierung des Patienten in gleicher Weise fortgeführt werden können. Dazu ist sowohl eine ausreichende personelle als auch apparative Ausstattung erforderlich. Die Behandlung mittels hyperbarer Oxygenierung muß sich lückenlos in das intensivtherapeutische Konzept einfügen. Das hier vorgestellte Vorgehen haben wir während mehr als 100 hyperbaren Behandlungen bei intensivbehandlungspflichtigen Patienten angewendet. Auf diese Weise kann die Therapie mittels Hyperbarer Oxygenierung sinnvoll in das intensivtherapeutische Behandlungskonzept integriert werden.

Literatur

[1] ANTHONISEN, N. R., BRADLEY, VOROSMARTI, J., LINAWEAVER, P. G.: Mechanics of breathing with helium-oxygen and neon-oxygen mixtures in deep saturation diving. In Lambertsen, C. J.: Underwater Physiology IV: Proceedings of the fourth symposium on underwater physiology. Academic press, Orlando (1971) 339

[2] GALLAGHER, T. J., SMITH, R. A., BELL, G. C.: Evaluation of mechanical ventilators in a hyperbaric environment. Aviat Space Environ Med 49 (1978) 375

[3] HIPP, R., HARGASSER, S., FREY, G., MIELKE, L., ENTHOLZNER, E., EISLER, K.: Die Verwendungsmöglichkeiten von Beatmungsgeräten im Überdruck. Abstracts of the International symposium on naval medicine, Kiel (1990)

[4] HOLCOMB, J. R., MATOS-NAVARRO, A. Y., GOLDMANN, R. W.: Critical care in the hyperbaric chamber s. 187 In: Davis J. C., Hunt T. K.: The role of Oxygen. Elsevier, New York (1988)

[5] KLOSE, R.: Überwachung der Beatmung. Anaesth. Intensivmed. 24 (1983) 66 – 74

[6] MCDOWELL, D. G.: Anaesthesia in a pressure chamber. Anaesthesia 19 (1964) 321

[7] MOON, R. E., BERQUIST, L. V., CONKLIN, B., MILLER, J. N.: Monaghan 225 ventilator use under hyperbaric conditions. Cest 89 (1986) 846 [8] SALZANO, J. V., CAMPORESI, E. M., STOLP, B. W., MOON, R. E.: Physiological responses to exercise at 47 and 66 ata. J Appl Physiol 57 (1984) 1055

[9] SAYWOOD, A. M., HOWARD, R., GOAD, R. F., SCOTT, C.: Function of the oxford ventilator of high pressure. Anaesthesia 37 (1982) 740

[10] YOUN, A. B., DE ANTONIO, A.: Modified companion 2800 Ventilator for transportation and use in the multiplace chamber. Undersea Biomedical Research. 17 Supplement (1990) 259

1.13 Sauerstoffradikale und Hyperbare Medizin

von L. Mielke, R. Hipp, S. Hargasser, E. Entholzner, B. Breinbauer, C. Zülke, E. F. Elstner, B. v. Hundelshausen

Einleitung

In den letzten Jahren ist bei einer Vielzahl von Erkrankungen wie z. B. entzündlichen Erkrankungen, Lungenerkrankungen, Atherosklerose, Retrolentale Fibroplasie, Reperfusionsschäden, zerebrovaskulären Schäden, aber auch der Verteidigung gegen Mikroorganismen, einen Zusammenhang mit freien Radikalen, insbesondere Sauerstoffradikalen, hergestellt worden [7,10,15,16].

Die andauernde Exposition des menschlichen Organismus gegenüber Sauerstoffradikalen, oder besser gesagt: gegenüber aktivierten Sauerstoffspezies, ist ein durchaus physiologischer Prozeß. Diese werden normalerweise durch die dem menschlichen Körper zur Verfügung stehenden verschiedensten Schutzmechanismen abgefangen.

Bei der Therapie mit erhöhtem inspiratorischem Sauerstoffanteil fallen vermehrt Sauerstoffradikale an [15]. Auch bei der Behandlung mit hyperbarem Sauerstoff (HBO), bei der kurzzeitig noch höhere Sauerstoffpartialdrücke in den Geweben (vor allem der Lunge [14]) erreicht werden, ist mit einem vermehrten Anfall von toxischen Sauerstoffspezies zu rechnen [8,9,17]. Die Frage ist, ob die vorhandenen Schutzmechanismen durch die üblicherweise verwendeten HBO – Therapieschemen überfordert werden und es dadurch zu einer wie auch immer gearteten Schädigung des Körpers, insbesondere der Lunge kommt. Daraus resultiert die Frage, ob eine Notwendigkeit und Möglichkeit besteht, bei einer solchen Überforderung oder gar Versagen der Kompensationsmöglichkeiten, dies therapeutisch aufzufangen oder gar wegen der anfallenden Sauerstoffspezies die Therapieschemen zu verändern, oder ob es im Gegenteil möglich ist, die therapeutische Wirkung des hyperbaren Sauerstoffes durch eine längerdauernde Exposition zu verbessern.

Radikalentstehung

Aufnahme eines Elektrons:

$$O_2 + e^- \longrightarrow O_2^{\cdot -}$$

Verlust eines Elektrons:

$$AH_2 - e^- \longrightarrow AH^{\cdot} - e^- \longrightarrow A$$

Homolytische Aufspaltung

$$A\,^{e^-}_{e^-}B \longrightarrow A^{\cdot}_{e^-} + B^{\cdot}_{e^-}$$

Abb. 1: Die Entstehung von Radikalen

Radikalentstehung

Radikale sind dadurch gekennzeichnet, daß sie ein oder mehrere nicht gepaarte Elektronen auf ihrem äußeren Orbital besitzen. Dies kann entweder durch homolytische Aufspaltung von Elektronenpaaren zustande kommen oder auch durch die Aufnahme oder den Verlust eines Elektrons entstehen.

Zytotoxische Sauerstoffspezies

Atmosphärischer Sauerstoff ist sehr reaktionsträge [13]. Das paramagnetische Diradikal besitzt zwei ungepaarte Einzelelektronen und im Grundzustand nicht wie andere Atome ein reaktionsbereites Elektronenpaar. So kann das Sauerstoffmolekül nicht mit anderen Atomen in Grund-Singlet-Zustand reagieren und muß deshalb entweder thermisch oder, wie in der Biologie, photodynamisch oder enzymkatalysiert, aktiviert werden [2].

Wir haben es im menschlichen Organismus aber nicht nur mit Sauerstoffradikalen, wie Superoxidanionradikal ($O_2^{\cdot -}$), Hydroperoxylradikal ($HO_2^{\cdot}$), Hydroxylradikal ($OH^{\cdot}$), sondern auch mit anderen zytotoxischen Sauerstoffspezies wie Wasserstoffperoxid (H_2O_2) und Singlet-Sauerstoff ($^1O_2$) zu tun [2,3].

Zytotoxische Sauerstoffspezies

Superoxidanionradikal $O_2^{\cdot -}$

Hydroperoxylradikal $HO_2^{\cdot}$

Wasserstoffperoxid H_2O_2

Hydroxylradikal $OH^{\cdot}$

Singlet-Sauerstoff $^1O_2$

Abb. 2: Die potentiell zytotoxisch wirkenden Sauerstoffspezies

Entstehung der zytotoxischen Sauerstoffspezies

Es gibt grundsätzlich zwei Möglichkeiten, den reaktionsträgen Sauerstoff chemisch und biochemisch zu aktivieren [2]. Der sehr reaktionsfreudige Singlet-Sauerstoff kann physikalisch-chemisch in Gegenwart eines Photosensitizer (Pigmentmolekül) durch die Einwirkung von Licht auf molekularen Sauerstoff entstehen. Dies scheint z. B. bei der Ausbildung von Katarakten eine wichtige Rolle zu spielen [14]. Von den zwei Typen ist der Delta-Singlet-Sauerstoff auf Grund seiner längeren Existenz der wichtigere. Der Singlet-Sauerstoff kann aber auch durch Disproportionierungsreaktionen mit Peroxiden oder über Oxydation von Halogenen durch Wasserstoffperoxid im Rahmen von antimikrobiellen Vorgängen (z. B. polymorphkernigen Leukozyten [3]), entstehen [6]. Die chemische Reduktion von O_2 führt zu Superoxid, Wasserstoffperoxid oder Hydroxylradikal. Superoxid und Wasserstoffperoxid können auch von zahlreichen Enzymen (z. B. Xanthinoxidase) freigesetzt werden [2]. Durch Elektronenübertragung auf Wasserstoffperoxid kann schließlich das äußerst reaktive Hydroxylradikal entstehen; dies gilt im Besonderen für die eisenkatalysierte „Haber-Weiss-Reaktion“ [1].

Singlet-Sauerstoff-Entstehung

Lichtreaktion: $O_2 \xrightarrow[\text{Licht}]{\text{"Farbstoff"}} {}^1O_2$

Dunkelreaktion:

$$Cl + OH^- \longrightarrow Cl^- + OCl^- + H^+$$

$$OCl^- + H_2O_2 \longrightarrow Cl^- + H_2O + {}^1O_2$$

Abb. 3: Die Entstehung des Singlet-Sauerstoffes

Entstehung des aktivierten Sauerstoffs

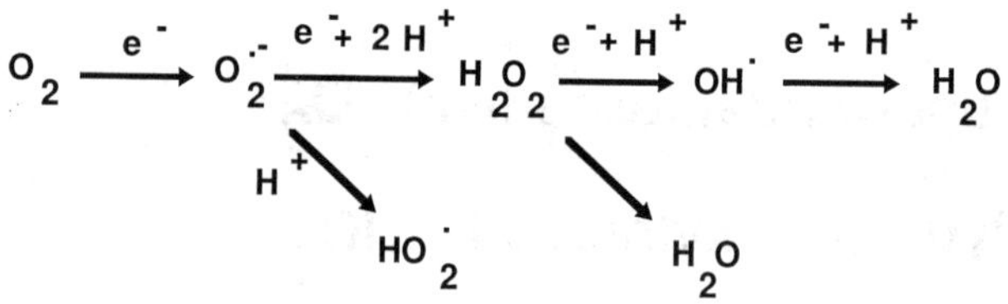

Abb. 4: Die Entstehung des aktivierten Sauerstoffes

Biologische Quellen von freien Radikalen

Die aktivierten Sauerstoffspezies können bei vielfältigen biologischen Prozessen entstehen. Biologische Quellen von freien Radikalen sind Phagozyten ebenso wie antineoplastische Medikamente wie z. B. chinonhaltige oder metallbindende Antibiotika wie Adriamycin oder Bleomycin [1,6]. Auch elektromagnetische Strahlen (Röntgen- und Gammastrahlen) und Korpuskularstrahlung (Elektronen-, Protonen-, Neutronenstrahlung) erzeugen Radikale [14]. Außerdem können durch Umwelteinflüsse wie photochemische Luftverunreinigung, Pestizide, Lösungsmittel, Ozon, Stickstoffoxide, aromatische Kohlenwasserstoffe oder bei der Verbrennung von organischem Material Radikale entstehen [14]. Diese können dann Zweitreaktionen mit Sauerstoff oder zellulären Metaboliten eingehen.

Biologische Quellen von Radikalen

Phagozyten

Anthrazyklische antineoplastische Medikamente

Elektromagnetische Strahlen

Korpuskularstrahlung

Umweltstoffe

Abb. 5: Beispiele für biologische Quellen von freien Radikalen

Intrazelluläre Quellen von Radikalen

Obwohl diese externen Einwirkungen einen Einfluß auf die Radikalbildung und -exposition haben, so scheinen doch die im Körper selbst liegenden Quellen für die Sauerstoffradikalbildung insgesamt wichtiger zu sein [14]. Veränderte metabolische Bedingungen wie Hyperoxie, Ischämie oder auch Antibiotikatherapie, Enzymaktivitätsänderungen, Verfügbarkeit von Kofaktoren, Substratkonzentrationen und Sauerstoffspannung können zusammenwirken und die intrazelluläre Radikalbildung beeinflussen.

Kleinere Moleküle wie Thiole, Hydroquinone, Katecholamine, Flavine oder Tetrahydropterine reduzieren Sauerstoff zu Superoxidanionradikalen. Thiole, Ascorbinsäure u. a. Reduktionsmittel reduzieren dreiwertiges Eisen zu zweiwertigem. Dieses autooxidiert und produziert ebenfalls Superoxidanionradikale. Lösliche Enzyme und Proteine wie z. B. Hämoglobin, Xanthinoxidase, Aldehydoxidase, zahlreiche Flavoproteindehydrogenasen und Tryptophandioxygenase erzeugen ebenfalls toxische Sauerstoffspezies [2].

Endogene Faktoren, welche die Atmung beeinflussen, verändern auch die mitochondriale Radikalproduktion, z. B. NADH, Succinat, ADP und O_2 [1]. Wenn Sauerstoff in genügend hoher Konzentration vorhanden ist, wird seine Reduktion durch die Cytochromoxidase limitiert. Somit kann eine erhöhte Atmungskettenreduktion durch die Akkumulation von reduzierten Kofaktoren eine erhöhte Superoxidanionradikalkonzentration nach Reperfusion ischämischer Gewebe hervorrufen [6]. Aus dem Superoxidanionradikal kann dann, wie erwähnt, Wasserstoffperoxid und das hochreaktive Hydroxylradikal entstehen.

Wasserstoffperoxid kann auch durch verschiedene Oxydasen (z. B. Aminosäureoxidase, Uratoxidase) in den Peroxisomen gebildet werden [6,14].

Im endoplasmatischen Retikulum und anderen Membran-Elektronen-Transport-Systemen kann über Flavoproteine oder über Cytochrom P 450 und b 5 durch Autooxidation ebenfalls Superoxidanionradikal, Wasserstoffperoxid und Hydroxylradikal entstehen [6].

Eine besondere Bedeutung hat die Zellmembran, da diese sowohl ein Angriffspunkt als auch eine Produktionsstätte, somit eine Eingangspforte und ein Modifikationsort von Sauerstoffspezies ist. Die Lipooxygenasen und Cyclooxygenasen aus dem Arachidonsäure-Metabolismus sind ebenfalls Produktionsstätten von Radikalen. Die Zellplasmamembran der Phagozyten ist eine besonders wichtige Quelle von Sauerstoffradikalen [9,12].

Intrazelluläre Quellen von Radikalen

Autooxidation von Molekülen

Lösliche Enzyme und Proteine

Mitochondrialer Elektronentransport

Endoplasmatisches Retikulum

Zellmembran-Elektronentransportsystem

Peroxisomen

Zellmembran

Abb. 6: Beispiele für intrazelluläre Quellen von freien Radikalen

Radikalangriffspunkte

Wo können nun diese Sauerstoffspezies Schäden anrichten? Es muß davon ausgegangen werden, daß eigentlich alle Zellbestandteile mit freien Radikalen reagieren können und es dadurch zu strukturellen und metabolischen Veränderungen und somit Auswirkungen auf die Zellintegrität kommen kann [6].

Entscheidend für eine Proteinschädigung sind Zusammensetzung, Lokalisation der Aminosäuren und die Reparaturmöglichkeit des Proteins sowie besonders der Bildungsort des angreifenden Radikals. Hier sind vor allem Aminosäuren wie Trypthophan, Histamin, Tyrosin, Methionin, Phenylalanin und Cystein besonders reaktionsbereit [14]. Durch die Einwirkung der genannten Sauerstoffspezies kommt es zu einer Aminosäurenmodifikation und dadurch zu einer Inhibition von Enzymen und zur Vernetzung in Dimere und größere Aggregate über Disulfidbrückenbildung oder irreversiblen Reaktionen zwischen Aminosäureradikalen.

Die Zelltoxizität von Sauerstoffradikalen beruht zu einem großen Teil auf deren Wirkung auf die Chromosomen [10]. Die Modifikation der Nukleinsäurebasen und DNA-Strangspaltungen im Bereich der Ribose-Phosphat-Bindungen kann in Chromosomenaberrationen und deren Auswirkungen auf die Zelle resultieren. Die doppelstrangige DNA-Helix ist hierbei unempfindlicher gegenüber dem Einfluß vor allem des Hydroxylradikals. Etwa 80 % der strahleninduzierten Zelltötung ist auf das Hydroxylradikal zurückzuführen.

Moleküle mit ungesättigten Bindungen in Membranlipiden reagieren ebenfalls mit Radikalen und werden peroxidiert. Dadurch wird die Membranpermeabilität und Mikroviskosität beeinflußt. Die entstehenden Aldehyde wie z. B. Malondialdehyd (MDA) beeinflussen Enzymaktivitäten, den Ionentransport, die Beweglichkeit und den Aggregationszustand von Zelloberflächendetermination [6,9,12,14]. Durch ihre Diffusionsfähigkeit können bestimmte Aldehyde auch die DNA beeinflussen und wirken mutagen, genotoxisch und karzinogen.

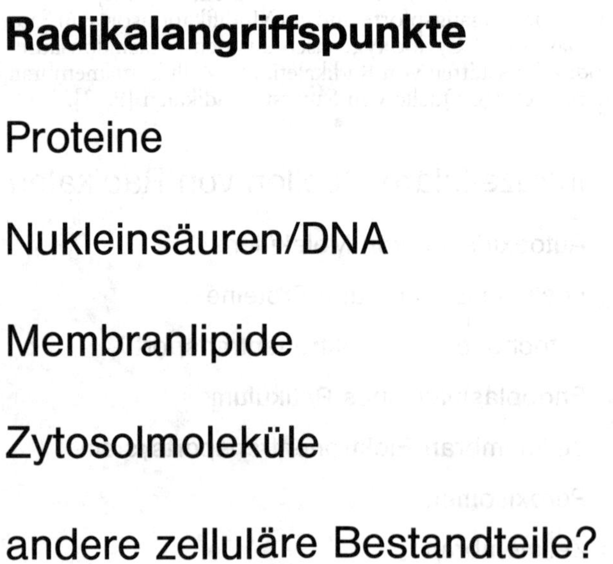

Abb. 7: Beispiele für Angriffspunkte für freie Radikale

Antioxidative Strategien

Als Schutz vor diesen toxischen Sauerstoffspezies findet sich eine Vielzahl von körpereigenen Mechanismen. Eine der wichtigsten sind die Enzyme Superoxiddismutase, Katalase und Gluthationperoxidase [14]. SOD beschleunigt bei physiologischem pH die Umwandlung von Superoxidanionradikal zu Wasserstoffperoxid 10 000fach. Die enzymatische Funktion der SOD, damals noch „Cuprein" genannt, wurde von McCord und Fridovich 1969 erstmals nachgewiesen [11]. In der Zwischenzeit wurden verschiedene SOD-Spezies gefunden [12]: Im Zytoplasma findet man die Kupfer/Zink-SOD, in den Mitochondrien eine Mangan-SOD und in Bakterien eine Eisen-SOD. Extrazellulär findet sich eine hochmolekulare Cu/Zn-Form (134 000 D) [6,12]. Durch die Katalase wird Wasserstoffperoxid als Vorstufe von toxischeren Sauerstofformen abgebaut [12]. Ebenso kann man die selenhaltige Gluthationperoxidase, die zusätzlich organische Peroxide beseitigt, als antioxidativ wirksames Enzym betrachten [2].

Antioxidative Strategien

Superoxiddismutase (SOD)

$$O_2^{\cdot -} + O_2^{\cdot -} + 2\,H^+ \xrightarrow{\text{SOD}} H_2O_2 + O_2$$

Katalase

$$2\,H_2O_2 \xrightarrow{\text{Katalase}} O_2 + H_2O$$

Glutathionperoxidase

$$2\,H_2O_2 \xrightarrow[\text{peroxidase}]{\text{Gluthation-}} O_2 + 2H_2O$$

Abb. 8: Antioxidative Strategien (Wirkung von SOD, Katalase und Gluthationperoxidase)

Als „präventiver" Radikalfänger wirkt das mitochondriale Cytochrom-Oxidase-System, da es den größten Teil des anfallenden Sauerstoffs verarbeitet und so die Bildung etwaiger toxischer Sauerstoffspezies vermindert [14].

Es gibt auch freie Radikal-Scavenger mit niedrigem Molekulargewicht. Dazu zählt das Vitamin E (Tocopherol), das das Superoxidanionradikal und Lipidperoxyradikale in weniger reaktive Formen überführt und das Vitamin C (Ascorbinsäure), das zusätzlich noch das Vitamin E in seiner reduzierten aktiven Form hält. Weitere Radikalfänger sind z. B. Mannit, Thiole, Ameisensäure, Harnsäure, Coeruloplasmin, Cystein und Cysteamin und ß-Carotene [1,4,6].

Daneben sind verschiedenartige Reparaturkapazitäten für DNS, Proteine und Lipide für die Wiederherstellung der Funktion geschädigter Makromoleküle von Bedeutung [2].

Antioxidative Strategien

Cytochrom-Oxidase-System

Vitamin E

Vitamin C

Mannitol

Thiole

Cystein,Cysteamin

Beta-Carotene

u.a.

Abb. 9: Antioxidative Strategien (Cytochrom-Oxidase-System und freie Radikalfänger mit niedrigem Molekulargewicht)

Zytotoxische Sauerstoffspezies und HBO

Normalerweise werden bei aeroben Lebewesen die vielfältig entstehenden toxischen Sauerstoffspezies durch die beschriebenen spezifischen Abwehrsysteme weitestgehend neutralisiert. Wenn diese Schutzmechanismen im Rahmen einer Erkrankung herabgesetzt sind und so ein Ungleichgewicht entsteht, können die aktivierten Sauerstoffspezies vermehrt zelltoxisch werden [4,14].

Bei einem stark vermehrten Angebot toxischer Sauerstoffspezies, wie z. B. bei der Behandlung mit hyperbarem Sauerstoff, führt dies zu einer verstärkten Belastung und einem Verbrauch der Abwehrsysteme. Dies konnte in einigen Studien nachgewiesen werden [9]. Eine klinische relevante Manifestation dieser Zellschäden beim Menschen konnte aber bei den üblicherweise verwendeten Behandlungsschemata bisher nicht schlüssig nachgewiesen werden.

Im Rahmen einer Akutbehandlung bei Kohlenmonoxidvergiftung oder einer arteriellen Luftembolie, aber auch bei der Therapie der teilweise fulminant verlaufenden Gasbrandinfektion, steht das Problem der Sauerstoffradikale sicher weit hinter dem der schnellen, konsequenten und kausalen Therapie des lebensbedrohlichen Ereignisses. Hier ist es unserer Ansicht nach nicht erforderlich, auf möglicherweise vermehrt auftretende Sauerstoffradikale Rücksicht zu nehmen und dem Patienten das entscheidende „Medikament“ vorzuenthalten. Die lebenswichtige HBO-Behandlung muß so lange durchgeführt werden, bis die kritische Situation überwunden ist. Man muß bedenken, daß auch bei anderen Medikamenten und Therapieformen mit teilweise zweifelhaften oder geringen Erfolgschancen (z. B.: Chemotherapie, Antibiotikatherapie, Radiatio etc.) viel größere und eingreifendere Nebenwirkungen ohne Zögern in Kauf genommen werden, selbst wenn die Erfolgsaussichten nur gering sind.

Bei Tauchunfällen mit symptomatischer Druckfallerkrankung muß unserer Ansicht ebenfalls die optimale Therapie angewendet werden. Es gilt auch hier, den aufgetretenen neurologischen Schäden die nicht bewiesenen klinischen Sauerstoffradikalschäden entgegenzustellen. Die Frage ist, welches Ausmaß an Nebenwirkungen man zu akzeptieren bereit ist, wenn es darum geht, bei einem jungen Menschen eine Querschnittslähmung zu verhindern.

Auf Grund dieser Überlegung behandeln wir mit guten Erfahrungen an unserem Zentrum Gasbrandinfektionen, arterielle Lungenembolien und CO-Intoxikationen anfänglich dreimal täglich mit 100 % Sauerstoff kontinuierlich über 90 Minuten bei einem Gesamtdruck von 2,8 bar ohne intermittierende Luftpause. Bei Luftembolien und Druckfallerkrankungen verlängern wir die Erstbehandlung gegebenenfalls bis auf 180 Minuten.

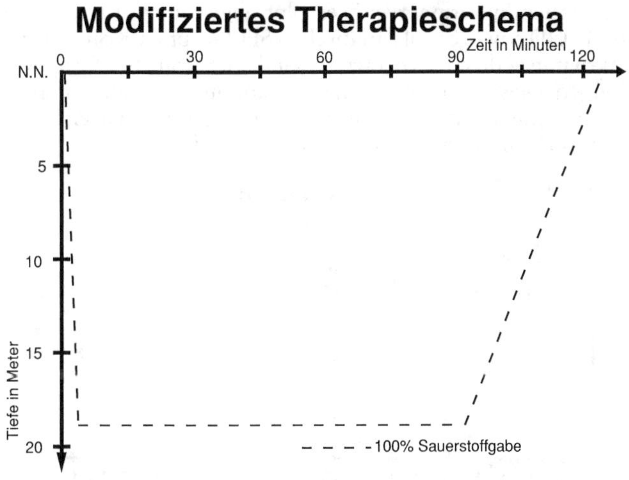

Abb. 10: Modifiziertes HBO-Therapieschema (Münchner HBO-Behandlungszentrum)

Modifiziertes Therapieschema

Arterielle Luftembolie, CO-Intoxikation, Gasbrandinfektion, Druckfallerkrankung

1.Behandlung
90 Minuten (nach Symptomatik ggf. bis 180 Minuten)
2,8 bar Gesamtdruck
100% Sauerstoff ohne Luftpausen

2.-20.Behandlung:
Anfänglich drei Therapien /Tag , dann
Zwei Therapien / Tag
90 Minuten,
2,8 bar Gesamtdruck
100% Sauerstoff, ohne Luftpausen

Abb. 11: Modifiziertes HBO-Therapieschema, (Münchner HBO-Behandlungszentrum)

Dieses Schema haben wir bei über 150 Patienten mit mehr als 750 HBO-Behandlungen erfolgreich und ohne klinisch auftretenden Nebenwirkungen irgendwelcher Art angewendet.

Fallbeispiele

Bei einigen Patienten, die wir mit diesen modifizierten Tabellen behandelten, haben wir die Verläufe einiger Sauerstoffradikalpuffersysteme gemessen, um darüber indirekt die Sauerstoffradikalexposition zu erfassen. Dazu folgendes exemplarisches Fallbeispiel: bei einer 35jährigen Sporttaucherin entwickelte sich nach einem Tauchgang nach Tabelle (SEEMANN) in einem Bergsee in Oberbayern nach dem Auftauchen ein Querschnitt in Höhe Th 10 mit Blasen- und Mastdarmstörungen. Sie wurde in unserem Zentrum anfänglich 180 Minuten und dann zweimal täglich 90 Minuten mit 100 % Sauerstoff bei 2,8 bar ohne Luftpausen behandelt. Nach 20 Sitzungen wurde die Patientin mit geringfügigen neurologischen Beschwerden nach Hause entlassen. Jeweils vor und nach den Schleusungen wurden der Patientin periphervenöses Blut abgenommen und die Erythrozytenenzyme Katalase und SOD sowie die plasmatischen SH-Gruppen-Konzentration bestimmt. Es zeigt sich ein Aktivitätsverlust dieser Enzyme und auch von „SH-Gruppen" während der HBO-Behandlungen. Diese Schutzmechanismen konnten sich aber offensichtlich zwischen den einzelnen Sauerstoffexpositionen regenerieren, ohne daß wir einen Versuch unternommen hätten, Scavenger in irgendeiner besonderen Weise künstlich zuzuführen (*Abb. 12*).

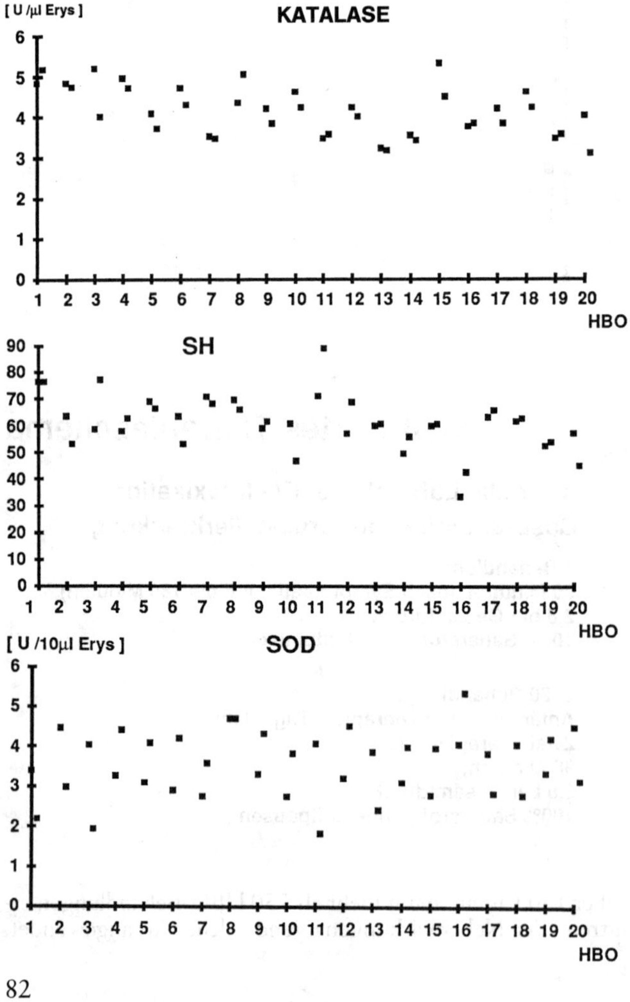

Abb. 12: Verlauf der Sauerstoffradikal-Schutzmechanismen SOD, Katalase und SH-Gruppen-Konzentration während einer HBO-Therapie über 20 HBO-Behandlungen (Münchner HBO-Behandlungszentrum)

Man muß somit auf Grund der bis jetzt veröffentlichten Ergebnisse davon ausgehen, daß der menschliche Organismus bei der hyperbaren Oxygenierung vermehrt toxischen Sauerstoffspezies ausgesetzt ist [5,8,9,14]. Diese werden bis zu einem gewissen Umfang durch die genannten Enzyme und die anderen Schutzmechanismen aufgefangen. Bei entsprechend ausgedehnter Exposition können die toxischen Sauerstoffspezies Schäden auf zellulärer Ebene verursachen, die dann in ihrer Gesamtheit Organe und Organsysteme in ihrer Integrität und Funktion beeinträchtigen. Hier ist natürlich bei der HBO-Behandlung, aber auch bei den beatmeten Intensivpatienten, besonders das direkt exponierte Lungengewebe ein primärer Angriffspunkt, da hier die höchsten Sauerstoffpartialdrücke erreicht werden [5,17]. Hier soll die Überflutung des Organismus mit Sauerstoff einerseits direkt zu einem vermehrten Auftreten von toxischen Sauerstoffspezies kommen und andererseits entzündliche Prozesse eine Rolle spielen [5,8,15,17]. Es ist aber ein Unterschied zu machen zwischen den maschinell mit hohem Sauerstoffanteil langzeitbeatmeten Patienten auf einer Intensivstation und den mit HBO behandelten Patienten, die kurzfristig einer hohen Sauerstoffkonzentration ausgesetzt sind. Bei den bisher verwendeten HBO-Therapieschemata (z. B. Tab. 5 und 6 der US-Navy), aber auch bei dem von uns verwendeten modifizierten Therapieschema mit kontinuierlicher Sauerstoffexposition, muß davon ausgegangen werden, daß eine vermehrte Belastung des Organismus mit toxischen Sauerstoffspezies auftritt. Dies erfordert aber keine Einschränkung der HBO-Therapie, da dabei bisher keine klinisch apparenten Schäden aufgetreten sind. Genausowenig erscheint es bei den verwendeten Therapieschemata erforderlich, künstlich Radikalfänger (Scavenger) zuzuführen. Obwohl theoretisch gut denkbar und teilweise auch experimentell versucht, ist die Anwendung von Scavengern (sowohl bei der HBO-Therapie, als auch bei anderen Erkrankungen oder pathophysiologischen Vorgängen, bei denen ein Zusammenhang mit aktivierten Sauerstoffspezies vermutet wird) bis jetzt noch in der Erprobungsphase und ein breiter klinischer Nutzen nicht nachgewiesen worden bzw. weit hinter den Erwartungen zurückgeblieben [6,15,16]. Ein großes Problem ist es hierbei, die intrazellulär gebildeten Radikale durch zugeführte extrazelluläre Radikalfänger zu erreichen. Wir sehen einen größeren Nutzen darin, die HBO eher großzügig, wenn nicht sogar „aggressiv", bei der Behandlung der genannten gesicherten Indikationen (arterielle Luftembolie, Gasbrandinfektion, Tauch- und Druckunfall, CO-Intoxikation) durchzuführen.

Literaturverzeichnis

[1] ELSTNER EF: Oxygen activation and oxygen toxicity. Annu Rev Plant Physiol 33 (1982) 73 – 96

[2] ELSTNER EF: Der Sauerstoff. Biochemie, Biologie, Medizin. Bl-Wissenschaftverlag, Mannheim (1990), 529 S.

[3] ELSTNER EF, BORS W, WILMANNS W (Hrsg.): Reaktive Sauerstoffspezies in der Medizin: Grundlagen und Klinik. Springer-Verlag; Berlin, Heidelberg, New York (1987)

[4] FISCHER B et al.: Oxygen Toxicity in: Hyperbaric oxygenation. Springer-Verlag; Berlin, Heidelberg, New York; (1988) 35 – 46

[5] FISHER AB et al.: Mechanisms of pulmonary oxygen toxicity. Lung 162 (1984) 255 – 259

[6] FREEMAN BA, CRAPO JD: Biology of Disease (Free radicals and tissue injury). Lab Invest 47 (1982) 412 – 426

[7] HALLIWELL B, GROOTVELD M: The measurement of free radical reactions in humans (Some thoughts for future experimentation). FEB 213 (1987) 9 – 14

[8] JACKSON MJ: Pulmonary oxygen toxicity. Chest 88 (1985) 900 – 905

[9] JAMIESON D. et al.: The relation of free radical production to hyperoxia. Ann Rev Physiol 48 (1986) 703 – 719

[10] MARX JL: Oxygen free radicals linked to many diseases. Science 235 (1987) 529 – 531

[12] McCord JM, Fridovich I: The biology and pathology of oxygen Radicals. Ann Int Med 89 (1978) 122 – 127
[13] McCord JM: The superoxide free radical: its biochemistry and pathophysiology. Surgery 94 (1983) 412 – 414
[14] Southorn PA, Powis G: Free radicals in medicine. I Chemical nature and biologic reactions. Mayo Clin Proc 63 (1988) 381 – 389
[15] Southorn PA, Powis G: Free radicals in medicine. II Involvement in human disease. Mayo Clin Proc 63 (1988) 390 – 408
[16] Stewart JR et al.: Inhibition of surgically induced ischemia / reperfusion injury by oxygen free radical scavengers. J Thorac Cardiovasc Surg 86 (1983) 262 – 272
[17] Taylor AE et al.: The effects of oxygen radicals on pulmonary edema formation. Surgery 94 (1983) 433 – 438

1.14 Hyperbare Oxygenation bei intracraniellen Abszessen – Erfahrungen an 11 Patienten –

Hyperbaric oxygen in intracranial abscesses – Review of 11 Cases –

von L. LAMPL, G. FREY

Zusammenfassung

Zu den vorrangigen Wirkprinzipien der hyperbaren Oxygenation (HBO) bei intracraniellen Abszessen gehören 1. der antibiotische Einfluß auf die überwiegend anaeroben Erreger, 2. die Verbesserung körpereigener Abwehrmechanismen und 3. der anti-ödematöse Effekt bei perifocalem Hornödem oder erhöhtem intracraniellen Druck.

Ausgehend von diesen Grundlagen werden exemplarisch Krankheitsverläufe aus einem Kollektiv von 11 unselektierten Patienten (8 Männer, 3 Frauen; Alter 13 - 48 Jahre; Zeitraum: 1983 - 1990) mit intracraniellen Abszessen dargestellt. In 7 Fällen handelte es sich um singuläre Abszesse, in 2 Fällen lagen multiple Abszesse vor, ein Epidural- bzw. Subduralhämatom fand sich bei je 1 Patient. Insgesamt konnten 18 Erreger differenziert werden, bei 6 Patienten wurde in dem Abszeß mehr als ein Keim nachgewiesen. Bei 8 Patienten lagen ausschließlich anaerobe Erreger vor, mikroaerophile Streptokokken eingeschlossen.

Die Anzahl hyperbarer Sitzungen lag zwischen 4 und 43 (1 x tgl., 2,5 bar, 1 Std.). Zeichen cerebraler Sauerstofftoxizität traten nicht auf. HBO wurde beendet aufgrund der Zusammenschau von klinischer Besserung, neurochirurgischem Befund und computertomographischer Verlaufskontrolle.

Bei 5 Patienten konnte eine restitutio ad integrum erzielt werden, 4 Patienten zeigten nach Ende der Therapie eine leichte bis mäßige neurologische Funktionseinschränkung bei allerdings erhaltener Berufstätigkeit, 1 Patient blieb schwerbehinderter Pflegefall. 1 Patient mit weitgehender Befundnormalisierung kann – da erst in diesen Tagen behandelt – noch nicht abschließend beurteilt werden.

Summary

The main therapeutic principles of HBO in intracranial abscesses are (1) the impact on predominantly anaerobic floras, (2) the enhancement of host-defence mechanisms, (3) the edema-reducing effect in perifocal brain-swelling or increased intracranial pressure.

Based upon these rationales, the cases of 11 unselected consecutive patients (8 male, 3 female; age 13 - 48 years; period: 1983 - 1990) with intracranial abscesses are discussed. 18 bacteria were identified, and in 6 patients more than one strain was cultivated from the intracranial focus. In 8 patients, the bacteriologic findings proved pure anaerobes including micro-aerophilic streptococci.

The individual number of HBO-sessions varied from 4 to 32 (usually once per day; 60 minutes; 2,5 bar). No signs of cerebral oxygen toxicity were observed. HBO was stopped depending on the patient's recovery in accordance with the neurosurgical evaluation as well as repeated head-scans.

Complete recovery was achieved in 5 patients, slight to moderate disability enabling the patients to do their former job again was seen in 4, 1 patient remained severely disabled, 1 patient showing a favourable improvement but treated only recently cannot be finally judged yet.

Einleitung

1989 erschien im Journal of Hyperbaric Medicine ein Übersichtsartikel aus unserer Arbeitsgruppe zu den bakteriologischen und pathophysiologischen Grundlagen der hyperbaren Oxygenation bei intracraniellen Abszessen [6]. Diese Therapieform zählt gegenwärtig zu den sog. „investigative indications" des Hyperbaric Oxygen Committee der Undersea and Hyperbaric Medical Society [7]. Allerdings liegen zum gegenwärtigen Zeitpunkt so gut wie keine tierexperimentellen Studien vor, ebenso ist die Anzahl guter Einzelfallberichte begrenzt [2,4,5]; drei derartige Kasuistiken konnten wir auf den beiden letzten tauchmedizinischen Symposien in Hannover vorstellen.

Intracranielle Abszesse zählen zu den folgenschwersten Infektionen des menschlichen Organismus. Dies wird u.a. ersichtlich aus den Mortalitätsraten (10 – 36 %) einer Reihe internationaler Studien [Lit. bei 6]. Da sowohl der klinische Verlauf als auch die Diagnostik ebenso wie die Therapie große Überlappungen zeigen [9], werden im folgenden Hirnabszesse gemeinsam mit Subdural- und Epiduralempyem unter dem Begriff „intracranieller Abszeß" zusammengefaßt.

Es liegt auf der Hand, daß kaum die Möglichkeit bestehen wird, den therapeutischen Nutzen der hyperbaren Oxygenation beim intracraniellen Abszeß in einer Doppel-Blind-Studie zu untersuchen. Als Konsequenz dessen sind Sammlung und wissenschaftlicher Austausch von gut dokumentierten Fallberichten von besonderer Bedeutung.

Gegenwärtig überblicken wir an unserer Klinik die Krankheitsverläufe von 11 Patienten aus den Jahren 1983 bis 1990 (*Tab. 1*). Es soll daher der Versuch gemacht werden, die fachlichen Fakten, die der hyperbaren Oxygenation zugrunde liegen, durch entsprechende Fallbeispiele zu illustrieren.

No.	Alter	Geschl.	Diagnose
1	31	f	multiple Abszesse
2	22	m	epidurales Empyem
3	34	m	parietaler Abszeß
4	13	m	frontaler Abszeß
5	15	f	frontaler Abszeß
6	26	m	frontaler Abszeß
7	47	m	parietaler Abszeß
8	36	m	frontaler Abszeß
9	27	m	subdurales Empyem
10	42	f	frontaler Abszeß
11	48	m	multiple Abszesse

Tab. 1: Patientendaten / Diagnose
(Kasuistische Darstellung No. 1 – 3 [4, 5])

Bakteriologische Ergebnisse

Der Nachweis überwiegend anaerober Erreger aus endogenen intracraniellen Abszessen ist ein in der Weltliteratur vielfach dokumentiertes Phänomen. In Abhängigkeit von den gewählten Anzüchtungsbedingungen machen Anaerobier bis zu 90 % der isolierten Keime aus [Literatur bei 6].

Damit stimmen unsere eigenen Ergebnisse überein (*Tab. 2*): Von 11 konsekutiven, unselektierten Patienten konnten wir 18 Keime differenzieren: Bei 7 Patienten fanden sich ausschließlich Anaerobier, mikroaerophile Streptokokken eingeschlossen. Bei 3 Patienten lagen Staphylokokken vor, in je einem Fall gemeinsam mit Enterobacter bzw. mikroaerophilen Streptokokken.

Peptostreptokokken	5
Bacteroides	3
Fusobakterien	1
Veillonella	1
Streptokokken (mikroaerophil)	4
Enterobacter	1
Staphylokokken	3

Tab. 2: Erregernachweis bei intracraniellen Abszessen (N = 11)

Von einem Patienten mit generalisierter Sepsis und kleinem Subduralempyem (*Abb. 1*), der konservativ behandelt wurde, stammte der einzige Keimnachweis aus einer Blutkultur: Die dabei gefundenen Peptostreptokokken wurden als wahrscheinlichste Erreger des Empyems angesehen.

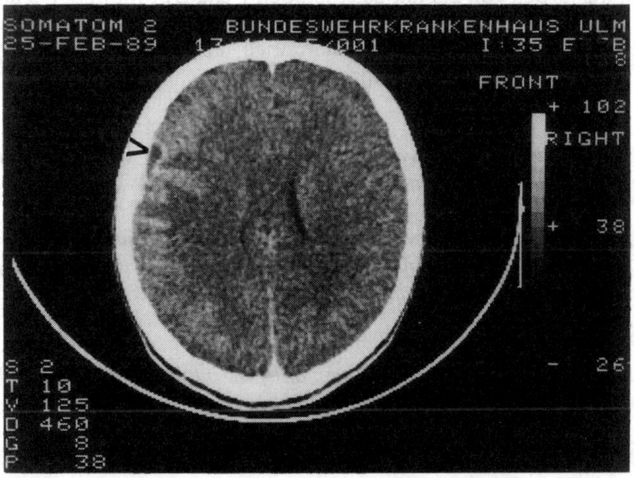

Abb. 1: Craniales Computertomogramm (CCT) eines 27jährigen Mannes mit kleinem links-parietalem Subduralempyem (>).

Als besonders erwähnenswert erscheint uns die Tatsache, daß Anaerobier die prädominierenden Keime selbst bei drei Patienten mit rhinogenen intracraniellen Abszessen waren, wobei aus der mutmaßlichen Infektionsquelle, also den betreffenden Nasennebenhöhlen, nur Aerobier angezüchtet werden konnten (Pat. 4 – 6, *Tab. 1*). Welche Ursache diesem Phänomen zugrunde liegt, ist uns nicht bekannt.

Beeinflussung des perifocalen Ödems durch HBO

Zusätzlich zu dem allseits bekannten und vielfach dokumentierten therapeutischen Nutzen hyperbaren Sauerstoffs bei Vorliegen anaerober oder gemischter Erregerspektren ist der antiödematösen Wirkung der hyperbaren Oxygenation ähnliche Bedeutung beizumessen für die Behandlung intracranieller Abszesse, bei denen das perifocale Hirnödem oder gar die Erhöhung des intracraniellen Drucks (ICP) geläufige Zusatzbefunde darstellen (*Abb. 2 a–c*).

Der Einfluß der hyperbaren Oxygenation auf ein perifocales Hirnödem bzw. einen erhöhten ICP ist seit mehr als 20 Jahren bekannt [8]. HBO greift dabei direkt in die cerebrale Gefäßautoregulation ein und führt – ähnlich der weithin gebräuchlichen therapeutischen Hyperventilation – zu Vasokonstriktion, damit zur Abnahme des cerebralen Blutflusses und dadurch zur Senkung des intracraniellen Volumens und letztlich Druckes. Im Gegensatz zur normobaren Hyperventilation gewährleistet die HBO allerdings ein erhöhtes Sauerstoffangebot an potentiell hypoxische Gewebeareale.

Zusätzlich zu diesen symptomatischen Effekten erscheint uns der Hinweis von Wichtigkeit, daß die spezifische Wirksamkeit hyperbaren Sauerstoffs auf die vorwiegend anaeroben Erreger ursächlich an der Wurzel des infektiös ausgelösten Hirnödems ansetzt. Mit anderen Worten liegt beim intracraniellen Abszeß die Postulierung eines zusätzlichen kausalen Wirkungsmechanismus der hyperbaren Oxygenation nahe [5].

Allerdings kann zum gegenwärtigen Zeitpunkt nicht gesagt werden, ob und ggfs. welchen Einfluß dies auf die Geschwindigkeit des Heilungsverlaufs und die Verminderung sekundärer Hirnsubstanzschädigungen hat. Ebenso wird erst die Zukunft zeigen, ob der von uns gewählte Behandlungsdruck von 2,5 bar das therapeutische Optimum darstellt. Jedenfalls beobachteten wir an unseren bislang 11 Patienten bei insgesamt 148 hyperbaren Sitzungen weder Zeichen cerebraler Sauerstofftoxizität noch anderweitige Nebenwirkungen von Kompression, Isopression und Dekompression.

Abb. 2: *15jähriges Mädchen mit progredienten Kopfschmerzen trotz umfassender Ausräumung aller Nasennebenhöhlen bei Pansinusitis.*

Abb. 2a: *CCT bei Aufnahme: Rechts frontaler intracranieller Abszeß, deutliche Kontrastmittelanreicherung (>), ausgeprägtes perifocales Ödem mit frontaler Mittellinienverlagerung. Daraufhin sofortige Abszeßdrainage und Beginn der HBO (10 Sitzungen bei 2,5 bar und 1 Std. Dauer an 10 aufeinanderfolgenden Tagen).*

Abb. 2b: *CCT 1. post-op Tag: Unveränderte Raumforderung infolge des perifocalen Ödems; Drainage in situ.*

Abb. 2c: *CCT 12. post-op Tag: Raumforderung und Mittellinienverlagerung bei abnehmendem Ödem rückläufig.*

Abb. 2d: *CCT 21. post-op Tag: Weitgehend normalisierte radiologische Strukturen.*

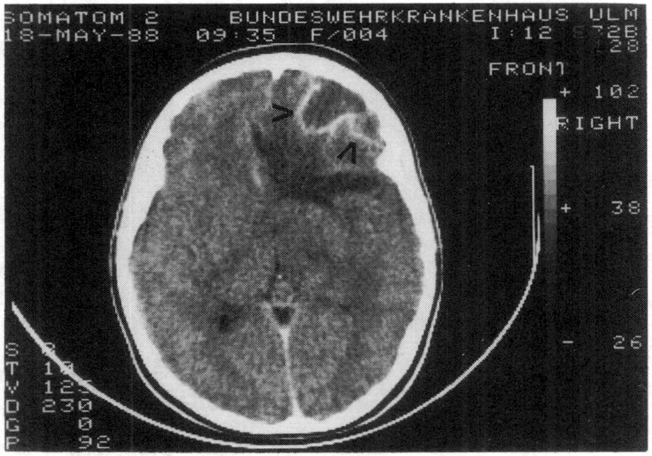

Abb. 2a

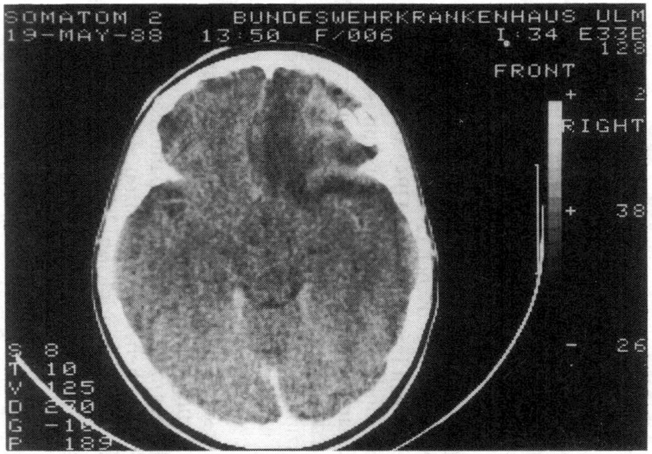

Abb. 2b

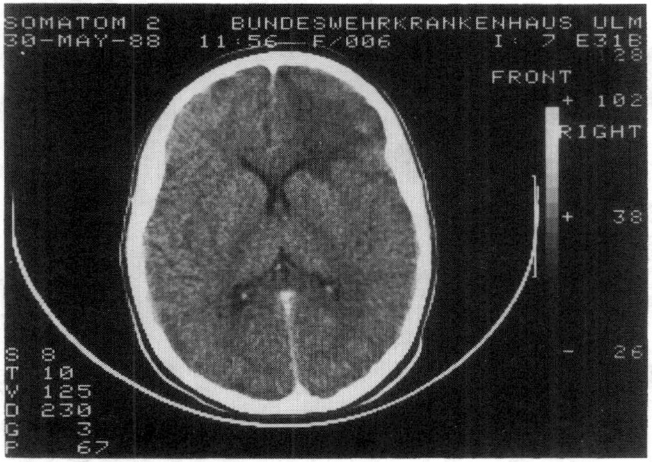

Abb. 2c

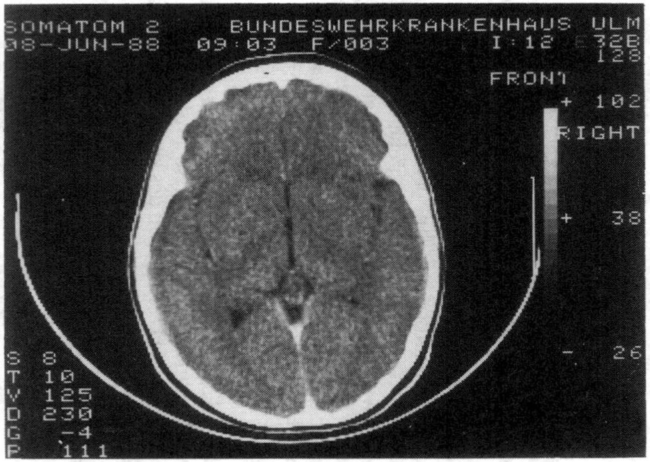

Abb. 2d

Verbesserung körpereigener Abwehrmechanismen

Schließlich erscheint der Gesichtspunkt der Verbesserung körpereigener Abwehrmechanismen, beispielsweise der leukozytären Phagozytoseaktivität durch HBO [3], von erheblicher Bedeutung in der Behandlung intracranieller Abszesse zu sein.

Dies dürfte in besonderem Maß für rhino- bzw. otogene intracranielle Abszesse zutreffen, da diese häufig mit mehr oder weniger ausgeprägten osteomyelitischen Prozessen der Schädelkalotte oder -basis einhergehen können. Bei derartigen Infektionen ist HBO als besonders wirkungsvolles Adjuvans zu neurochirurgischen und antibiotischen Behandlungsregimen anzusehen; allerdings bedarf der adjuvante Charakter der besonderen Betonung, in eben der Weise, wie dies für vergleichbare Infektionen gilt [1]. Typischerweise ist die erfolgreiche Behandlung solcher Patienten an ein interdisziplinäres Vorgehen gebunden, wie folgende Kasuistik verdeutlicht (*Abb. 3 a–d*):

Eine 42jährige Frau wird mit der Vorgeschichte einer seit 6 Jahren bestehenden Kopfwunde unbekannten, möglicherweise autoaggressiven Ursprungs eingewiesen. Es findet sich eine vollständige Destruktion des knöchernen Schädeldaches im medialen fronto-parietalen Gebiet als Folge eines chronischen osteomyelitischen Geschehens. Im linksfrontalen Anteil des Defekts sieht man von außen einen abszeßverdächtigen Bezirk (*Abb. 3a*), was sich auch computertomographisch bestätigt.

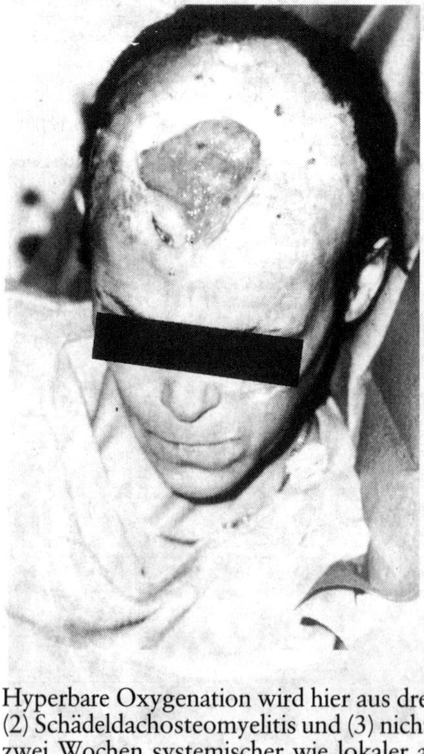

Abb. 3: 42jährige Patientin mit offenem intracraniellem Abszeß.
Abb. 3a: Situs bei Aufnahme.

Hyperbare Oxygenation wird hier aus drei Gründen begonnen: (1) intracranieller Abszeß; (2) Schädeldachosteomyelitis und (3) nichtheilende Wunde (sog. „problem wound“). Nach zwei Wochen systemischer wie lokaler antibiotischer Therapie wird der Abszeß chirurgisch entfernt, gefolgt von einer temporären Defektdeckung mit synthetischem Material (*Abb. 3b*).

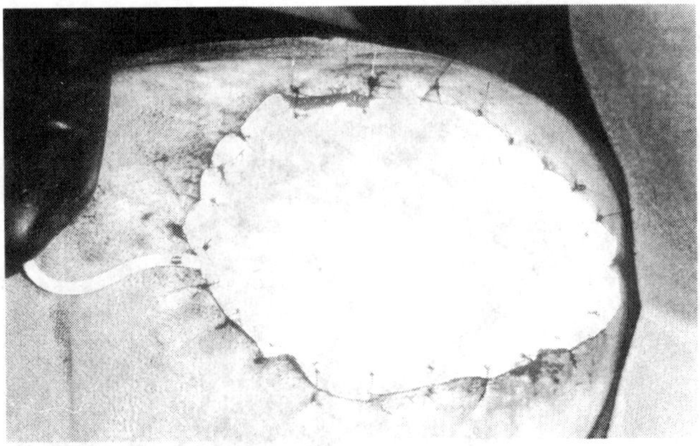

Abb. 2b: Z.n. Abszeßresektion mit provisorischer Dekkung des Duradefekts.

Während der Wundheilungsprozeß zufriedenstellend verläuft, tritt eine Reihe anderweitiger Komplikationen auf wie tiefe Beinvenenthrombose und Lungenembolie. So vergehen zwei Monate, bis die temporäre Deckung gegen eine Fascia-lata-Plastik mit dem Ziel eines definitiven Duraverschlusses ausgetauscht werden kann. Bei weiterhin unkomplizierter Wundheilung zeigt die Patientin zusehends bessere Ergebnisse in verschiedenen psychomotorischen Testen.

Zwei weitere Monate danach wird in einem schrittweisen Vorgehen ein Rotationslappen konditioniert, so daß schließlich sieben Monate nach Einweisung der ursprüngliche Defekt endgültig gedeckt und durch eine mashed-graft-Plastik vervollständigt werden kann (*Abb. 3c*).

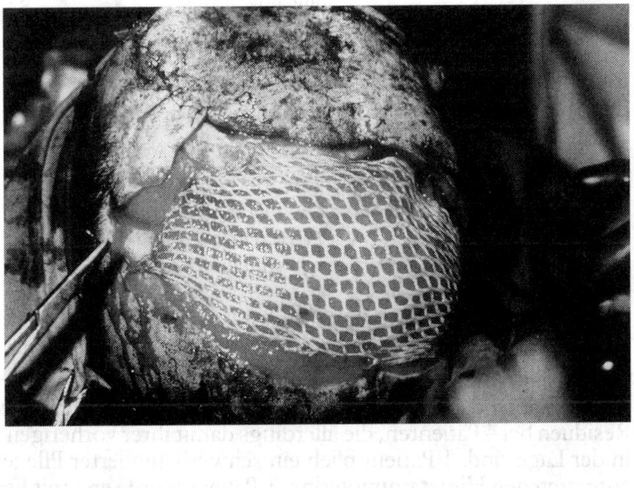

Abb. 3c: Operationssitus bei definitiver Defektdeckung mittels Rotationslappen; mashed-graft-Plastik über der occipitalen Entnahmestelle.

Dieses chirurgische Vorgehen wird von einer weiteren Serie hyperbarer Sitzungen begleitet, so daß die Patientin insgesamt 32 Behandlungen ohne Zwischenfall erhält.

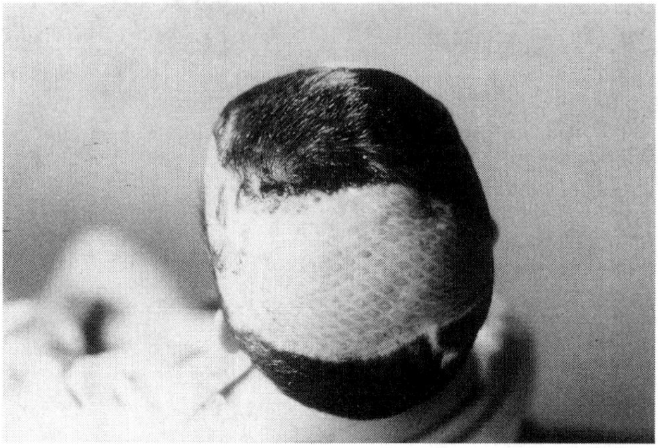

Abb. 3d: Befund bei Entlassung. (Einzelheiten im Text)

Nach unkomplizierter Wundheilung erfolgt die Entlassung (*Abb. 3d*). Unter antikonvulsiver Prophylaxe liegen keine neurologischen Funktionseinschränkungen vor. An dieser Stelle bedarf die hervorragende Zusammenarbeit mit den Kollegen der Abteilungen für Neurochirurgie, Mund-Kiefer-Gesichts-Chirurgie und Radiologie unseres Hauses der besonderen Erwähnung, verbunden mit Dank für die Überlassung der Bilder für Abb. 3.

Therapieergebnisse

In unserem Kollektiv dominieren mit mehr als 50 % die frontal gelegenen, rhinogenen intracraniellen Abszesse *(Tab. 3)*.

Sinusitis	6
dentogene Infektion	1
pulmonales Angiom	1
septische Tonsillektomie	1
Schädeldach-Osteomyelitis	1
unbekannt	1

Tab. 3: Mutmaßliche Grunderkrankung von 11 Patienten mit intracraniellen Abszessen

Angesichts dieser Verteilung und der begrenzten Fallzahl verbieten sich weitreichende Schlußfolgerungen bezüglich des Heilungsergebnisses. Daher seien die Zahlen ausschließlich deskriptiv dargestellt: Restitutio ad integrum bei 5 Patienten, gering- bis mäßiggradige Residuen bei 4 Patienten, die allerdings damit ihrer vorherigen Berufstätigkeit nachzugehen in der Lage sind. 1 Patient blieb ein schwerbehinderter Pflegefall aufgrund eines sekundär aufgetretenen Hirnstamminfarkts. 1 Patient wurde erst mit Fertigstellung des Manuskripts behandelt und ist daher, trotz günstigen klinischen Verlaufs, noch nicht abschließend beurteilbar.

Literatur

[1] DAVIS JC: The role of hyperbaric oxygen in infectious disease.
J Hyperbaric Med 1987; 2 (3): 129 - 131.

[2] HART GB, MADER JT, WONG GA: Case discussions of patients with anaerobic brain abscesses.
Presented at the IXth annual conference on clinical applications of hyperbaric oxygen; Acapulco, Mexico, June 1984.

[3] HOHN DC: Oxygen and leukozyte microbial killing.
In: Davis JC, Hunt TK, eds: Hyperbaric oxygen therapy. Bethesda, MD: Undersea Medical Society, 1977: 287 - 301.

[4] LAMPL L, FREY G: Multiple anaerobe Hirnabszesse – Hyperbare Oxygenation als Bestandteil der Intensivtherapie.
In: Gerstenbrand/Lorenzoni/Seemann (Hrsg.): Tauchmedizin 3. Schlütersche Verlagsanstalt, Hannover, 1986: 277 - 282.

[5] LAMPL L, FREY G, ALBERT F, DIETZE T: Zur Behandlung intracranieller Abszesse mit hyperbarer Oxygenation (HBO).
In: Gerstenbrand/Lorenzoni/Seemann (Hrsg.): Tauchmedizin 4.; Schlütersche Verlagsanstalt, Hannover, 1989: 125 – 137

[6] LAMPL L.A., FREY G., DIETZE T., TRAUSCHEL M.: Hyperbaric oxygen in intracranial abscesses.
J Hyperbaric Med. 1989; 4 (3): 111 – 126.

[7] MYERS RAM(chairman): Hyperbaric Oxygen Therapy – A commitee Report. Bethesda, MD: Undersea and Hyperbaric Medical Society, 1986: 78 – 79

[8] PEIRCE EC II, JACOBSON JH II: Cerebral edema.
In: Davis JC, Hunt TK, eds: Hyperbaric oxygen therapy. Bethesda, MD: Undersea Medical Society, 1977: 287 – 301.

[9] SVANTESON B, NORDSTROEM CH, RAUSING A: Non-traumatic brain abscess.
Acta Neurochir. 1988; 94: 57 – 65.

1.15 Erste Erfahrungen mit der HBO-Therapie von Problemwunden am Schiffahrtmedizinischen Institut der Marine

von W. WELSLAU, U. van LAAK, F. FLECHSIG, W. HÄNERT, R. NIKLAS, E. BETTINGHAUSEN

Zusammenfassung

Am Schiffahrtmedizinischen Institut der Marine in Kronshagen wurden von Januar 1988 bis Juni 1990 102 Patienten mit hyperbarem Sauerstoff (HBO) behandelt. 39 Fälle entsprachen der Definition der Underwater and Hyperbaric Medical Society (UHMS) für hypoxische Problemwunden. In einer Mehrplatz-Druckkammer wurde 6x wöchentlich bei 2,4 bar für 90 min O_2 über Maske geatmet, Akutfälle wurden initial 2x täglich behandelt, clostridiale Myonekrosen wurden nach dem Boeremaschema therapiert.

Durchschnittlich wurden 27 Behandlungen durchgeführt. Unter Fortsetzung der Standardtherapie wurde in 25 von 29 auswertbaren Fällen eine Heilung oder wesentliche Besserung der Problemwunde erreicht. 10 Patienten brachen aus verschiedenen Gründen die HBO ab. Aus den bisherigen Erfahrungen wird für die Sicherheit der Patienten und den Erfolg der HBO-Therapie eine strenge Patientenselektion, eine kontinuierliche Überwachung in der Druckkammer und eine enge Kooperation der den Patienten betreuenden Fachgebiete gefordert.

Einführung

Am Schiffahrtmedizinischen Institut der Marine werden seit 3 Jahren hyperbare Sauerstoffbehandlungen (*Hyperbare Oxygenation* = HBO) von Problemwunden durchgeführt, um die vor allem in den USA erzielten Behandlungserfolge [1,2] unter den hiesigen Bedingungen zu untersuchen. Die Indikationsstellung erfolgte anhand der Liste der anerkannten Behandlungsindikationen, die von der „Underwater and Hyperbaric Medical Society“ (UHMS) regelmäßig veröffentlicht wird [3] (*Tab. 1*).

1. Arterielle Luft- oder Gasembolie
2. Dekompressionskrankheit
3. CO-Intoxikation, Rauchvergiftung
4. Clostridiale Myonekrose
5. Massive Mehrgewebsverletzung (Crush-Injury) und Kompartment-Syndrom
6. Ausgewählte Problemwunden (diabetische Wunde, ulcus cruris venosum, ulcus arteriosum, chron. chirurg. Problemwunden)
7. Therapierefraktäre, posttraumatische Osteomyelitis
8. Weichteil- und Osteo-Radionekrose
9. Kritisches Haut- oder Haut-Muskel-Transplantat
10. Nekrotisierende Weichteilinfektionen
11. Verbrennung
12. extremer Blutverlust

Tab. 1: Gesicherte HBO-Indikationen gemäß Underwater and Hyperbaric Medical Society (UHMS).

Patienten mit Diagnosen 1-9 wurden bereits in Kronshagen behandelt. Die Indikationen 1-3 stellen keine Problemwunden dar und werden im folgenden nicht näher besprochen, die Diagnosen 4-9 entsprechen den bisher therapierten Problemwunden (PW). Die unter 10-12 genannten Indikationen sind am Schiffahrtmedizinischen Institut der Marine noch nicht behandelt worden.

Patienten und Methode

Von Januar 1988 bis Juni 1990 wurde für 105 Patienten aus der Orthopädie, der Chirurgie und der Hautklinik der Christian-Albrechts-Universität Kiel und aus dem Bundeswehrkrankenhaus Kiel die Indikation zu einer hyperbaren Sauerstofftherapie in Kronshagen gestellt (*Abb. 1*). Insgesamt wurden 1318 Einzelexpositionen in der Mehrpersonen-Druckkammer des Instituts durchgeführt.

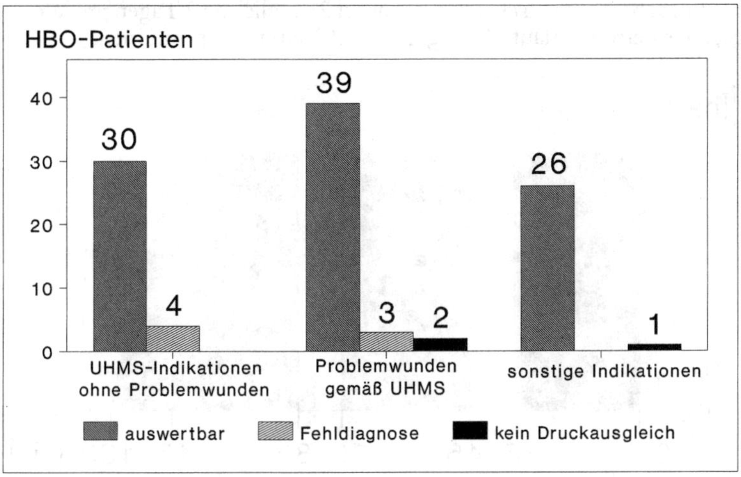

Abb. 1: 105 HBO-Patienten von Januar '88 bis Juni '90, Auswertbarkeit der Fälle nach Indikationsgruppen geordnet

Bei 30 Patienten mit arterieller Luft- oder Gasembolie, Dekompressionskrankheit oder CO-Intoxikation war die HBO als Primärtherapie indiziert. Bei 39 Patienten mit Problemwunden gemäß UHMS-Definition blieb entweder die übliche Standardtherapie erfolglos oder es war eine initiale Maximaltherapie zur Verhinderung von Gewebenekrosen erforderlich. Außerdem wurden 26 Patienten mit von der UHMS nicht akzeptierten Indikationen behandelt. 3 Patienten konnten wegen Tubenventilationsproblemen keine HBO erhalten (kein Druckausgleich). 7 Behandlungen wurden abgebrochen, da sich die initiale Verdachtsdiagnose nicht bestätigte (Fehldiagnose). Die Alters- und Geschlechtsverteilung der 39 Patienten mit Problemwunden zeigt *Tabelle 2*.

UHMS-Indikation	n	(m/w)	Alter	
Clostr. Myonekrose	6	(4/2)	57,3	(31-70)
akute traumat. Ischämie	5	(9/0)	33,2	(23-54)
Ausgew. Problemwunden	16	(7/9)	57,1	(25-84)
Refrakt. Osteomyelitis	8	(9/3)	44,3	(16-64)
WT-/Osteo-Radionekrose	2	(0/2)	40,5	(40-41)
Krit. Hauttransplantat	2	(0/2)	28,0	(27-29)
Gesamt	39	(21/18)	49,1	(16-84)

Tab. 2: Geschlechts- und Altersverteilung der am Schiffahrtmedizinischen Institut der Marine behandelten HBO-Patienten mit Problemwunden gemäß UHMS

6 Patienten mit clostridialer Myonekrose wurden nach dem sog. Boerema-Schema [4] behandelt (O_2-Atmung über 90 min bei 3,0 bar und während der Dekompression, 1. Tag 3 Behandlungen, ab 2. Tag 2 Behandlungen täglich). Die übrigen 33 Patienten erhielten ein modifiziertes Therapieschema der US Air Force [5] (*Abb. 2*). Nach 5minütiger Kompression mit Luftatmung atmeten die Patienten bei 2,4 bar für 3x 30 Minuten O_2 über eine Oronasalmaske. Zur Vermeidung von O_2-Intoxikationen wurde die O_2-Atmung 2x für je 10 Minuten unterbrochen (Luftatmung). Die Dekompression erfolgte über 15 Minuten mit O_2-Atmung für Patienten und Begleiter. Das Schema wurde 1x täglich an 6 Tagen pro Woche durchgeführt, bei akuten Ischämien zunächst 2x täglich an 7 Tagen pro Woche. Die Behandlungsdauer betrug verlaufsabhängig 5 – 72 Kammerexpositionen.

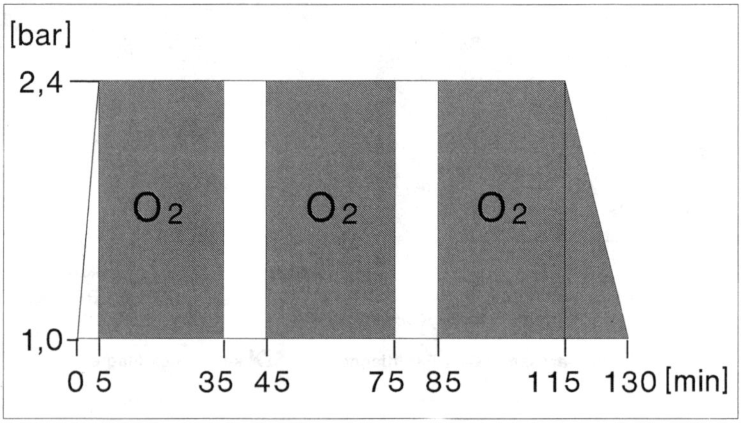

Abb. 2: HBO-Therapieschema für Problemwunden
3 x 30 min bei 2,4 bar und 15minütige Dekompression unter Sauerstoffatmung, Kompression und 2 x 10 min bei 2,4 bar unter Luftatmung.

Vor Therapiebeginn wurden, außer in Notfällen, folgende Voruntersuchungen durchgeführt: Anamnese und körperliche Untersuchung, Rö-Thorax 2 Eb., Lungenfunktion (FEVC, FEV1), HNO- und augenärztliche Untersuchung. Patienten mit ausgeprägter Lungenobstruktion, manifester Herzinsuffizienz, Klaustrophobie, Malignom oder bestehender Schwangerschaft wurden nicht zugelassen.

Während der Druckkammerbehandlung betreute die Patienten ein Begleiter in der Kammer und ein Arzt außerhalb der Kammer. Die arterielle Sauerstoffaufnahme und die Gewebeoxygenierung in Problemwundennähe wurde bei allen Patienten durch transkutane pO_2-Messung kontinuierlich überwacht. Es wurden die für den Einsatz im Überdruck modifizierten Meßgeräte OXYKAPNOMETER S (Fa. Dräger, Lübeck) oder OXYMONITOR (Fa. Hellige, Freiburg) verwandt. Ein insuffizienter pO_2-Anstieg in Problemwundennähe stellte einen Ausschlußgrund dar, trat jedoch nicht auf.

Ergebnisse

29 Patienten mit Problemwunden führten die HBO-Therapie wie geplant durch (*Abb. 3*): 4 Patienten mit clostridialer Myonekrose, 4 Patienten mit massiver Mehrgewebsverletzung oder Kompartmentsyndrom, 12 Patienten mit ausgewählten Problemwunden: diabetischer Problemwunde (3), venös bedingtem Ulcus cruris (4), arteriellem Ulcus (2) oder chron. Heilungsstörung einer chirurg. Wunde (3), 6 Patienten mit therapierefraktärer, posttraumatischer Osteomyelitis, 1 Patient mit Osteo- und Weichteil-Radionekrose und 2 Patienten mit

kritischer Haut- und Hautmuskel-Transplantation. Bei 25 Patienten war die HBO erfolgreich. Als Erfolg wurde eine definitive Heilung oder eine wesentliche Besserung der Wundverhältnisse bezeichnet, wenn diese die Voraussetzung für weitere therapeutische Schritte war. *Tabelle 3* zeigt die durchschnittliche Behandlungsdauer der erfolgreich therapierten Problemwunden.

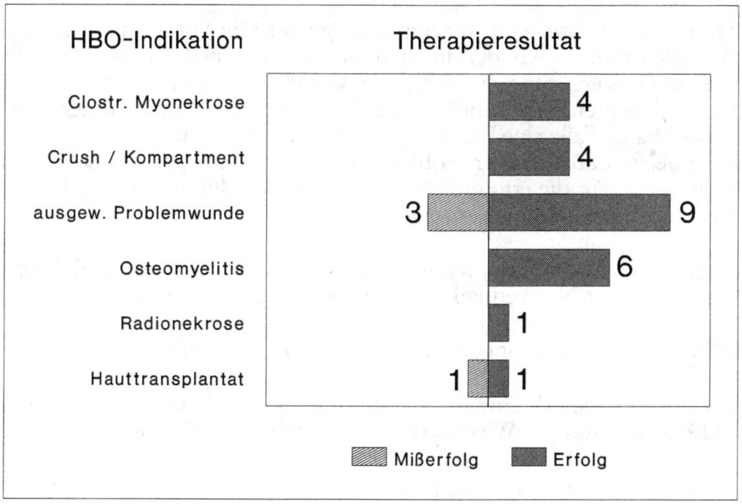

Abb. 3: HBO-Therapie von Problemwunden nach UHMS-Definition
Therapieergebnisse von 29 auswertbaren Fällen

In 4 Fällen brachte die HBO keinen Erfolg: 1x (m) diabetische Problemwunde, 2x (m/w: 1/1) venös bedingtes Ulcus cruris, 1x (w) kritische Hautmuskel-Transplantation. Bei 10 Patienten (m/w: 6/4) mit Problemwunden wurde die Therapie abgebrochen. Abbruchgründe waren: technisch-organisatorisch (2x), Klaustrophobie (2x), schlechter Allgemeinzustand des Patienten (1x), unter HBO zunehmende Schmerzen im Bereich der Problemwunde (2x), Wunsch des Patienten (2x), differentialdiagnostisch nicht auszuschließende O_2-Intoxikation bei rezidivierender Übelkeit unter HBO (1x).

UHMS-Indikation	HBO-Behandlung bei Therapieerfolg	n	(m/w)
Clostridiale Myonekrose	9,5(6-12)	4	(2/2)
akute traumat. Ischämie	21,5(5-28)	4	(4/0)
Ausgew. Problemwunden	31,4(9-60)	9	(4/5)
Refrakt. Osteomyelitis	32,5(17-72)	6	(3/3)
WT-/Osteo-Radionekrose	45,0	1	(0/1)
Krit. Hauttransplantat	33,0	1	(0/1)
Gesamt	27,2(5-72)	25	(13/12)

Tab. 3: Durchschnittliche Dauer der HBO-Therapie bei den am Schiffahrtmedizinischen Institut der Marine behandelten Problemwunden-Patienten

In einem weiteren Fall von leichter Übelkeit unter O_2-Atmung mit Verdacht auf eine leichte O_2-Intoxikation des ZNS bei erhöhter Temperatur (38,6 – 39,0 °C) über 4 Tage und systemischer Kortisontherapie (4 mg Prednisolon tgl.) konnte die HBO mit reduziertem Kammerdruck (2,0 bar) ohne weitere Symptome fortgesetzt werden. Weitere Fälle vermuteter oder gesicherter O_2-Intoxikation der Lunge oder des ZNS traten nicht auf.

Diskussion

Die in der Literatur beschriebenen Therapieerfolge der HBO bei von der UHMS als gesichert bezeichneten Problemwunden-Indikationen konnten bestätigt werden. Hinsichtlich des Risikos einer O_2-Vergiftung erwies sich das von uns verwandte Therapieschema bisher als sicher für die Patienten. Unter Fortsetzung der hier üblichen Standardtherapien wurde in 86% der auswertbaren Fälle eine Besserung oder Heilung erzielt. Unabhängig von der Diagnose war die Beeinflußbarkeit der Problemwunde umso schwieriger und langwieriger, je länger diese bestand. Für die erfolgreiche und sichere Durchführung einer HBO-Therapie halten wir die Berücksichtigung der folgenden Punkte für wesentlich:

1. Die strenge Auswahl der Patienten hinsichtlich a) der Eignung der HBO für deren Erkrankung und b) der Notwendigkeit des Einsatzes dieser Therapie.

2. Ausführliche Voruntersuchungen zur Druckkammer-Eignung der Patienten.

3. Die Wahl eines auf die Erkrankung abgestimmten Behandlungsschemas, das einen effizienten O_2-Partialdruck am Wirkort ohne die Gefahr einer O_2-Intoxikation sicherstellt.

4. Die Aufstellung eines Behandlungsplans vor Beginn der HBO mit Festlegung von Behandlungsfrequenz, Behandlungsdauer und Therapieziel.

5. Die Betreuung der Patienten während der HBO durch qualifiziertes Personal und eine kontinuierliche Überwachung des arteriellen pO_2 durch transkutane Messung.

6. Eine enge Zusammenarbeit aller mit dem Patienten betrauten Fachrichtungen mit dem Ziel der Abstimmung und zeitlichen Koordinierung weiterer therapeutischer Schritte.

Literatur

[1] DAVIS JC, HUNT TK (eds.): Hyperbaric Oxygen Therapy. Bethesda, MD.: Undersea And Hyperbaric Medical Society, 1977.

[2] DAVIS JC, HUNT TK (eds.): Problem Wounds, The Role Of Oxygen. New York: Elsevier, 1988.

[3] MADER JT (Chairman): Hyperbaric Oxygen Therapy, A Committee Report. Bethesda, MD.: Undersea And Hyperbaric Medical Society-Publication No 30, CR (HBO), 1989.

[4] BOEREMA I, BRUMMELKAMP WH: Behandeling van ananaerobe infecties met inademing van zuurstof onder een druk van 3 atmosferen. Ned Tijdschr Geneesk 1960; 104: 2548 – 2550.

[5] CRAMER FS, USAF Medical Center Keesler/SGH-1 Keesler AFB, MS 39534-5300: Persönliche Mitteilungen, 1987.

1.16 Verfahren und Vorrichtung zur tätigkeitsspezifischen Leistungsdiagnostik für Schwimmtaucher

Methods and device for working-specific exercise testing in SCUBA-diving

von A. NIKLAS und E. PETER

Zusammenfassung

Die Durchführung einer echten Spiroergometrie im Wasser als leistungsdiagnostisches Verfahren für Schwimmtaucher erfordert die Bestimmung der mechanischen Leistung, die der Taucher für eine bestimmte Tätigkeit aufwenden muß. Es werden Verfahren und Vorrichtung zur rückwirkungsfreien Ermittlung dieser Ergometerleistung unter den Bedingungen des Tauchens beschrieben.

Summary

The performance of a real spiroergometry in water as exercisetesting proceedings for SCUBA-divers requires the determination of that mechanical performance that the diver has to spend to obtain a definite work. Proceedings and instrumentation for a retroaction-free ascertainment of this ergometric power under conditions of SCUBA-diving are described.

1 Einführung

Die Probleme einer medizinisch-wissenschaftlich exakten Bewertung der Arbeitsschwere von Schwimmtauchern sind seit langem bekannt, ohne daß bisher befriedigende, praktisch verwertbare diagnostische Verfahren angeboten werden konnten. Die Ursache hierfür liegt einerseits in der allgemeinen Schwierigkeit zur präzisen Leistungsmessung bei komplexen Bewegungsvorgängen und andererseits in der meßtechnischen Problematik der Erfassung physiologischer Parameter unter Wasser [3,4]. Aus ärztlicher Sicht kann eine Notwendigkeit leistungsmedizinischer Untersuchungen für Schwimmtaucher unter tätigkeitsspezifischen Umgebungsbedingungen nicht bestritten werden, weil alle anderen arbeitsmedizinischen Labortests keinen hinreichenden Bezug zur Arbeit des Tauchers aufweisen und die daraus gewonnenen Diagnosen und Empfehlungen somit auch nur eingeschränkte Gültigkeit besitzen können. Aussagen über die spezifische Leistungsfähigkeit könnten insbesondere für ältere Taucher oder aber nach Erkrankungen u. a. quo ad vitam indiziert sein.

2 Erforderliche diagnostische Parameter

Zur Bewertung der Arbeitsschwere sind grundsätzlich die in der Arbeits- und Leistungsmedizin üblichen Parameter wie Herzschlagfrequenz, Atemzeitvolumen, Sauerstoffaufnahme, Kohlendioxidabgabe u. a. m. geeignet. Die physiologischen Antwortparameter des Organismus auf Belastungsreize können jedoch nur dann zur arbeitsmedizinischen Diagnose herangezogen werden, wenn die Belastung des Tauchers als solche bekannt ist. Diese Belastung wird außer durch die Messung der Umgebungsbedingungen vorwiegend durch Vorgabe oder Erfassung einer mechanischen Leistung im Sinne der Ergometrie charakterisiert [2,3]. Im arbeits- oder leistungsmedizinischen Untersuchungslabor können diese Voraussetzungen allgemein realisiert werden. Als Testgeräte werden überwiegend Fahrrad- und Handkurbelergometer, z. T. auch Laufbänder eingesetzt. Die von diesen Vorrichtungen vorgegebenen Bewegungsabläufe entsprechen nicht denjenigen der Tätigkeit eines Tauchers. Selbstverständlich weisen auch die Umgebungsbedingungen keinerlei Ähnlichkeit zu den Verhältnissen unter Wasser auf. Selbst eine Druckkammersimulation der Tauchtiefe vermag keine Angleichung der Stoffwerte (z. B. Viskosität, Wärmeleitfähigkeit) von Wasser und Luft zu erzielen.

3 Reproduzierbare, spezifische Untersuchungsbedingungen

Leistungsmedizinische Untersuchungen, die Anspruch auf Validität und Reproduzierbarkeit erheben, erfordern in jedem Fall Kompromisse. Für die bewegungsspezifische Leistungsdiagnostik von Schwimmtauchern erscheint der Kompromiß der Nutzung einer aus dem Sportschwimmen bekannten Gegenstromanlage [1,3,4] tragfähig. Die Vorteile eines solchen „Schwimmkanals" bestehen in

- der definierten, relativ geringen Tauchtiefe,
- einer einstellbaren, konstanten Strömungsgeschwindigkeit,
- der kurzzeitig einstell- und regelbaren Wassertemperatur,
- der gut möglichen Stationierung von EKG und Gasstoffwechselmeßplatz sowie
- der Einsatzmöglichkeit verschiedener Belastungsvorrichtungen.

Unter Anwendung des aus der Schiffstechnik bekannten Untersuchungsprinzips der Zusatzkraftbeaufschlagung kann unter Zuhilfenahme der Sauerstoffaufnahme auch die mechanische Schwimmleistung des Tauchers bei einer vorgegebenen Strömung des Wassers berechnet werden [4]. Die Meßanordnung veranschaulicht *Abbildung 1.*

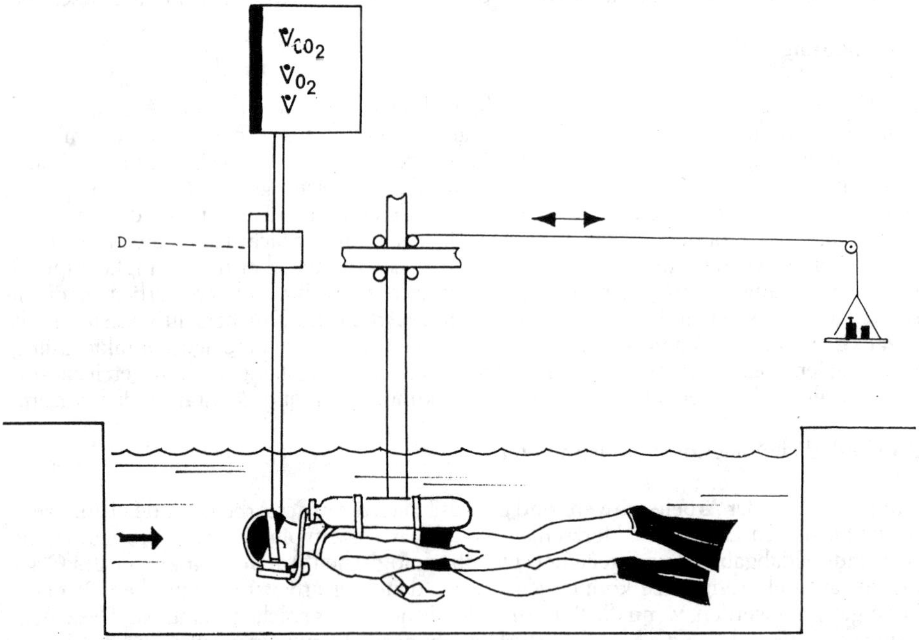

Abb. 1: Testanordnung zur tätigkeitsspezifischen Spiroergometrie für Schwimmtaucher. D...Differenzdruckregler zur Anpassung an den hydrostatischen Druck

Eine Verrichtung von Unterwasserarbeiten wird durch den Betrieb eines Seilzugergometers (SZG 1, Technisches Zentrum Geräte und Anlagen Leipzig) hinreichend simuliert. Die Leistungsmessung am SZG 1 wird durch die Viskosität des Wassers verfälscht. Diese Abweichungen in der Aussagefähigkeit müssen durch ein spezielles Testprogramm korrigiert werden.

4 Testaufbau

4.1 Schwimmtest

Die Leistungsfähigkeit eines Tauchers unter den Bedingungen des Schwimmens mit voller Ausrüstung läßt sich mit der Testvorrichtung nach *Abb. 1* recht gut bestimmen. Der Schwimmtaucher bewegt sich in ca. 1,2 m Tauchtiefe mit kompletter Ausrüstung gegen die von der Gegenstromanlage erzeugte Wasserströmung (z. B. 0,5 m/s). Unter dieser definierten Belastung werden die o. a. physiologischen Meßgrößen ermittelt. Um jedoch die für eine quantitative Bewertung der Meßwerte erforderliche mechanische Schwimmleistung des Tauchers zu erhalten, wird die Ausführung eines stufenweisen Belastungstests notwendig, wobei die Belastungsstufen nicht durch eine Veränderung der Strömungsgeschwindigkeit, sondern durch die Zusatzkraftbeaufschlagung mit Hilfe von (konstanten) „Gewichten" realisiert werden müssen.

$$\Delta\ P_{mech} = \Delta\ F \cdot v \qquad (1)$$

Die daraus resultierende Leistungsdifferenz hat eine in relativ weiten Grenzen lineare Änderung der Sauerstoffaufnahme zur Folge.

$$\Delta\ P_{mech} = k \cdot \Delta\ \dot{V}\ O_2 \qquad (2)$$

Grundsätzlich ließe sich damit bereits die mechanische Schwimmleistung über einen Dreisatz berechnen. Das Ergebnis wird jedoch wesentlich präziser, wenn ein Test fünf Stufen umfaßt und die nach Abzug der Ruhesauerstoffaufnahme erhaltenen Arbeitssauerstoffaufnahmewerte einer Geradengleichung zugeordnet werden. Die Extrapolation der Regressionsgeraden auf die Ruhesauerstoffaufnahme gestattet dann eine sehr genaue Leistungsangabe [4]. Einige praktische Untersuchungsergebnisse sind in *Tab. 1* dargestellt. Der nach Gleichung (2) zu berechnende Wirkungsgrad (ca. 5%) verdeutlicht die großen Unterschiede zur Fahrradergometrie (ca. 25%). Für die praktische Tauchmedizin bedeutet diese Erkenntnis, daß bereits geringe, unter Wasser erbrachte mechanische Leistungen als Schwerstarbeit eingestuft werden müssen. Die teilweise beschriebene Möglichkeit von Schleppversuchen zur Bestimmung der hydrodynamischen Widerstandskraft kommt für den menschlichen Organismus nicht in Betracht, weil die für die Definitionsgleichung

$$F_R = \frac{\varrho}{2} \cdot A \cdot c \cdot v^2 \qquad (3)$$

mit F ... hydrodynamische Widerstandskraft
ϱ ... Dichte des Wassers
A ... wirksame Oberfläche
c ... Widerstandsbeiwert
v ... Schwimm- oder Strömungsgeschwindigkeit

erforderlichen Bedingungen
- starrer Körper und
- laminare Strömung

nicht erfüllt werden können.

4.2 Arbeit gegen das Seilzugergometer

Mit der Arbeit gegen ein Seilzuggerät soll die Verrichtung einer Arbeit unter Wasser simuliert werden. Der Vorteil des SZG 1 besteht in der Möglichkeit, das Gerät ohne großen Aufwand an die Bedingungen des Tauchens zu adaptieren (*Abb. 2*). Eine Erfassung der Ergometerleistung ist präzise möglich, wenn die zusätzliche Leistung zur Überwindung der Viskosität des Wassers berücksichtigt wird. Diese notwendige Korrektur wird über Wirkungsgradbetrachtungen näherungsweise möglich. Bei diesem Test sitzt der Taucher mit fixiertem Unterkörper auf dem Boden des Schwimmkanals und betätigt das SZG (*Abb. 2*).

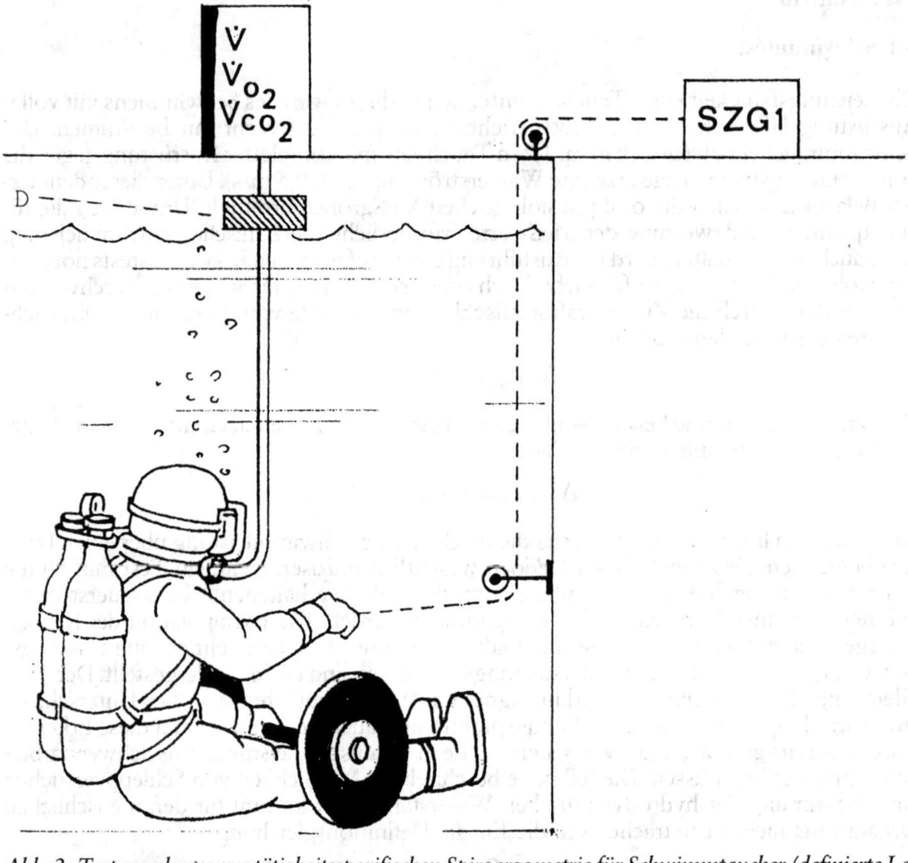

Abb. 2: Testanordnung zur tätigkeitsspezifischen Spiroergometrie für Schwimmtaucher (definierte Leistung mit den oberen Extremitäten).
D ... Differenzdruckregler zur Anpassung an den hydrostatischen Druck
SZG 1 ... Seilzuggerät (TZGA) umgebaut als Seilzugergometer

4.3 Registrierung der sogenannten Ganzkörperarbeit

Der Testansatz geht vom NEWTONschen Prinzip actio = reactio aus und fordert vom Taucher eine Arbeit gegen das SZG bei nicht fixiertem Unterkörper (Flossen-Beinarbeit). Die berechtigte Annahme eines ähnlichen Wirkungsgrades ermöglicht eine Bewertung beider Arbeitstests über die Sauerstoffaufnahme.

5 Ergebnisse

Einige Untersuchungsergebnisse beruflich tätiger Schwimmtaucher zeigen die Tabellen. Im Ergebnis unserer Pilotstudie mußten zwei von 19 untersuchten Tauchern ihre berufliche Tätigkeit beenden, weil ihre physische Leistungsfähigkeit nicht ausreichend war. Einigen

Testpersonen wurde eine Konditionierungstherapie empfohlen, falls der Wunsch nach Wiederaufnahme der beruflichen Tauchertätigkeit bestünde. Auf der Grundlage der Untersuchungsergebnisse können auch quantitative Trainingsempfehlungen gegeben werden.

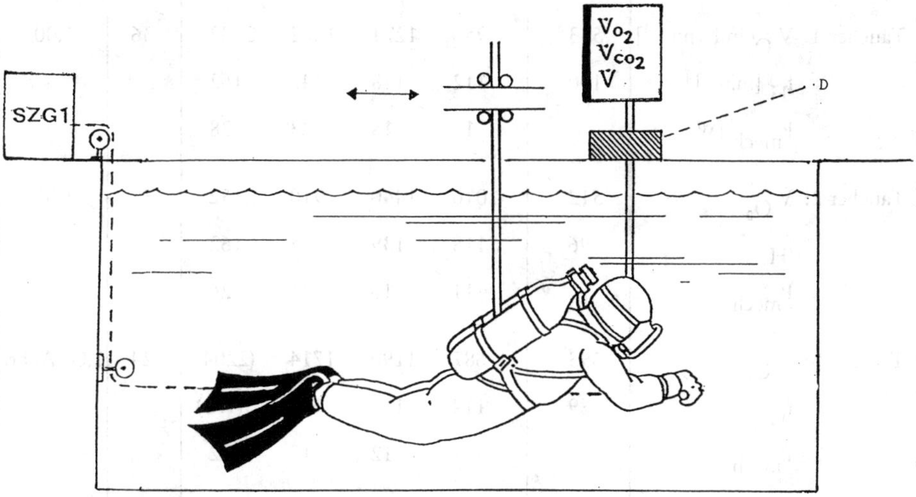

Abb. 3: Testanordnung zur tätigkeitsspezifischen Spiroergometrie für Schwimmtaucher. „Ganzkörperarbeit" – definierte Leistung am SZG 1 bei nichtfixiertem Körper.
D ... Differenzdruckregler zur Anpassung an den hydrostatischen Druck
SZG 1 ... Seilzuggerät (TZGA) umgebaut als Seilzugergometer

	Ruhewert	Zusatzkräfte -10 N	± 0 N	+ 10 N	+ 20 N	$\frac{F_R}{N}$	r^2
Taucher 1: $\dot{V}_{O_2}$ [ml · min^{-1}]	533	956	1271	1662	2002	36	1,00
f_H [min^{-1}]	100	112	128	147	162		
P_{mech} [W]		13	18	23	28		
Taucher 2: $\dot{V}_{O_2}$	512	1010	1440	1910	2352	32	1,00
f_H	96	118	139	155	162		
P_{mech}		11	16	21	26		
Taucher 3: $\dot{V}_{O_2}$	393	687	1190	1714	(2204)	24	1,00 Abbr.
f_H	89	114	135	160	(172)		
P_{mech}		7	12	17	22		
Taucher 4: $\dot{V}_{O_2}$	488	648	1126	1667	2160	38	1,00
f_H	71	97	117	135	146		
P_{mech}		14	19	24	29		
Taucher 5: $\dot{V}_{O_2}$	676	1205	1543	1878	2218	46	0,99
f_H	89	122	157	162	170		
P_{mech}		18	23	28	33		

Tabelle 1: Beispiele zur Bestimmung der Arbeitsschwere von Schwimmtauchern – Schwimmergometer – Strömungsgeschwindigkeit $v = 0,5\ m \cdot s^{-1}$ – Tauchen mit voller Ausrüstung

		Ruhewert	Blende 1	Blende 2
Taucher 1:	Zugzahl		58	59
	P_{mech} [W]		15	25
	$\dot{V}_{O_2}$ [$ml \cdot min^{-1}$]	515	539	762
	f_H [min^{-1}]	68	110	112
Taucher 2:	Zugzahl		70	76
	P_{mech}		21	23
	$\dot{V}_{O_2}$	487	639	810
	f_H	96	110	116
Taucher 3:	Zugzahl		73	69
	P_{mech}		21	21
	$\dot{V}_{O_2}$	436	668	915
	f_H	89	129	139
Taucher 4:	Zugzahl		55	61
	P_{mech}		23	29
	$\dot{V}_{O_2}$	449	814	1532
	f_H	71	114	149
Taucher 5:	Zugzahl		89	91
	P_{mech}		23	26
	$\dot{V}_{O_2}$	450	611	978
	f_H	102	130	140

Tabelle 2: Beispiele zur Bestimmung der Arbeitsschwere von Schwimmtauchern – Seilzuggerät SZG 1 – Arbeit unter Wasser mit voller Ausrüstung.

		Ruhe	Arbeit	Nachbelastungswert 3 Min.
Taucher 1:	Zugzahl		152	
	P_{mech} [W]		11	
	$\dot{V}_{O_2}$ [ml·min⁻¹]	537	879	558
	f_H [min⁻¹]	99	120	108
Taucher 2:	Zugzahl		216	
	P_{mech}		16	
	$\dot{V}_{O_2}$	518	1425	545
	f_H	83	136	112
Taucher 3:	Zugzahl		127	
	P_{mech}		17	
	$\dot{V}_{O_2}$	563	1712	737
	f_H	96	147	128
Taucher 4:	Zugzahl		214	
	P_{mech}		23	
	$\dot{V}_{O_2}$	562	2394	1153
	f_H	60	150	111
Taucher 5:	Zugzahl		171	
	P_{mech}		11	
	$\dot{V}_{O_2}$	560	1940	463
	f_H	83	160	122

Tabelle 3: Beispiele zur Bestimmung der Arbeitsschwere von Schwimmtauchern – Ganzkörperarbeit – Arbeit unter Wasser mit voller Ausrüstung gegen SZG 1 ohne Körperfixation.

6 Literatur

[1] ÅSTRAND, P.-O. and S. ENGLESSON
A swimming flume.
J. Appl. Physiol., Bethesda *33* (1972), 4, 514

[2] MELLEROWICZ, H.
Der heutige Stand der Ergometrie
Med. Klin., München *78* (1983), 250–255

[3] NIKLAS, A.
Über die Entwicklung der sportartspezifischen Spiroergometrie im Schwimm- und Tauchsport.
Med. u. Sport, Berlin *28* (1988) 1, 17-22

[4] NIKLAS, A., P. FUHRMANN, R. HOTTOWITZ, G. WALTHER und K. WELGER
Verfahren und Vorrichtung zur Spiroergometrie im Wasser.
Med. u. Sport, Berlin 28 (1988) 5, 150 –153

1.17 Die Trainingsbelastung des Wettkampfsportlers im Flossenschwimmen und im Orientierungstauchen

von G. BADTKE

Einleitung

Wie in jeder anderen Sportart unterscheidet sich auch im Tauchen die Trainingsbelastung eines Wettkämpfers z. T. beträchtlich von denen der übrigen Freizeitsportler. Das betrifft sowohl die Intensität als auch die Häufigkeit und die Dauer der Trainingsreize. Ein Wettkampfsportler strebt die ihm mögliche Höchstleistung in seiner Disziplin an, muß deshalb im Training zuweilen möglichst nahe an die Grenze seiner individuellen Belastbarkeit gelangen. Diese Tatsache hat Konsequenzen für die ärztliche Beurteilung der Tauglichkeit.

Einordnung der Population

Meine Ausführungen beziehen sich auf die Trainingsgestaltung der Auswahlmannschaft der ehemaligen DDR in der vergangenen Saison. Der Kreis umfaßte 11 Sportlerinnen und 15 Sportler. Das Team hat überwiegend an Wettkämpfen im Orientierungstauchen teilgenommen. Da im europäischen Spitzenbereich vordere Plazierungen aber nur auf der Grundlage einer hohen Schwimmgeschwindigkeit zu erzielen sind, unterscheidet sich ihr Training von denen der Flossenschwimmer kaum im Umfang, sondern lediglich in einem höheren Anteil von Freiwasser-Orientierungseinheiten zwischen April/Mai und Oktober. Das Team hat bei Welt- und Europameisterschaften stets Medaillenplätze belegt und rangiert insgesamt im Vorderfeld. Die Trainingsbelastungen anderer Wettkampfsportler liegen in der Häufigkeit und in den Umfängen niedriger, erfordern aber aus ärztlicher Sicht ebenfalls eine stärkere Zuwendung, weil auch hier – wenn auch auf niedrigerem Gesamtniveau – individuell submaximale bzw. maximale Belastungen angestrebt werden.

Ausrüstung

Tauchen ist eine technische Sportart. Das Equipment ist ständigen Veränderungen unterworfen und hat Einfluß auf die dem Sportler abverlangte Leistung. Es ist somit selbst eine Komponente der Gesamtbelastung. Zunächst zu den Flossen:

Abb. 1: Tauchsportler mit Monoflosse

Allgemein hat sich die Monoflosse als Wettkampfgerät in den Tauchsportverbänden Europas durchgesetzt. Ihr Gebrauch erfordert regelmäßiges Üben. Die Benutzung von Monoflossen ist nur bei den Sportlern sinnvoll und unbedenklich, bei denen durch mehrjähriges systematisches Training sowohl die technischen als auch die konditionellen Voraussetzungen dafür geschaffen werden konnten. Dazu gehört z. B. auch ein systematisches Krafttraining zur Vermeidung muskulärer Dysbalancen, fehlerhafter Bewegungsabläufe und anderer Funktionsstörungen des Bewegungsapparates (z. B. lokale Hypermobilität und Blockierungen der Wirbelgelenke).

Orientierungsgerät

Abb. 2: Die wichtigsten Ausrüstungsbestandteile im Orientierungstauchen sind Monoflosse, Orientierungseinheit und Sicherheitsboje. Das Orientierungsgerät (Kompaß, Meterzähler und Tiefenmesser) ist fest mit dem Druckluft-Tauchgerät zu einer Schubeinheit verbunden.

Im Wettkampfbereich ist das Orientierungsgerät mit dem Druckluftbehälter und dem Lungenautomaten zu einer Funktionseinheit verbunden. Aus hydrodynamischen Gründen schiebt der Sportler es vor sich her. Kompaß, Meterzähler und Tiefenmesser befinden sich direkt in der Blickrichtung des Aktiven. Neben einer hohen Geschwindigkeit ist absolute Präzision im Hinblick auf Tauchrichtung und Streckenlänge gefragt. Das setzt wiederum ein gewisses Maß sowohl an statischer als auch dynamischer Kraftfähigkeit voraus. So wird z. B. ein ca. 600 Meter langer Kurs von den besten Damen in einer Zeit von knapp 6 Minuten absolviert.

Trainingsbelastung

Wie in allen anderen Sportarten muß im Spitzenbereich das Training im Tauchsport periodisiert werden. Frauen und Männer trainieren mit gleichen Häufigkeiten und Umfängen. Die Intensitäten sind bei Bezug auf die jeweilige individuelle Leistungsfähigkeit ebenfalls identisch. Die Aufgliederung des Wettkampfjahres läßt sich aus der *Tabelle 1* entnehmen.

Periodisierung 1989		
	Zeiträume	**Inhalte**
VP I	01.10.–31.12.88	allg. GA + Athletik
VP II	01.01.–15.04.89	spez. TÜ, Streckentauchen
ÜP	16.04.–30.04.89	allg. Vorbereitung OT
WP I	01.05.–02.07.89	Aufbauwettkämpfe
VP III	03.07.–08.09.89	UWV
WP II	09.09.–24.09.89	WM + EC – OT

Tab. 1: Periodisierung des Wettkampfjahres 1989

Die Sportler absolvierten bis zu 10 Trainingseinheiten pro Woche sowohl im Wasser als auch außerhalb desselben. Die *Tabellen 2 bis 4* sollen dazu einen kurzen Überblick geben.

Trainingsumfang Auswahlkader			
	Land/h	Wasser/h	km
VP I	44	90	210
VP II	36	90	230
ÜP	18	36	95
WP I	28	70	150
VP III	28	95	200
WP II	4	8	14
Σ	158	389	899

Tab. 2: Trainingsumfang der Auswahlkader

Intensitätsanteile					
	Ges.-km	Ga I-km Lactat 3-4	Ga II-km Lactat 5-8	Wettk. km	Kompen-sation
VP I	210	150	20	5	35
VP II	230	170	30	3	27
ÜP	95	65	12	2	16
WP I	150	80	14	16	40
VP III	200	120	20	16	44
WP II	14	6	0,5	1,5	6

Tab. 3: Intensitätsanteile in den einzelnen Trainingsperioden

Richtwerte für Intensität		
	Lactat (mmol pro l)	Intensität in % der max Möglichkeiten
GA I	3–4	80–90
GA II	5–8	90–95
SA	8–9	⩾ 95
Kompens.	< 2,5	< 95
WA	8–15	bis 100 bei Teilstrecken

Tab. 4: Charakterisierung der Intensitätsbereiche

DTG-Anteile am Gesamtumfang			
Periode	Gesamtumfang [km]	Anteil OT [km]	Anteil DTG [km]
VP I	210	15	50
VP II	230	–	70
ÜP	95	10	20
WP I	150	35	40
VP I II	200	60	40
WP II	14	3,5	–

Tab. 5: Anteil des Trainings mit dem Drucklufttauchgerät am gesamten Wassertraining

Grob zusammengefaßt haben also die Sportlerinnen und Sportler der Nationalmannschaft im Wettkampfjahr 1988/89 je etwa 180 Stunden an Land und 440 Stunden im Wasser trainiert. Sie haben dabei über 1200 Kilometer im Wasser zurückgelegt. Aus Zeitgründen ist es nicht möglich, nähere Ausführungen zum Konditions- und Krafttraining sowie über die durchgeführten physioprophylaktischen, leistungsdiagnostischen und sportmedizinischen Maßnahmen zu machen. Es kann aber mitgeteilt werden, daß kein Sportler und keine Sportlerin durch die Trainings- bzw. Wettkampfbelastung gesundheitlich überfordert worden ist. Es traten gelegentlich Funktionsstörungen mit Beschwerden im Bereich der oberen Sprunggelenke und des thorakolumbalen Überganges auf. Sie zwangen nicht zur Reduzierung der Trainingsbelastung und ließen sich problemlos behandeln. Ein Sportler mit einer seit Jahren bestehenden und von ihm verschwiegenen Belastungshämaturie wurde aus prophylaktischen und sportlichen Gründen aus dem Kaderkreis herausgenommen, obgleich ein krankhaftes Geschehen ausgeschlossen werden konnte.

Abschließend kann also festgestellt werden, daß der Wettkampfsport im Flossenschwimmen und im Orientierungstauchen (und sicher auch im Unterwasserrugby) ein hohes Maß an physischer und psychischer Belastbarkeit erfordert. Es ist nicht vergleichbar mit der Belastungsstruktur beim sogenannten Hobbytauchen. Deshalb sollten die Tauglichkeitsuntersuchungen nur von erfahrenen und mit der Materie vertrauten Kollegen durchgeführt werden.

1.18 Langzeitschäden durch Monoflossenschwimmen? – Eine Langzeitstudie an jugendlichen Leistungssportlern

Longtime Alterations Caused by Swimming with Monofin? – A Longterm Study in Young Competitive Swimmers

von F.-G. FÜCHSEL und K.H. KIENLE

1 Einleitung

Anläßlich des 4. Symposiums für Tauchmedizin in Hannover 1987 wurden erstmals Verletzungen und Überlastungsreaktionen bei Monoflossen-Leistungsschwimmern beschrieben [1]. Es wurden

1. Hautabschürfungen, vorwiegend an den Zehen und im Kantenbereich der Schuhteile der Flossen beobachtet, sowie
2. Insertionstendinosen und Bursitiden, hier vor allem im Bereich der langen Zehenstrekker,
3. Tendovaginitiden im Verlauf der Unterschenkel-Streckmuskulatur und
4. Überlastungsmyalgien im Bereich des thorakolumbalen Übergangs.

In Kenntnis dieser zwar reversiblen aber dennoch evidenten Rückwirkungen des noch jungen Sportgerätes „Monoflosse" hatte der Verband Deutscher Sporttaucher schon früh eine untere Altersgrenze für dessen wettkampfmäßigen Einsatz festgelegt, um eventuellen Langzeitschäden, wie sie z. B. von jugendlichen Leistungs-Turnern bekannt waren, vorzubeugen. Dies fand umsomehr seine Berechtigung, zumal schon 1971 Fußgelenkschäden bei Flossenschwimmern beschrieben worden waren [2]. So durften bis 1986 Monoflossen erst von Sportlern ab dem 16. Lebensjahr benutzt werden. Zu diesen rein vorbeugenden Maßnahmen traten alsbald weitere Erkenntnisse und Erfahrungen in Konkurrenz. So war beispielsweise bekannt, daß

1. motologisches Erlernen sportarttypischer Bewegungsabläufe von jugendlichen Sportlern einer jeden Sportart frühestmöglich begonnen werden muß, und daß
2. Spätfolgen und Langzeitschäden durch intensives Training mit der Monoflosse auch aus der UdSSR auf Nachfrage nicht berichtet wurden, obschon dort ca. 25mal mehr Sportler mit diesem Flossentyp schwimmen und dies über einen längeren Zeitraum als hierzulande. Dies und nicht zuletzt die Tatsache, daß
3. Bundesdeutsche Sportler überwiegend ein deutliches Leistungsdefizit gegenüber Sportlern aus dem Ostblock aufwiesen,

veranlaßte G. GÖLDNER[1] 1986, eine Pilotstudie zu initiieren. Hierbei sollten, zunächst für einen Zeitraum von 2 Jahren (1988 um weitere 2 Jahre verlängert), jugendliche Sporttaucher ab dem 12. Lebensjahr mit einer in der Größe begrenzten Monoflosse (sog. „Babymonoflosse")[2] trainieren und an Wettkämpfen teilnehmen dürfen. Begleitend wurde eine Gruppe jugendlicher Leistungssportler regelmäßig sportmedizinisch untersucht. Aus der Ambivalenz zwischen der Verantwortung dem jungen Sportler gegenüber einerseits, sowie

---

1 Gert Göldner war von 1981 bis 1989 Fachabteilungsleiter „Wettkampfsport" des VDST.

2 Die maximal zugelassenen Abmessungen der Monoflosse für Jugendliche ab dem 12. Lebensjahr wurden wie folgt festgelegt: Maximale Fläche 50 x 50 cm.

dem sportimmanenten Streben nach Leistungsverbesserung andererseits ergab sich die Fragestellung nach einer medizinischen Überprüfung der zuvor willkürlich gesetzten Alters- und Flossengrößenbegrenzungen. Die Ergebnisse dieser Untersuchungen wurden im Rahmen der vorliegenden Studie ausgewertet.

2 Methode

Die Athleten wurden in regelmäßigen Abständen befragt und untersucht. Unser Interesse richtete sich dabei auf die sportliche Entwicklung der Jugendlichen, vor allem in bezug auf Trainingsintensität und -häufigkeit, Leistungssteigerung[3] und allgemeine gesundheitliche Probleme. Die körperliche Untersuchung bestand zum einen aus internistischem Screening des Herz-Kreislaufsystems sowie der Hals-Nasen-Ohren Trakts und, zweitens, aus einer orthopädischen Untersuchung des Bewegungsapparats. Hierbei schenkten wir dem Skelett- und Muskelapparat besondere Aufmerksamkeit: Wirbelsäule, Becken, Hüftgelenke, Knie und Füße, Sprunggelenke, Großzehengrundgelenke, Bursae synoviales und peritendinale Gewebe.

Methodologische Probleme traten insbesondere durch die hierzulande geringe Zahl jugendlicher Leistungssportler auf. So mußten wir beispielsweise auf eine Vergleichsgruppe von jugendlichen Leistungsschwimmern ohne Monoflossen verzichten. Starke Variationen im Trainingsaufbau zwischen den Sportlern verschiedener Vereine sowie interindividuelle Unterschiede im Betreiben dieser Sportart (z. B. Kombination mit anderen Sportarten) und schließlich das Ausscheiden einzelner erschwerten es zusätzlich, detailliertere Aussagen von allgemeiner Gültigkeit zu machen. Weitere Grenzen wurden der Methode aus medizinethischer Sicht gesetzt. So war es beispielsweise nicht vertretbar, regelmäßig Röntgenuntersuchungen des Skelettsystems, Arthrographien oder Arthroskopien zum Verifizieren klinisch festgestellter Veränderungen durchzuführen. Die Studie kann somit bislang nur Tendenzen aufzeigen, deren Allgemeingültigkeit es in einer Weiterführung der Untersuchungen und einer – schon geplanten – internationalen Ausdehnung mit größeren Probandenzahlen zu beweisen gilt[4].

3 Ergebnisse

Zwischen 1986 und 1990 wurden insgesamt 46 Sportler (24 weibliche, 22 männliche) jeweils von Beginn des Trainierens mit Monoflosse (=„Babymonoflosse“) an im Abstand von einem Jahr (Kontrolluntersuchungen bei Auffälligkeiten in Halbjahresabstand) untersucht. Das durchschnittliche Alter bei der Erstuntersuchung betrug 14,5 Jahre. 23 Sportler schwammen jedoch bereits vor Beginn mit der Monoflosse unterschiedlich lange mit Stereoflossen (1 bis 7 Jahre). Um eine Aussage auch unabhängig von Trainingsaufbau, -intensität und -häufigkeit machen zu können, wurden die Sportler aus 14 verschiedenen Vereinen ausgewählt.

Bedingt durch das Ausscheiden einiger Sportler wurden fortlaufend auch neue „Monoflossen-Anfänger“ in die Studie aufgenommen.

---

3 Anfangs versuchten wir Leistungsmeßwerte festzuhalten, die monoflossenspezifisch sind. Für ein Screening erwiesen sich die Messungen jedoch bald als unpraktikabel und wegen der zahlreichen Fehlermöglichkeiten als nicht sehr aussagekräftig. Wichtig aber war dabei die Feststellung, seit wann vom Sportler Monoflosse und wie lange zuvor Stereoflossen geschwommen worden sind. Zusätzlich betriebene Sportarten sowie frühere Verletzungen wurden hier ebenfalls erfaßt.

4 Es wird derzeit ein mehrsprachiger, vereinheitlichter Untersuchungs- und Anamnesebogen erstellt, der dann auf wesentlich größere Sportlerzahlen aufbauend die Beantwortung auch speziellerer Fragen erlauben wird, wie z.B. der nach Abhängigkeit bestimmter Veränderungen von einzelnen Trainingsplänen.

Demnach wurden bislang	27 Schwimmer	über 1,
	18	über 2,
	11	über 3 und
	6	über 4 Trainings- bzw. Wettkampfjahre

hinweg beobachtet.

3.1 Anamnestische Auffälligkeiten

Auf Befragen berichteten 37 Athleten über Beschwerden, die durch die Schuhteile der Flossen hervorgerufen worden waren. 10 von ihnen sahen bei sich einen direkten Zusammenhang mit Trainingsdauer und -häufigkeit (*s. Abb. 1*).

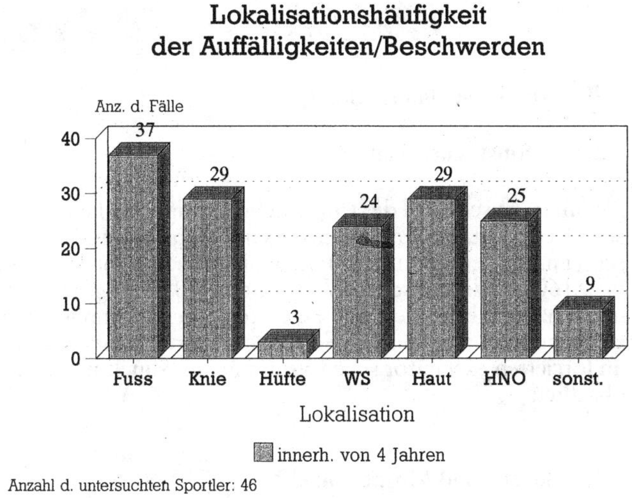

Abbildung 1: Graphik erstellt durch F.-G. Füchsel, Graphikarchiv der Abt. Wettkampfsport, Sektion Sportmedizin, des VDST.

29 Sportler zeigten dermatologische Auffälligkeiten. Neben der Akne vulgaris, eine allgemein eher häufige Erscheinung in der Pubertät, fielen besonders mykotische Infektionen an Füßen und Zehennägeln auf (*s. Abb. 2*). Außerdem beklagte ein großer Teil virusinduzierte Warzen, vor allem im Plantarbereich. Diese Veränderungen sind allerdings nicht spezifisch für Flossenschwimmen, sondern ein schon bekanntes Problem bei allen Wassersportarten, insbesondere in Hallenbädern [3]. Gleiches gilt für 3 Fälle, in denen die Sportler über ekzematöse Hautveränderungen im Zusammenhang mit der Exposition von Schwimmbadwasser klagten [4].

Von den Athleten beklagten 25 akute Auffälligkeiten im HNO-Bereich. Hierunter waren 15 Fälle von Gehörgangsmykosen und 10 Fälle mit Tonsillitiden, wobei bei weiteren 4 von insgesamt 46 Sportlern eine Tonsillektomie vor ihrem Eintritt in den Leistungssport durchgeführt worden war.

In 3 Fällen wurden Auffälligkeiten im Bereich der Hüftgelenke berichtet (akzidentelle Bewegungsgeräusche ohne Beschwerden), die jedoch schon vor Beginn des Flossenschwimmens vorhanden waren. 2 Schwimmer klagten über belastungsabhängige Wirbelsäulenbeschwerden bei allerdings schon vorbestehenden Wirbelsäulendeformitäten.

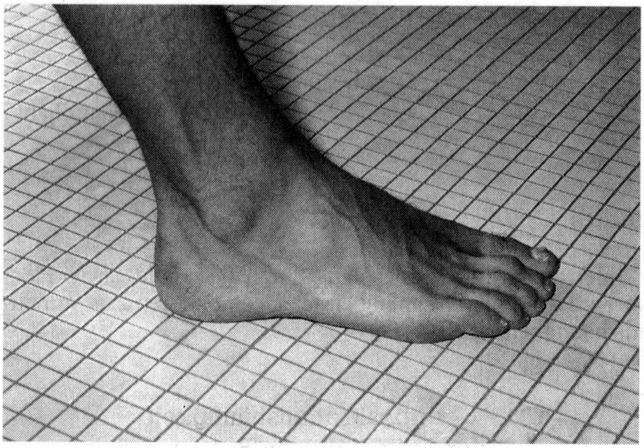

Abb. 2: Fußmykose (Aufnahme durch K.H. Kienle, Fotoarchiv der Abt. Wettkampfsport – Sektion Sportmedizin – des VDST.)

3.2. Körperliche Untersuchung

3.2.1 Internistischer Teil

Der internistische Teil der Untersuchung zeigte bei keinem Sportler signifikante pathologische Veränderungen, die einen Zusammenhang mit dem leistungsmäßigen Monoflossenschwimmen vermuten lassen. Lediglich ein Fall von Hypertonie mit systolischen Werten über 160 und diastolischen Werten über 100 mmHg läßt sich als Parallele zu der von WEISS und WEICKER beschriebenen Hypertonie bei Leistungsschwimmern deuten[5]. Allein die Lungenfunktionsprüfung ließ bei allen Sportlern eine Zunahme in der Vitalkapazität und im forcierten exspiratorischen Volumen mit zunehmendem Alter und Trainingsjahren beobachten.

3.2.2 Skelett- und Muskelapparat

3.2.2.1 Fußbereich

Mit Abstand die meisten Veränderungen fanden wir im Bereich der Füße (bei 37 von 46 Sportlern), wovon mit 34 Fällen von akuten Druckreaktionen der Haut insbesondere im Bereich der Zehen (44,8%), des Mittelfußes und der Malleolen im Vordergrund standen. Als Ursache postulieren wir hier das Zusammentreffen von Fußdeformitäten (Hammerzehen, Fußgewölbedeformitäten, Hallux valgus) mit unzureichend angepaßten Schuhteilen der Flossen. 12mal konnten wir Narben- und Schwielenbildung in gleicher Lokalisation als Hinweis auf chronische Druck- oder Scheuerexposition nachweisen. In 13 Fällen fanden wir Verdickungen im Mittelfußbereich. Ohne radiologische Kontrolle, auf deren besondere Problematik wir schon oben hingewiesen haben, ließ sich hier oft nur schwerlich oder gar nicht zwischen vorbestehenden Fußdeformitäten, akzessorischen Knochenelementen und reaktiven Hyperostosen unterscheiden. 10 Athleten wiesen Verdickungen der Bursae synoviales vor allem im Bereich des Retinaculum extensorum und der Achillessehne auf.

Wie zuvor erwähnt, lassen sich wohl die meisten der beschriebenen reaktiven Veränderungen im Fußbereich u. a. mit der hohen Zahl vorbestehender Fußgewölbe- und Zehendeviationen in Zusammenhang bringen (39mal Hammerzehen, 3mal Hallux valgus, 37mal Fußgewölbevariationen).

Tendinitiden und erhöhte Fußgelenksbeweglichkeit, insbesondere in Plantarflexion, erscheinen im Vergleich mit Leistungsschwimmern ohne Flossen (Kraul, Rücken, Delphin, Brust) nicht gehäuft [6]. Andere bei Schwimmern ohne Flossen im Vordergrund stehende Beschwerden der oberen Extremitäten wie die Schwimmerschulter, Impingementsyndrom oder Schulterinstabilität, traten bei Flossenschwimmern schwimmstilbedingt überhaupt nicht auf [6].

3.2.2.2 Ein Fall von Morbus Köhler II

An dieser Stelle möchten wir von einem Fall berichten, in dem wir das Flossenschwimmen verbieten mußten. Dieser Fall wurde für uns umso beachtenswerter, als wir kurze Zeit später von einer erfolgreichen ungarischen Monoflossenschwimmerin mit gleicher Symptomatik hörten.

In unserem Fall handelt es sich um eine 14jährige Schwimmerin italienischer Abstammung, die seit einem Jahr mit der Monoflosse trainiert hatte und schließlich aufgrund ihrer Erfolge für die Deutsche Jugendnationalmannschaft nominiert wurde. Während ihres ersten internationalen Wettkampfes in Frankreich rutschte sie im Hotelzimmer aus und stieß mit dem rechten Fuß gegen einen Türrahmen. Als die Schmerzen nach einigen Tagen nicht nachließen, wurde eine Röntgenkontrollaufnahme angefertigt, die keinen Hinweis auf eine Fraktur zeigte. Als nach weiteren 4 Wochen die Schmerzen bei Bewegung noch immer unverändert waren und sie somit nicht trainieren konnte, konsultierte sie erneut einen Orthopäden, der wiederum eine Röntgenaufnahme veranlaßte. Hierbei wurde dann ein M. Köhler II diagnostiziert (*s. Abb. 3 und 4*). Bei dieser Erkrankung handelt es sich um eine aseptische Knochennekrose des zweiten Mittelfußknochens. Zur Ätiologie finden sich in der Literatur widersprüchliche Angaben. Da diese Erkankung bevorzugt bei Mädchen dieses Alters zu finden ist, interpretierten wir diesen Fall als eine zufällige Koinzidenz mit Flossenschwimmen, bis wir einige Wochen später unsere Einschätzung erneut überdenken mußten, nachdem wir den Fuß einer erfolgreichen ungarischen Flossenschwimmerin untersuchen konnten. Hier zeigten sich neben den Zeichen einer Osteosynthesenarbe des zweiten Mittelfußknochens nach M. Köhler II auch deutliche Belastungsreaktionen, die intensivem Flossentraining zugeschrieben wurden (*s. Abb. 5*).

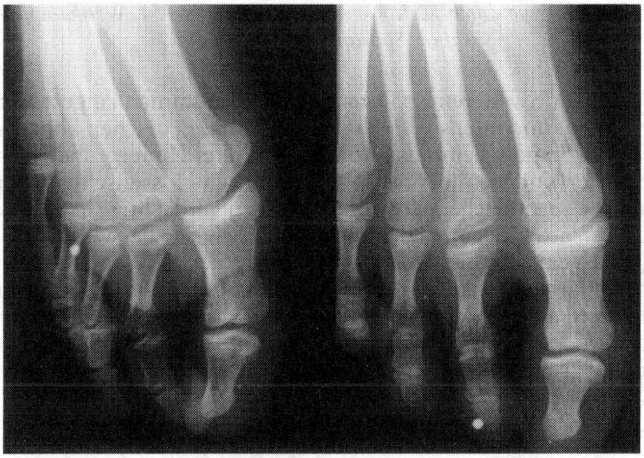

Abb. 3: Aufnahme durch K.H. Kienle, Fotoarchiv der Abt. Wettkampfsport, Sektion Sportmedizin, des VDST

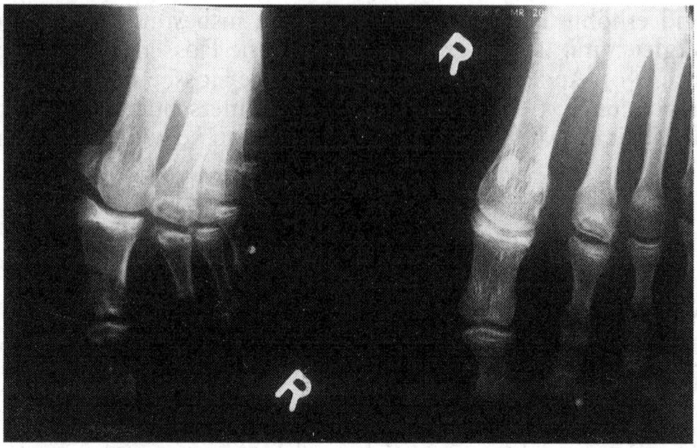

Abb. 4: Aufnahme durch K.H. Kienle, Fotoarchiv der Abt. Wettkampfsport, Sektion Sportmedizin, des VDST

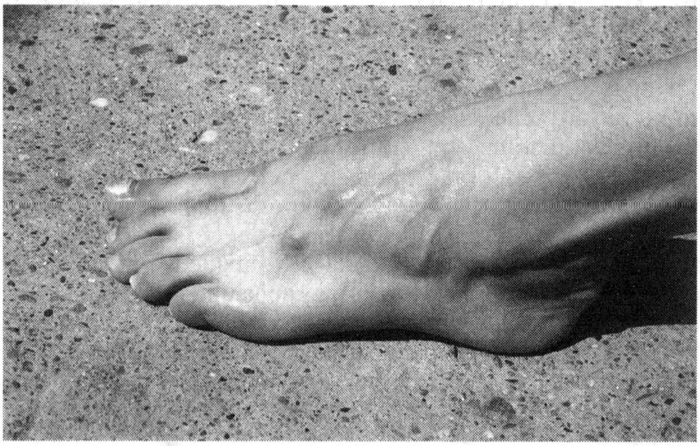

Abb. 5: Aufnahme durch K.H. Kienle, Fotoarchiv der Abt. Wettkampfsport, Sektion Sportmedizin, des VDST

Bis heute haben wir keine weiteren Erfahrungen über Zusammenhänge zwischen dem Auftreten des M. Köhler II und intensivem Flossenschwimmen machen können. Eine weitere Untersuchung dieser Frage scheint insbesondere vor dem Hintergrund eines weiteren Berichts von aseptischer Knochennekrose bei jugendlichen Flossenschwimmern gerechtfertigt. Zwei männliche jugendliche Schwimmer wurden verdächtig für das Vorliegen eines Morbus Osgood-Schlatter. In einem der beiden Fälle ließ sich der Verdacht bestätigen. Radiologisch zeigte sich eine aseptische Knochennekrose der Tibia an der Insertion des Musculus quadriceps femoris. Da auch hier Alter und Geschlecht typisch waren und dies bislang der einzige berichtete Fall eines M. Osgood-Schlatter bei jugendlichen Flossenschwimmern ist, sind wir eher zurückhaltend, einen unmittelbaren Zusammenhang mit intensivem Flossenschwimmen zu vermuten.

3.2.2.3 Kniebereich

Die häufigste Auffälligkeit im Bereich der Knie waren Hinweise auf eine Chondropathia patellae (29 Fälle). Wir wissen, daß diese Knorpelveränderung nicht nur von so unterschiedlichen Faktoren wie Bradytrophie und erhöhter Druckbelastung bei bestehender Fehlstatik des Beins, sondern auch von angeborenen Formvarianten der Patella begünstigt wird. Nur in 11 von 29 Fällen wurden leichte Beschwerden geäußert. Eine Signifikanz dieser Zahl für das Schwimmen mit der Monoflosse möchten wir aus mehreren Gründen bezweifeln. Zum einen betreiben alle 29 Sportler neben dem Monoflossenschwimmen andere, stark das Knie belastende Sportarten wie Skifahren, Laufen, Volleyball etc. in einem solchen Umfang, daß eine eindeutige Zuweisung der retropatellaren Veränderungen ausschließlich oder überwiegend zum Monoflossenschwimmen nicht getroffen werden kann. Zum anderen berichten sämtliche 11 Sportler, die über belastungsabhängige retropatellare Schmerzen beim Schwimmen klagen, daß sie diese Beschwerden bei anderen sportlichen Betätigungen schon vor dem Einstieg in das Flossenschwimmen gehabt hätten. Darüber hinaus ist in der Literatur zu medizinischen Problemen beim leistungsmäßigen Schwimmen ohne Flossen (hier insbesondere das Kraulschwimmen) keine Häufung derartiger Kniebeschwerden beschrieben. Lediglich beim Brustschwimmen, das ja bekanntlich einen völlig anderen Bewegungsablauf voraussetzt, zeigten sich bei falscher Technik schmerzhafte entzündliche Veränderungen der medialen Bandstrukturen (lig. coll. tib.), die jedoch auch größtenteils reversibel waren [7].

3.2.2.4 Wirbelsäule

Eingangs erwähnten wir 2 Athleten, die über Rückenbeschwerden klagten. Insgesamt fanden sich 24 Sportler mit unterschiedlichen vorbestehenden Formabweichungen der Wirbelsäule. Von diesen zeigten 5 einen Finger-Boden-Abstand von mehr als 1 cm, also eine eingeschränkte Beweglichkeit vorwiegend im Lendenbereich.

4 Zusammenfassung

Das leistungsmäßige Schwimmen mit der Monoflosse bei Jugendlichen bringt typische Anpassungsreaktionen sowie Verletzungen mit sich. Die Zahl dieser Verletzungen, vorwiegend der Haut, steigt signifikant mit zunehmender Trainingszeit und Wettkampfjahren.

Dauerhafte Schäden ließen sich bislang in dieser zugegebenermaßen noch jungen Sportart nicht nachweisen. Um die Aussagekraft der bisherigen Untersuchungen zu erhöhen und anhand der derzeitigen Auffälligkeiten die Studie auf eine wissenschaftlich gesicherte Basis zu stellen, ist eine weitere Beobachtung der bislang untersuchten Sportler geplant. Zudem wird ein mehrsprachiger Untersuchungsbogen (in 5 Sprachen: Deutsch, Englisch, Französisch, Russisch, Italienisch) erstellt[5], mit dem für die Studie eine größere internationale Zahl von jugendlichen Leistungssportlern mit Vergleichsgruppen erschlossen werden soll. Damit werden in Zukunft speziellere Fragen gestellt und hoffentlich zum Nutzen der Sportler beantwortet werden.

---

[5] Die mehrsprachigen Anamnese- und Untersuchungsbögen werden ab Januar 1993 unter folgender Adresse erhältlich sein: Confédération Mondiale des Activités subaquatiques/World Underwater Federation. Commission Fin Swimming. Subcommission Sportsmedicine. Viale Tiziano 70, I-00196 Roma/Italy.

5 Literatur

[1] K.H. KIENLE, Tauchen als Wettkampfsport: [...]. In: Tauchmedizin 4, hrsg. von F. Gerstenbrand, E. Lorenzoni u. K. Seemann, Hannover 1989, S. 236ff.

[2] K. SEEMANN, M. SONNTAG: Fußgelenkschäden bei Flossenschwimmern. In: Wehrmedizinische Monatsschrift 15 (1971), S. 33–38.

[3] Vgl. Symposium on Problems of Hygiene in Swimming Pools and Baths. Reinhardsbrunn, May 1988. Proceedings. In: Zeitschr. für die Ges. Hygiene, 34 (1988), April H. 4, S. 219–255. Und: A.A. Fisher, Water-related dermatoses. In: Cutis, 25 (1980) Febr., H. 2, S. 132, 135–136, 139–140.

[4] Vgl. A. A. FISHER, Contact dermatitis to diving equipment, swimming pool chemicals, and other aquatic denizens. In: Clin. Dermatol. 5 (1987), Juli-September, H. 3, S. 36–40. Und: P. KAAS et al., Toxicologic and epidemiologic aspects of organochlorine compounds in bathing water. In: Zeitschr. für die Ges. Hygiene, 34 (1988), April, H. 4, S. 227–231.

[5] Vgl. M. WEISS, H. WEICKER, Gibt es eine Schwimmer-Hypertonie? In: Schweiz. Zeitschr. für Sportmed. 33 (1985), S. 122–132.

[6] Vgl.: J. E. JOHNSON, F. H. SIM, S. G. SCOTT, Musculosceletal Injuries in Competitive Swimmers. In: Mayo Clin. Proc. 62 (1987), April, S. 302–303.

[7] Vgl. J. E. JOHNSON, F.H. SIM, S.G. SCOTT, Musculosceletal Injuries in Competitive Swimmers. In: Mayo Clin. Proc. 62 (1987), April, S. 300–302. Und: J.C. KENNEDY, R.. HAWKINS, W.B. KRISSOFF, Orthopaedic manifestations of swimming. In. Am. Journ. Sports Med. 6 (1978), S. 309–322.

1.19 Unterwasserklettern als Ursache von Tauchunfällen im Beobachtungszeitraum 1989/1990 in Tirol

von A. Pallua, G. Helweg, H. Unterdorfer

In den letzten Jahren ist durch die Zunahme des frei praktizierten Unterwassersportes das Gerätetauchen in Bergseen bzw. tiefen Gewässern in der Alpenregion zu beobachten. Schon vor Jahren haben Tauchmediziner aus der Schweiz, insbesondere Ch. Meyer und A. A. Bühlmann, auf die Gefahren hingewiesen, die Tauchgänge im Gebirge in sich haben. Einer der Problemkreise liegt in veränderten Dekompressionszeiten, da sehr häufig Tauchtabellen auf Null m Seehöhe und nicht auf Höhenlagen, zum Beispiel 800 m Seehöhe, benützt werden. Nicht nur die Höhenlage, sondern auch die verschiedenen Temperaturgradienten, wie wir sie in Bergseen vorfinden, müssen für sichere Tauchgänge berücksichtigt werden.

Obwohl auch mit neuen Tauchcomputern eine Angleichung an die Höhenlage möglich ist, erscheint uns immer noch die von Bühlmann publizierte Tabelle sicherer, da sie einen höheren Sicherheitskoeffizienten beinhaltet und der Computer zu knapp rechnet.

Ein weiteres überaus wichtiges Problem stellt der „Abstieg“ dar. Viele Taucher können ohne Schwierigkeiten bis ca. 30 m Tiefe gehen und sich in allen dazwischen liegenden „Höhen“ austarieren. Das Training des Austarierens wird wegen des Mangels an größeren Tiefen bei maximal 30 m beendet und so wird der Taucher mit dem Problem des „Anhaltens“ in einer Tiefe von 50 oder mehr Metern überrascht. Die Tarierzeit mit der Weste wird ab 40 m massiv verlängert. Der Versuch durch Schwimmbewegungen („das Treten in die Pedale“ nützt nichts und die Fahrt nach unten geht weiter) den Sturz aufzufangen, gelingt nicht und hat Angst zur Folge. Der Teufelskreis vermehrter Sauerstoff-Bedarf, Absinken der CO_2-Toleranz, Veränderung der Temperatur unter 5 °Celsius, vorerst nicht bewußt empfundene Tiefenzuname, sowie deutlich zunehmende Sichtminderung, beginnt sich zu drehen und löst Fehlreaktionen aus. Erhöhtes Anströmvolumen bewirkt bei Einschlauchgeräten und bei der leichten Bauweise der Geräte ein vorzeitiges Vereisen der Automaten. Das Wegbleiben der Luft und die jetzt scheinbar hoffnungslose Situation mündet in Panikbereitschaft, schlußendlich in Panik mit allen ihren Folgen. Das Verlorengehen der Kontakte zu den Kameraden und auch die Probleme, die diese selbst haben, zerstören schlagartig die Gruppe und es ist jetzt jeder allein auf sich selbst gestellt. Meistens gelingt noch das Anhalten und eine Isopressionsphase. Unter Nichtberücksichtigung des Erlernten kommt es zum Panikaufstieg und damit zum Mißachten der Dekompressionszeiten. Mehrere Schwimmstöße bewirken das Überschreiten der sonst immer eingehaltenen Dekompressions-Stufen. In der Folge davon tritt häufig Bewußtseinstrübung oder Bewußtseinsverlust ein, und der Absturz ist unvermeidlich. An Ballast abwerfen, dabei trägt der „sehr teure“ Bleigurt die Hauptschuld, denkt keiner. Alle geborgenen Taucher hatten noch den Bleigurt um.

Hauptursachen der in Tirol beobachteten Tauchunfälle liegen zwar reproduzierbar in den Fehlern, die der Verunfallte beim Abstieg und durch Mißachtung der Dekompressionszeit begeht, der wahre Grund scheint uns aber im psychologischen Bereich des Unterwasserkletterns selbst zu liegen. Jedem Nichtbergsteiger erscheint die romatische Bergwelt Tirols mit seinen Kletterwänden unbesiegbar, und so bleibt der Wunsch, einmal eine Felswand durchklettern zu können, ein ewig illusorisches Erleben für den Gast aus dem Flachland. Das Wasser, der Auftrieb und die Möglichkeit, durch die Tauchgerätetechnik bedingt, unter Wasser lange verweilen zu können, hat es dem Nichtbergsteiger nun ermöglicht, mühelos „Bergwände durchklettern zu können“. Der tödliche Irrtum bei diesen Kletteraktionen ist das Unvermögen (durch Trainingsmangel), sich in größeren Tiefen auszutarieren, sowie das Außerachtlassen der Dekompressionszeiten und der unbedingt notwendigen Haltezeiten, die durch die Tauchtabellen vorgeschrieben sind.

Unter Wasser wird die Vertikale sehr gerne als Horizontale mißgedeutet, und 15 m Höhenunterschied werden kaum empfunden. Unter diesem psychologischen Aspekt sind die Ursachen der Tauchunfälle zu sehen, die im letzten Jahr in Tirol passiert sind. Von bis jetzt 19 Tauchunfällen mit tödlichem Ausgang konnten bisher nur 3 endgültig in ihrem Ablauf geklärt werden, der Rest ist nicht lückenlos rekonstruierbar, ein Teil der Verunfallten ist nicht gefunden.

Die Hauptunfalltiefe liegt zwischen 50 und 75 m. In allen Fällen war die Sicht zwischen 4–6 m mit Auftreten von Sichtverminderung durch Schwebstoffe (Sand, tief liegender Schlamm). Die Wassertemperaturen lagen durchwegs unter 5 °C. Die Leichen wurden vornehmlich in Tiefen zwischen 70 und 130 m gefunden. Die Leichenortung Friedrich W. (Achensee) erfolgte z.B. zwischen 97 und 99 m.

Bei allen von uns Beobachteten war eine „Überbleiung" festzustellen, die streng betrachtet keine war. Vielmehr muß das Austarieren als primärer und der „vergessene Bleigürtel" als sekundärer Unfallfaktor angesehen werden.

Nur ein Taucher konnte nachweislich vor den Tauchgängen über das Gebirgsseetauchen belehrt werden. Die Ausrüstungen waren durchwegs für Tauchgänge bis unter 70 m ausreichend, waren aber nur zum Teil Eigentum der Verunfallten und von ihnen meist zum ersten Mal in Gebrauch. Bei der Bergung der Leichen wurde festgestellt, daß zum Beispiel im Plansee in der Tiefe von 63 m (26. Mai 1990 – S. E.) und P. W./A. V. (März 1990) in der Tiefe von 48 m sowie beim noch nicht gefundenen Friedrich W. (12. Mai 1990, Achensee) bei ca. 48 m die Unfälle stattgefunden haben. Laut Auskunft der Kameraden waren aber alle schon tiefer gewesen, das läßt den Schluß zu, daß die Taucher nach Problemen mit dem Austarieren einen Panikausstieg vorhatten. Die gefundenen Verunfallten sind dann durchwegs tiefer gelegen.

Soweit aus den Unfallprotokollen ersichtlich ist, haben alle Verunglückten somit einen Auftauchversuch unternommen, der dann mit einem Absturz geendet hat. Bei allen von uns beobachteten Tauchern war Panikreaktion wegen Atemproblemen und Bewußtlosigkeit anzunehmen. Obwohl die meisten in Gruppen getaucht sind, haben sie den Kontakt zur Gruppe verloren. Sicherungsleinen sind von keinem benutzt worden. Der Hauptunfallort war ein „sehr steil abfallender Seegrund mit Schlammschicht".

Die Bergungskosten der verunglückten Taucher lagen im Schnitt bei 15.000,-- öS, ca. 2.000,-- DM. Die bis heute erfolglose Suchaktion im Achensee kostete bis jetzt 40.000,– öS oder 6.000.-DM; Personaleinsatzstunden: 3.800, Betriebsstunden Unterwasserkamera und Boote: 350. Die Personalkosten und Betriebsstundenkosten für die Unterwasseranlagen werden von der Wasserrettung Tirol getragen und sind in den oben angeführten Bergungskosten nicht enthalten.

Aufgrund der von uns gemachten Beobachtungen 1989/1990 muß eindringlich vor dem Unterwasserklettern im alpinen Raum gewarnt werden, da eine exorbitant hohe Unfallgefahr besteht. Wir können nur durch breit angelegte Aufklärung in den Medien auf diese Gefahr hinweisen, da uns nur in den seltensten Fällen bekanntgemacht wird, wann und wo Taucher in Gebirgswässer einsteigen.

Eindringlich weisen wir darauf hin, daß sogenannte Tieftauchgänge mit dem nur schwer beschreibbaren, „befreienden Gefühl des Hinabschwebens" für viele Taucher unvorhersehbare, nicht beherrschbare Tarierprobleme und in der Folge das unkontrollierte Auftauchen als tödliche Gefahr in sich haben. Treten keine Probleme beim Abstieg auf, so verleitet die scheinbar mühelose Überwindung einer Felswand zur Außerachtlassung der Dekompressions-Stufen.

Grobe Selbstüberschätzung und die kritiklose Annahme, „es wird schon nichts passieren, wir haben schon so viel zustande gebracht“, das Nichtkennen des Geländes und das Mißachten einfachster Tauchregeln enden mit hoher Sicherheit in der Katastrophe.

Als Fremdenverkehrsland freuen wir uns über jeden Gast, der uns besuchen kommt und wir bieten jedem einen möglichst angenehmen Aufenthalt an. Wir bitten aber jeden, der zu uns kommt, die Möglichkeit der Information anzunehmen (zu seinem und unserem Schutz). Bitte bedenken Sie, daß normale Versicherungen Tauchgänge nur bis 25 m Tiefe versichern! Wird diese Tiefe überschritten, erlischt jeder Versicherungsschutz.

Als Anlaufstellen wären in Tirol folgende Institutionen anzuführen:

Österreichische Wasserrettung

Landesverband Tirol
Stillufer 3
6020 Innsbruck
Telefon 05 12 / 88 44 24

Tauchclub Innsbruck

Amnaserstrasse 90 c
6020 Innsbruck
Telefon 05 12 / 42 00 32

Tauchschule Dieter Kuchling

Bichlweg 23
6020 Innsbruck
Telefon 05 12 / 45 64 63

Tauchschule Austria-Sub
Dieter Köstenbaumer

Defreggerstrasse 8
6020 Innsbruck
Telefon 05 12 / 4 15 83

1.20 Tauchen auf den Malediven

von H. Marczinkowski und K. Plentz

Die Malediven sind ein ganzjährig erschlossenes Tauchrevier. Nicht nur erfahrene Taucher bestaunen die interessante Unterwasserwelt, sondern auch viele Urlauber nehmen erstmalig Taucherbrille und Schnorchel in das Sommerparadies mit.

Die Republik der Malediven besteht offiziell aus 1191 Inseln, welche sich in 19 Atolle aufteilen. Die Atolle sind Ringgebilde aus zwei bzw. Hunderten von Inseln (Atoll Durchmesser von 10–100 km).

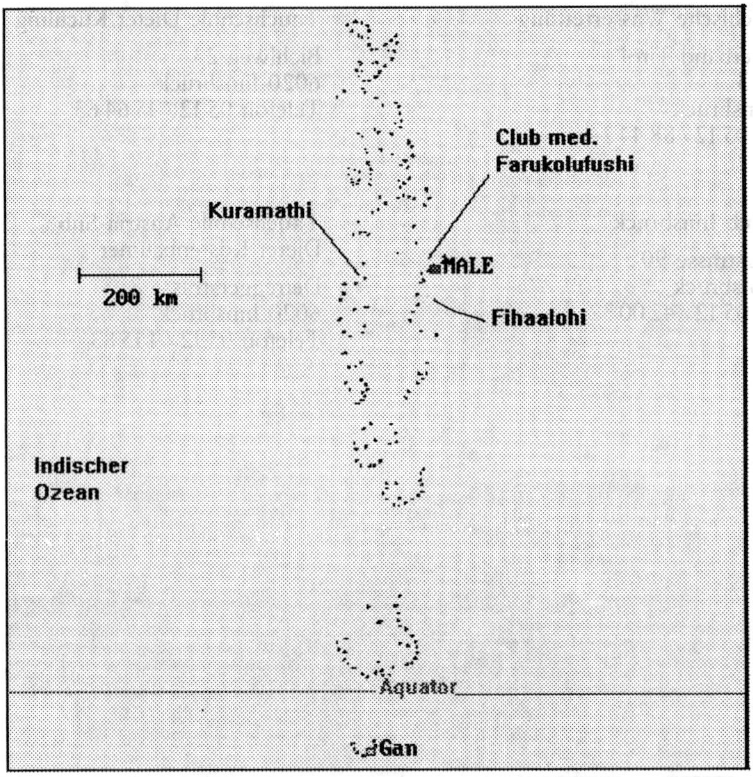

Abb. 1: Übersicht Republik der Malediven

Die Gesamtoberfläche beträgt nur ca. 3000 km², und es leben ca. 200 000 Einwohner auf den Inseln, von denen etwa 200 bewohnt sind.

Die geringe Zeitverschiebung (4h) und die Äquatornähe reizen viele, die gerne ggf. auch nur für 1–2 Wochen in die Wärme fahren. Mehr als 60 Inseln verschiedener Reiseunternehmen stehen speziell den Europäern zur Verfügung. Bei ca. 5000 Betten muß man ca. 100 000 (BRD 1989:40 000) Urlauber annehmen, und es kommt zu ungefähr 50 000 Gerätetauchgängen pro Jahr.

Jede der Touristeninseln verfügt über mindestens eine Tauchbase, aber nur selten über geschultes Personal bzw. Behandlungsmöglichkeiten bei Tauchunfällen. Nur ein entsprechend geschulter Taucherarzt findet sich im französischen Club Med auf Farukolufushi in der Nähe des Flugplatzes bei der Hauptstadt Male.

Neuerdings soll es angeblich eine 6-Mann-Druckkammer im Ari-Atoll geben (Haux). Auf 2 bis 3 weiteren stark betauchten Inseln stehen Ein-Mann-Druckkammern zur Verfügung.

Während meines Arzteinsatzes für ein großes Deutsches Touristikunternehmen auf der Insel Kuramathi (Rasdu-Atoll nördlich des Ari-Atoll) wurde ich mehrmals mit tauchbedingten Erkrankungen konfrontiert. Mein Einsatz fand auf der Insel Kuramathi, etwa 3 Schnellbootstunden von Male entfernt, statt, zu der es im Bedarfsfall auch eine Helicopterverbindung gibt.

Seit 1985 werden deutsche Ärzte dort kurzfristig tätig. Der Arzt betreut dort zirka 350 Gäste, sowie über 100 Einheimische vom Personal. In dem kleinen Atoll gibt es noch eine Eingeboreneninsel mit 600 Einwohnern, die das Ärzteangebot auch gerne in Anspruch nehmen.

Mir stand ein klimatisiertes Sprechzimmer von ca. 10 m^2 mit vergleichbaren Möglichkeiten einer deutschen Arztpraxis einschließlich einer „Apotheke" zur Verfügung. Ein telefonischer Kontakt nach Europa (via Satellit) ist jederzeit möglich, z. B., um mit einem Taucherarzt in Deutschland in Verbindung zu treten.

ICD	Erkrankung	1986 N = 666	1988 N = 874	1990 N = 47
1. 380-389	Ohrenkrankheiten (Otitiden, Barotraumen etc.)	24,6%	27,2%	19,1%
2. 880-897	Offene Wunden der Extremitäten	15,6%	11,6%	12,8%
910-919	oberfl. Verletzungen (Korallen, Muscheln etc.)			
3. 990-995	Sonnenallergien	12,6%	11,6%	14,9%
4. 460-496	Erkrankungen der Atemwege	9,8%	6,3%	8,6%
5. 680-696	Infektionen der Haut (Abszesse, Insektenstiche etc.)	7,7%	12,7%	10,6%
940-949	Sonnenbrand			
6. 530-579	Magen-Darm-Erkrankungen (inkl. Diarrhöen)	7,1%	9,2%	14,9%
7. 920-929	Prellungen, Quetschungen	4,1%	2,5%	2,1%
8. 710-724	Arthropathien, Dorsopathien	3,5%	3,2%	6,4%
9. 820-854	Frakturen, Luxationen	3,3%	3,0%	2,1%
10. 401-459	Erkrankungen des Herz-Kreislauf-Systems	2,7%	2,5%	2,1%
	Sonstige	9,2%	10,1%	6,4%

Tabelle: Arztstation Kuramathi, Erkrankungshäufigkeiten (Nach Dr. K. PLENTZ*)*

Otitis externa

Hierfür werden in der Regel Salzkristalle angeschuldigt, welche sich begünstigt durch Hitze und Meerwasser in den Gehörgängen bilden können. Diese mikroskopisch kleinen Kristalle sind dann schwer zu entfernen und erzeugen einen sehr unangenehmen Juckreiz, und in Verbindung mit Schmutz kommt es bei mechanischer Irritation zur Otitis externa.

Die typischen Erreger (Pseudomonas, Staph. aureus, Proteus) dringen direkt von der Hautoberfläche ein, oder sie werden durch verschmutztes Seewasser an das Ohr gebracht. Der Schwimmer und Schnorchler ist permanent von Wasseroberflächenkeimen umgeben. Meeresbiologen weisen auf eine Verschmutzung durch ungeklärte Abwässer auf den Touristeninseln hin. Weiter scheinen sich die Keime durch das alkalische Milieu (ca. pH 8) im Korallenbereich trotz Seewassers recht wohl zu fühlen.

Die persönliche Vorbeugung besteht in sofortiger Süßwasserspülung beider Ohren nach jedem Schwimm- bzw. Tauchgang. Hierzu lassen sich sehr gut die in der Chemie gebräuchlichen Nachfüllflaschen (1/2–1l) mit Spritzausguß verwenden. Wegen der mechanischen Reizungen der Gehörgänge wird von jeglicher „Q-Tip"-Benutzung abgeraten.

Therapie

Neben medizinischen Ohrspülungen evtl. in Kombination mit einem Antiseptikum (z. B. Polyvidon-Jod, Borlösung) therapierte ich lokal mit antiphlogistischen bzw. antibiotikahaltigen Ohrentropfen. Bei Therapieresistenz über 2 bis 3 Tage oder eindeutig eitrigem Befund gab ich in 3 Fällen systemisch ein Antibiotikum (Cotrimoxazol).

Otitis media

Zu Mittelohraffektionen kam es in meinem Klientel in 4 Fällen jeweils nach einem Barotrauma der Grade 1, 2, 3 bzw. 5 (Perforation) nach Teed. Bei dem Barotrauma Teed 3 entwickelte sich eine Otitis media.

Bei dem Taucher mit der Trommelfellperforation handelte es sich um einen Tauchlehrer der Basis, der auf Veranlassung des Arbeitgebers auch HNO-ärztlich (Male, Krankenhaus) untersucht wurde. Angeblich handelte es sich hierbei um ein Rezidiv, und anscheinend wird nicht einmal von einem Schweizer Tauchlehrer ein medizinisches Zeugnis verlangt.

Weitere Erkrankungen hingen direkt mit dem Tauchen zusammen: Zahnschmerzen, Verletzungen durch Korallen, Nesselalgen und Quallen.

Von einem meiner Vorgänger wurde ein Fall einer Lungendehnung mit Blutspucken berichtet. Der Taucher war aus ca. 5 Meter Tiefe bei seinem ersten Tauchgang plötzlich aus Angst aufgestiegen. Dieser Patient konnte konservativ auf der Insel behandelt werden (Eine Röntgenanlage steht nicht zur Verfügung).

Ein Tauchunfall mit neurologischer Symptomatik

Zur gleichen Zeit, während ich auf Kuramathi tätig war, ist ein Bekannter von mir im Süd-Male Atoll (Insel Fihaalohi) bei einem Tauchgang verunglückt.

Der 37jährige normalgewichtige Taucher H. unternahm am 26. 01. 1990 zwei Tauchgänge, wobei der erste am Vormittag gegen 10:30 Uhr begann und auf maximal 32 m Tiefe ging. Die Gesamttauchzeit betrug 43 Minuten und wurde gem. der BÜHLMANN/HAHN-Tabelle ausgetaucht.

Der zweite Tauchgang gegen 14:00 Uhr, kurzfristig auf 34 m, über 24 Minuten, wobei nur 2 Minuten auf 3 m ausgetaucht wurde (der Tauchcomputer hatte angeblich nicht beide Tauchgänge addiert). Kurz nach dem Tauchgang trat nur bei Taucher H. Übelkeit auf (H. war mit einer Gruppe getaucht), und es fiel eine marmorierte Haut auf. Eine halbe Stunde nach dem Tauchgang entwickelte sich eine zunehmende Einschränkung des Gesichtsfeldes im Sinne eines „Tunnelblickes". Weiter wurde eine Gangstörung mit aufsteigender Gefühlsstörung beginnend unterhalb der Knie angegeben. Mit der Diagnose Taucherkrankheit wurde H. mit einem Boot zur taucherärztlichen Station des „Club Med" verlegt, wobei sich die Gangstörung etwas besserte. Neurologisch fand sich ein Spontannystagmus nach links, und eine Hörverschlechterung rechts wurde angegeben.

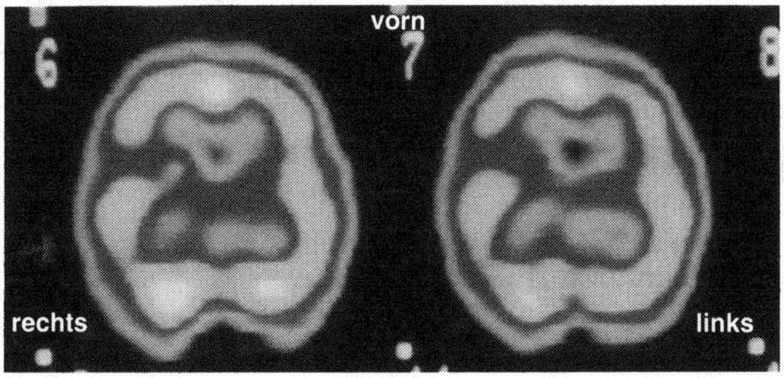

Abb. 2: Die Hirnszintigraphie zeigt eine diskret verminderte Nuklidbelegung rechts frontotemperal bei insgesamt inhomogener Verteilung des Radionuklides

HNO-ärztlich wurde später ein Schaden im rechten Vestibularorgan diagnostiziert *(Abb. 2)*. Um 23.15 Uhr begann die Rekompression in der dortigen 2-Mann-Druckkammer nach der Tabelle UST 6 auf 18 m. Nach 315 Minuten wurde diese Behandlung beendet, wobei ASS und ein Cortisonpräparat i. v. verabreicht wurden. Letzteres wurde zunächst nicht vertragen, und nach Beendigung der Kammerbehandlung traten Erbrechen und Durchfall auf.

Am 27. 01. wurde H. nach Zürich ausgeflogen. Anschließend wurde ein Weiterflug zur GKSS-Geesthacht durchgeführt. Die Geh- und Sehstörungen bestanden weiter. Am 28. 01. 1990 um 17.35 Uhr wurde die erneute Dekompression mit 20/80 Helox auf 18 m begonnen. Das schrittweise Austauchen ging bis zum 30. 01. 1990 14.00 Uhr, und es wurde mit Sauerstoff behandelt, und nach 40 mg Fortecortin i. v. wurde 4 mg/4std. gegeben, sowie Makrodex. Am 1. 2. wurde H. symptomfrei nach Hause entlassen.

Die Kosten dieses Tauchunfalles hier einmal exemplarisch:

Swiss Ambulanz incl. Begleitung durch Krankenschwester von Male nach Zürich und Behandlung auf den

Malediven	18 600,– US $
Weiterflug mit DRF	17 000,– DM
GKSS	51 500,– DM

Hieraus ergeben sich Kosten für diese Behandlung von ca. 100 000,– DM.

Diskussion:

Prof. HANS HAAS war in den 50er Jahren einer der ersten Taucher auf den Malediven, jetzt strömen jährlich Zigtausende dorthin.

Aus der Tabelle war bereits ersichtlich, daß ein Großteil der Erkrankungen nicht tropenspezifisch (Diarrhöen), sondern im wesentlichen selbst verschuldet (Tauchunfälle, Sonnenreaktionen) sind. Über 70% der Erkrankungen waren somit auf Mitwirkung des Reisenden zurückzuführen. Der speziellen Prävention (Sportmedizin – Tauchmedizin) kommt deshalb bei Urlaubsreisen eine besondere Aufgabe zu. Viele Urlauber hatten Malariamedikamente dabei, die letzten Fälle wurden 1984 beschrieben, aber nur wenige wurden nach ihren geplanten Aktivitäten gefragt, bzw. taucherärztlich untersucht. Keiner der von mir befragten Taucher führte ein Gesundheitszeugnis bei sich.

Die Urlaubsunfallstatistik des ADAC 1986 erfaßte 36 Tauchunfälle, wobei nur einer mit cerebraler Beteiligung angegeben wurde. Aus dem Gesagten ergibt sich, daß die Dunkelziffer wahrscheinlich wesentlich höher liegt. Ein Diskussionsteilnehmer (Unfallchirurg mit mehrjähriger Maledivenerfahrung) berichtete über mindestens 9 tödlich verunglückte Taucher auf den Malediven.

Nur durch Informationen, die sowohl von Tauchlehrern als auch von Ärzten gelesen werden, kann mehr Sicherheit beim Tauchen erreicht werden.

1.21 Panikattacken beim Tauchen

von F. GERSTENBRAND, K. H. BERGER, M. MAROSI, A. PALLUA

Einleitung

In einer US-Statistik über die Jahre 1970 bis 1985 werden von insgesamt 403 Todesfällen bei Sporttauchern in 205 Fällen als direkte Ursache Erschöpfung oder Panik angenommen [MCANIFF, 1985]. In weiteren 123 Fällen konnte ein Lungenbarotrauma diagnostiziert werden. In einem großen Teil davon wird eine Panikattacke als Ursache vermutet.

Wenn für eine Phase unbegründeter Angst keine Ursache gefunden werden kann, entspricht dies nach der psychiatrischen Literatur einer Panikattacke. Eine Definition des Begriffes Panikattacke liefert das Diagnostic and Statistical Manual for Mental Disorders – DSM III der amerikanischen psychiatrischen Gesellschaft (APA). Darin wird zwischen der frei flotierenden Angst und einem plötzlich auftretenden intensiven Angstzustand mit einer Reihe weiterer typischer Symptome unterschieden und der attackenartig auftretende Angstzustand als Panikattacke bezeichnet. Eine Häufung von Panikattacken, und zwar mindestens drei in 3 Wochen, entspricht nach der DSM III dem Paniksyndrom, der „Panic disorder".

Nach dem DSM III besteht eine Panikattacke aus 13 möglichen Symptomen, wovon mindestens 4 vorhanden sein müssen.

Wie die *Tabelle 1* zeigt, bestehen die Symptome einer Panikattacke in Atemnot, Erstikkungsgefühl, Benommenheit bis zum Ohnmachtsgefühl, Tachykardie, Hyperhidrose, Übelkeit, Paraesthesien, Tremor, Schmerzen in der Brust, Depersonalisation, Furcht zu sterben, Furcht verrückt zu werden, bzw. etwas Unkontrolliertes zu tun *(Tab. 1).*

Symptome einer Panikattacke
Atemnot oder Beklemmungsgefühl
Benommenheit, Gefühl der Unsicherheit oder Ohnmachtsgefühl
Palpitationen oder Tachycardie
Tremor
Hyperhidrose
Erstickungsgefühl
Übelkeit
Depersonalisation, Derealisation
Kribbelparästhesien
Hitze- oder Kältegefühl
Schmerzen, Unwohlsein in der Brust
Furcht zu sterben
Furcht, verrückt zu werden oder etwas Unkontrolliertes zu tun

Tab. 1: Symptome einer Panikattacke nach DSM III R (1987)

Nach KATSCHNIG und Mitarbeitern [1989] sind bei der Panikattacke die Steilheit des Anstieges der Paniksymptomatik, die Anzahl der Einzelsymptome, die Symptomenkonstellation, die Intensität der erlebten Angst, die Differenz zwischen Niveau und maximaler Intensität der Angstsymptomatik und die Dauer der Attacke als charakteristisch anzuführen. Als Hauptmerkmal einer Panikattacke werden von den Autoren der plötzliche Anstieg der Angst zusammen mit den verschiedenen körperlichen Symptomen angegeben. Das Abklingen der Symptomatik verläuft weniger steil und kann wie die Abbildung des Ablaufes einer Panikattacke zeigt *(Abb. 1)*, verzögert und in der Intensität schwankend sein. Eine Panikattacke hält ca. 20 Minuten an, kann aber bis zu 12 Stunden dauern. Wesentlich ist, daß jede Panikattacke ohne therapeutischen Eingriff von selbst wieder abklingt.

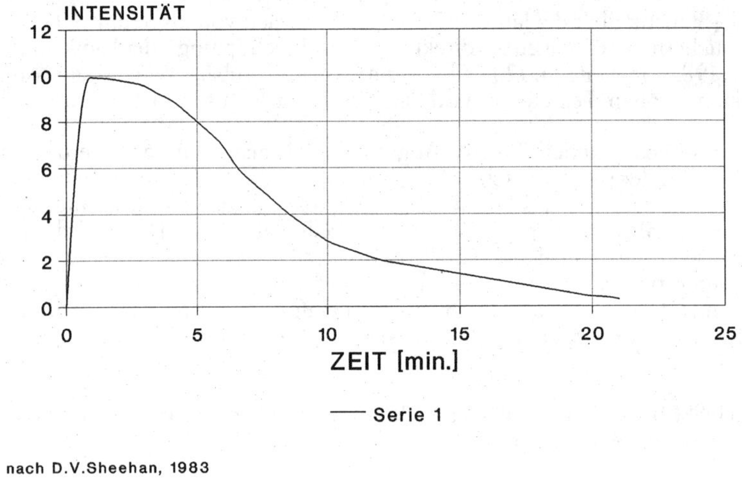

Abb. 1: Zeitverlauf Panikattacke

Im Ablauf einer Panikattacke sind zwei Formen zu unterscheiden, und zwar die sich langsam hochschaukelnde, als situativ bzw. situational bezeichnete Panikattacke und die blitzartig einsetzende, die spontane Panikattacke.

CLARK [1986] sieht bei der sich langsam hochschaukelnden Panikattacke in der cognitiven Bewertung von körperlichen Erscheinungen einen entscheidenden Faktor für die Entwicklung der situationalen Panikattacke. Körperliche Erscheinungen können nach CLARK entweder durch äußere Bedingungen induziert sein, oder durch fehlerhafte bzw. verminderte Informationen der afferenten Systeme als bedrohlich erlebt werden und die entstehende Angst in Form eines Circulus vitiosus verstärken.

Bei der spontanen Panikattacke mit blitzartigem Auftreten kann ein initialer cognitiver Prozeß nicht mehr wirksam werden. Bei dieser Form einer Panikattacke wird eine „biologische Ursache" als wahrscheinlich angenommen.

Panikreaktion beim Tauchen

Die menschlichen Perzeptionsorgane für Körperumwelt und Körperinnenwelt sind an die Bedingungen eines an Land lebenden Wesens angepaßt und maßgeblich durch die Schwerkraft beeinflußt. Haltung und Bewegung des Menschen werden vornehmlich durch spezifische Perzeptionssysteme des vestibulären Systems und der Rezeptoren der Halswirbelsäule geregelt. Die Leitung der propriozeptiven Informationen erfolgt über die Hinterstrangsysteme, die nach mehreren Zwischenschaltungen, so auch im oberen Hirnstamm und im Thalamus des Großhirns das Cerebellum erreichen. Das Großhirn ist dadurch ständig über die Position des Körpers im umgebenden Raum und über seine Bewegungen informiert.

Beim Tauchen entsteht durch den unter Wasser eintretenden, partiellen Ausfall der Schwerkraft ein Defizit des propriozeptiven Informationsflusses, ähnlich wie in der realen Schwerelosigkeit beim Aufenthalt im Weltraum bzw. in der simulierten Schwerelosigkeit des Immersion-Modells und des Bed-rest-Modells. Das visuelle System kann dabei nur einen Teil der ausgefallenen Umweltinformationen mit Hilfe kognitiver Rückkoppelung kompensieren. Das akustische Informationsystem fällt ebenfalls weitgehend aus. Die haptischen Systeme, die für die Empfindungen der Körperoberfläche verantwortlich sind, liefern verzerrte Informationen. Durch den völlig veränderten Informationszufluß aus Körperumwelt und Körperinnenwelt bei unveränderter Funktionsfähigkeit eines zentralen und peripheren Nervensystems mit intakten Perzeptionsorganen und ungestörten Verbindungssystemen kommt es, wie im Vergleich zum Computer bei funktionsfähiger „Hardware", zur Änderung des „Software-Programmes" des menschlichen Gehirns.

Veränderungen des Software-Programmes des menschlichen Gehirns als Folge einer veränderten Information aus Körperumwelt und Körperinnenwelt führt beim Taucher zu einer Reihe von veränderten neurophysiologischen und neuropsychologischen Reaktionen.

Psychologisch bzw. cognitiv kommt es durch das Wissen des Tauchers über die Abhängigkeit seiner Luftzufuhr von Geräten und von den Tauchausrüstungsgegenständen wie Gesichtsmaske etc. sowie die laufend notwendige Beachtung einer möglichen Störanfälligkeit der lebensnotwendigen Apparaturen zu einer ständig vermehrten Aufmerksamkeit im Sinne einer permanenten, aber kontrollierten Stress-Situation. Die veränderten propriozeptiven Informationen bzw. deren Verfälschung können durch die menschlichen Frontalhirnfunktionen kompensiert werden. Das spezielle Tauchertraining bereitet die Kontrollfunktionen der frontalen Hirnzentren auf die unphysiologischen Gegebenheiten unter Wasser vor und stellt den Taucher auf die geänderten Umwelt- und Körper-innenwelt-Empfindungen ein. Durch einen spezifischen Lernprozeß im Rahmen des speziellen Tauchertrainings erfolgt die Adaptation des landlebenden Menschen auf die besonderen Bedingungen unter Wasser mit dem veränderten Bewegungsablauf in einer vornehmlich horizontalen Schwebelage unter weitgehendem Ausfall der Schwerkraftempfindung, bei veränderten visuellen, akustischen und haptischen Informationen sowie dem Wissen über die Abhängigkeit der Atmung von den apparativen Hilfen. Wie dem Kosmonauten bzw. Astronauten ist es einem trainierten Taucher möglich, sich an die völlig andersartigen Lebensbedingungen der partiellen Schwerelosigkeit anzupassen und auf die beim Aufenthalt unter Wasser zusätzlichen Belastungen der apparateabhängigen Atmung, aber auch auf die drohenden Gefahren der Unterwasserwelt bei völlig verändertem optischen und akustischen Erleben einzustellen.

Tritt eine Herabsetzung oder sogar die Dekompensation der höchsten kortikalen Kontroll- und Assoziationssysteme des menschlichen Frontalhirns ein, so entsteht Angst, die über spezifische cerebrale Mechanismen eine Panikreaktion bis zur Panikattacke einleiten kann. Eine Panikreaktion kann die bereits bestandene, noch cognitiv kontrollierte Angst verstärken und eine unkontrollierte Angst mit vegetativen Begleitreaktionen auslösen.

Im abgebildeten Schema eines Angstmodells beim Tauchen, entworfen von LADER (1980), modifiziert von GERSTENBRAND und PALLUA [1984] ist die Entwicklung einer Panikattacke beim Tauchen schematisch dargestellt *(Abb. 2)*. Wie die Abbildung zu zeigen versucht, werden die beim Tauchen ablaufenden externen Stimuli und die während eines Tauchganges

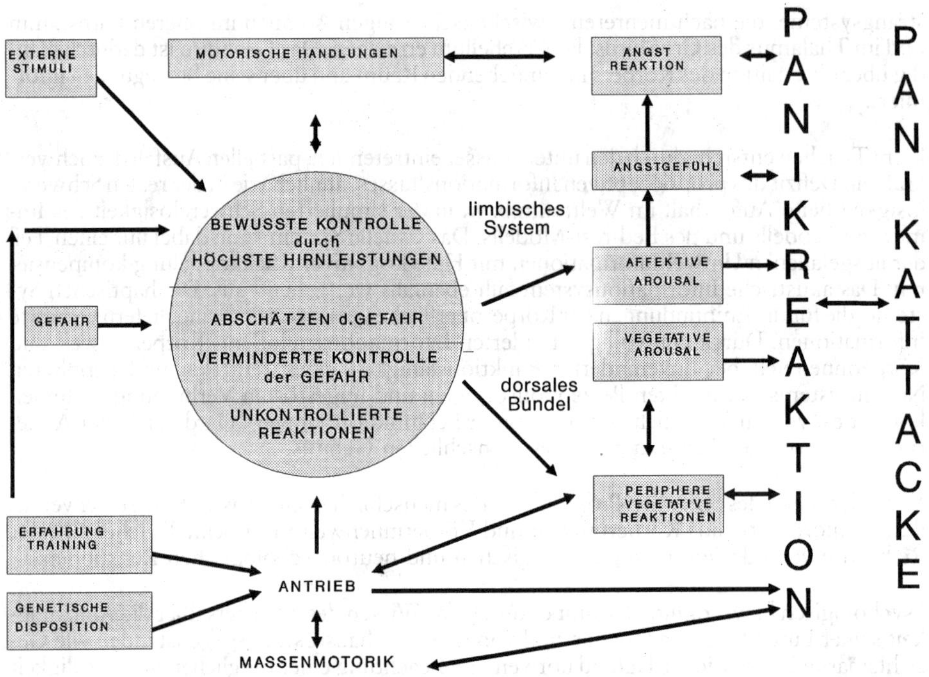

Abb. 2: Angstmodell modifiziert nach LADER *(1980)*

notwendigen motorischen Aktivitäten laufend durch die Frontalhirnfunktionen kontrolliert. Bei körperlichen Belastungen oder körperlichen Störungen sowie bei Eintreten von äußeren Gefahren ist es dem trainierten Taucher mit Hilfe von erlernten Kontrollmechanismen möglich, die jeweilige Belastungs- oder Gefahrensituation zu bewältigen. Dabei kann allerdings bereits eine affektive Arousalreaktion (affective arousal reaction) mit Angstgefühl eintreten.

Bei Anhalten der Belastungen oder bei Fortbestehen einer Gefahr ist vor allem beim wenig erfahrenen oder zu oberflächlich trainierten Taucher das Einsetzen einer vegetativen Arousalreaktion (vegetative arousal reaction) mit Verstärkung der affektiven Arousalreaktion möglich. Eine Disposition kann dabei von Bedeutung sein.

Durch das vorhandene Angstgefühl verstärken sich die vegetativen Reaktionen mit Zunahme der Atemfrequenz, Auftreten von Tachykardie etc. Die Angstreaktion löst zunächst meist gezielte motorische Handlungen zur Korrektur der entstandenen Belastungen bzw. zur Fortsetzung des Tauchprogrammes aus. Bei Nachlassen der Frontalhirnkontrolle sowie verstärkten motorischen Aktivitäten und vermehrten vegetativen Reaktionen treten cognitiv-unkontrollierte, motorische Handlungen auf, die wiederum die Enthemmung des vegetativen Systems verstärken. Ein vermehrter „psychomotorischer" Antrieb in Form von meist noch sinnvollen Massenbewegungen stellt sich ein.

Durch spezifische cognitive Kontrollmechanismen als Effekt des Tauchtrainings kann in den geschilderten, verschiedenen Stadien die Entwicklung der Panikreaktion noch aufgehalten werden. Bei Fortsetzung des dargestellten Ablaufes setzt eine manifeste Panikreaktion mit weiterer Abnahme der Kontrollmechanismen des Frontalhirns und Verminderung der cognitiv gesteuerten Handlungen und Reaktionen ein. Eine erfolgreiche Kontrolle ist allerdings auch noch in diesem Stadium möglich, meist aber stellt sich eine Panikattacke im vollen Umfang mit allen vegetativen Begleiterscheinungen ein.

Spezifisch für die Panikattacke beim Tauchen ist das Auftreten von Massenbewegungen von Extremitäten und der Atemsysteme, verbunden mit massiven vegetativen Reaktionen. Unkontrollierte Handlungen, wie die Entfernung der Luftzufuhr und der Gesichtsmaske oder auch nur intensive Hyperventilation mit Überbelastung des Atemgerätes, Umsichschlagen mit Verletzungen, rasches unkontrolliertes Auftauchen sind die Folgen. Noch bevor der Taucher die Luftsysteme entfernt hat, kann ein Stimmritzenkrampf die Atmung blockieren. Ertrinken durch Entfernung der Luftzufuhrsysteme oder durch Blockierung der Luftwege als Folge eines Stimmritzenkrampfes kann noch unter Wasser erfolgen. Ein Barotrauma der Lunge führt durch zu rasches Auftauchen zu schweren Schäden oder zum Tod des Tauchers. Verletzungen durch Umsichschlagen sind möglich, ebenso eine Gefährdung von mittauchenden Personen.

Klinische Symptomatik der Panikattacke beim Taucher mit Fallbericht

Die Symptomatik einer Panikattacke beim Tauchen besteht, wie aus der beigefügten Tabelle *(Tab. 2)* zu entnehmen ist, aus Angst, einer Minderung der Vigilität, dem Gefühl von Benommenheit, Störung der Konzentration, mitunter einem Depersonalisationserleben, vegetative Beschwerden wie Atemnot mit Beklemmungsgefühl, Tachykardie, Hitze- oder Kältegefühl, Übelkeit, außerdem kann es zu Taubheit und Paraesthesien, Kopf- und Gliederschmerzen sowie zum Nachlassen der Muskelkraft kommen.

Symptomatik der Panikattacke beim Tauchen

1. Angst – undefiniert
2. Angst, Unkontrolliertes zu tun
3. Angst, umzukommen
4. Depersonalisation, Derealisation
5. Gefühl der Benommenheit mit Störung der Konzentration
6. Vigilitätsminderung
7. Atemnot mit Beklemmung und Erstickungsgefühl
8. Palpitation, Tachykardie
9. Hitzegefühl oder Kälteschauer
10. Übelkeit, abdominelle Beschwerden
11. Pollakisurie
12. Zittern, Beben
13. Taubheit, Paraesthesien
14. Kopfschmerzen, Gliederschmerzen
15. Müdigkeit und Nachlassen der Muskelkraft
16. Unkoordinierte Massenbewegungen, unsinnige Handlungen

Tab. 2: Darstellung der Symptome der Panikattacke beim Tauchen

Das Einsetzen unkoordinierter Massenbewegungen mit unsinnigen Handlungen und Hyperpnoe vervollständigt bzw. schließt eine Panikattacke leider sehr häufig letal oder mit schwersten Verletzungen, auch Dauerschäden, ab.

Als charakteristisch für den Ablauf einer Panikattacke mit tödlichem Ausgang sei der Fall eines 13jährigen Mädchens geschildert.

Das bis dahin gesunde Mädchen hat auf Wunsch der Eltern Tauchunterricht genommen und den Tauchschein in einer mitteleuropäischen Tauchschule erworben. Sie wurde von ihrer Familie zu intensiven Tauchsportaktivitäten angehalten. Bis zum Tauchurlaub im Indischen Ozean hatte die junge Taucherin Erfahrungen aus sechs Tauchgängen. Eltern und Kind waren mit allen technischen Feinheiten einer modernen Tauchausrüstung für einen Tauchaufenthalt in einem tropischen Meer versehen.

Vier Tauchgänge in zwei Tagen mit jeweils bis zu 5 m Tiefe wurden unter Begleitung eines sehr erfahrenen und medizinisch geschulten Tauchlehrers durchgeführt. Zum Zwischenfall kam es beim 5. Tauchgang. Zusammen mit dem Tauchlehrer hat das Mädchen zunächst in einer Tiefe von 8 m auf die Eltern gewartet. Vier Personen haben nach einigen Minuten den Abstieg bis auf 12 m fortgesetzt. Fünf Minuten nach Erreichen dieser Tiefe zeigte das Mädchen unerwartet eine motorische Unruhe mit raschen und unmotivierten Schwimmbewegungen und dem Versuch, an die Oberfläche aufzusteigen. Eltern und Tauchlehrer versuchten sofort das Kind zu beruhigen und vom raschem Aufstieg abzuhalten, was auch gelang. Nach neuerlicher motorischer Unruhe mit zunehmend unkoordinierten Massenbewegungen hat sich die junge Taucherin plötzlich das Mundstück entfernt und panikartig aus 12 m Tiefe den Aufstieg durchgeführt. Vom sofort nachkommenden Tauchlehrer konnte das schon benommene Kind ins Boot gebracht werden. Dort trat eine Bewußtlosigkeit und eine deutliche Zyanose auf, die Spontanatmung war nicht mehr vorhanden, der Puls nicht tastbar. Nach Beseitigung von aspiriertem Wasser wurde vom Tauchlehrer Mund-zu-Mund-Beatmung und Herzmassage durchgeführt. Nach ca. 3 Minuten stellte sich die Atmung wieder ein, der Puls war gut zu tasten, die Patientin zeigte motorische Abwehrreaktionen. Zehn Minuten nach der Reanimation war die Bewußtlosigkeit in eine Somnolenz übergegangen, die Atmung blieb stark beschleunigt, die Pulsfrequenz stark erhöht, es zeigte sich blutig tingierter Schaum vor dem Mund. Das Kind wurde sofort mit einem Pkw ins nahe Krankenhaus gebracht. Auf dem Weg dorthin, ca. 30 Minuten nach der erfolgreichen Reanimation, kam es neuerlich zum Absinken der Bewußtseinslage zum Coma. Es setzten Massenbewegungen und schließlich Streckkrämpfe sowie eine ausgeprägte Tachypnoe in Form einer maschinenartigen Atmung ein. Die Pupillen waren ewas erweitert, ragierten aber noch auf Licht, die Pulsfrequenz war stark erhöht. Wie sich aus den vorhandenen Daten ergibt, bestanden auch alle weiteren Symptome eines akuten Mittelhirnsyndroms im Vollbild. Schon 10 Minuten nach dem Auftreten des akuten Mittelhirnsyndroms wurde die Atmung flach, kurz danach kam es zum Atemstillstand. Die Streckkrämpfe waren verschwunden, die Pupillen maximal weit und ohne Reaktion auf Licht, der Muskeltonus schlaff. Alle Reanimationsversuche mit Mund-zu-Mund-Beatmung und Herzmassage blieben erfolglos.

Im Aufnahmekrankenhaus wurde ein Lungenbarotrauma mit Pneumothorax und ein massives Hirnödem mit tentorieller und foramineller Einklemmung festgestellt. Im Fall des 13jährigen Mädchens ist es zu einer situationalen Panikattacke gekommen mit Aufschaukeln von Angst innerhalb kürzester Zeit. Aus der situationalen Panikreaktion hat sich eine blitzartige Panikreaktion mit nachfolgender Panikattacke und allen typischen Symptomen entwickelt, bei im Vordergrund stehenden unkoordinierten Massenbewegungen, gefolgt von unkontrollierten Handlungen mit Abreißen des Atemmundstückes und Wasseraspiration. Die vegetativen Funktionen waren hochgradig enthemmt. Als Folge des Sauerstoffmangels des Gehirns ist Bewußtlosigkeit eingetreten, parallel hat sich ein hypoxisches Hirnödem entwickelt. Ein Barotrauma hat die Hypoxie und damit das Hirnödem verstärkt. Durch Beatmung und Herzmassage konnte die Sauerstoffversorgung wiederhergestellt und die Hirnfunktionen gebessert werden. Als Folge der mechanischen Erschütterung durch die zum Spital schlechten Straßen trat ein sogenanntes Sektperlenphänomen [GERSTENBRAND und PALLUA, 1980] mit anzunehmender cerebraler Gasembolie ein, wodurch eine Zunahme des Hirnvolumens mit Verstärkung des Hirndruckes eintrat. Eine sekundäre

Hirnstammeinklemmung durch Volumenvermehrung als Folge von Hirnödem und Gasembolie haben ein akutes Mittelhirnsyndrom ausgelöst. Die Patientin ist im darauffolgenden Bulbärhirnsyndrom gestorben. Als besonders tragisch ist anzuführen, daß das Mädchen am Vortag des fünften Tauchganges die Eltern inständig gebeten hat, nicht am Tauchen teilnehmen zu müssen, da es sich vor dem Tauchgang sehr fürchtete.

Die geschilderte Panikattacke ist als blitzartige Panikattacke einzustufen, allerdings eingeleitet durch eine situationale Panikreaktion. Vor dem Tauchen hat bereits Angst bestanden, die während des Tauchganges wahrscheinlich durch die unbekannte tropische Unterwasserwelt zusätzlich verstärkt wurde. Auf dem jungen Mädchen hat außerdem ein starker Leistungsdruck gelastet. Für den Ablauf der Panikattacke könnte außerdem das jugendliche Alter der Betroffenen mit vegetativer Instabilität von Bedeutung gewesen sein. Das Mädchen war zwar noch unmittelbar vor der Tauchreise in die Tropen in Mitteleuropa medizinisch untersucht worden. Ihren Tauchschein hatte sie mit allen vorgeschriebenen medizinischen Untersuchungen und Kontrollen und sorgfältig vorbereitet an einer mitteleuropäischen Tauchschule erworben.

Diskussion

Die Panikreaktion mit Entwicklung zu einer Panikattacke stellt eine der häufigsten Unfallursachen beim Tauchen dar und geht häufig tödlich aus. Die Panikattacke während des Tauchens, vor allem deren Auslösung ist bisher noch nicht in allen Details geklärt. Das mag auch damit in Zusammenhang stehen, daß eine systematische Panikforschung erst seit wenigen Jahren betrieben wird [KATSCHNIG 1988,1989]. Dabei ist außerdem das bis jetzt relativ seltene Krankheitsbild der Panikkrankheit (Panic disease) als psychische Erkrankung im Vordergrund der Diskussionen gestanden. Über Panikreaktion und Panikattacken unter Extrembelastungen wie beim Tauchen, Fliegen oder im Weltraum und bei kriegerischen Handlungen sind bisher nach unserem Wissen keine systematischen Untersuchungen durchgeführt worden oder wurden, was z.B. die Weltraumforschung betrifft, noch nicht im Detail mitgeteilt.

Dem für die Tauchtauglichkeitsbeurteilung verantwortlichen Arzt, natürlich auch dem aktiven Taucher, fehlen derzeit noch die wesentlichen Informationen, ja überhaupt das grundlegende Wissen über dieses lebensbedrohliche Zustandsbild. Weder Taucherarzt noch der Taucher selbst haben in den meisten Fällen überhaupt Kenntnis von der Möglichkeit des Auftretens einer Panikreaktion beim Tauchen mit nachfolgender Panikattacke. Systematische Vorkehrung für die Verhinderung einer Panikattacke durch spezielles Tauchtraining, vor allem aber medizinische Maßnahmen und strikte Notfallprogramme stehen nicht entsprechend zur Verfügung.

Die bisher vorliegenden Forschungsergebnisse weisen andererseits bereits einige grundlegende Erkenntnisse über Initialsymptome und den weiteren Ablauf einer Panikattacke auf, u.a. aus Beobachtungen von Untersuchungen am dry-immersion-Modell [MAROSI et al, 1992]. Die klinische Symptomatik einer Panikreaktion im Immersions-Modell-Versuch entspricht im Aufbau, in ihrem Verlauf und den psycho-vegetativen Begleiterscheinungen voll einer Panikattacke unter Wasser, wenn auch der Ablauf der Panikreaktion bei Verbleib der gesunden Versuchsperson in der simulierten Schwerelosigkeit des Immersions-Modells keine Beeinflussung durch Aufschaukelung und eine blitzartige Intensivierung aufweist.

Eine absolute Tauchuntauglichkeit besteht bei anamnestisch bekannter Panikerkrankung, vor allem bei nachgewiesenen Panikattacken. Eine genaue Anamneseerhebung unter Einbeziehung der Mitteilungen des praktischen Arztes ist für die Erstellung der Tauchtauglichkeit notwendig. Außerdem ist zu empfehlen, daß zum Erfassen einer Panikerkrankung bzw. möglichen Panikattacke psychodiagnostische Kurztests für die kognitiven Funktionen sowie die emotionelle und affektive Reaktionsweise des Kandidaten durchgeführt werden sollten [GERSTENBRAND, 1990].

Zusammenfassung

Eine Panikattacke stellt beim Tauchen eines der größten Gefahrenmomente dar. Ein hoher Prozentsatz der Tauchunfälle, vornehmlich tödlich verlaufende, ist auf eine Panikattacke zurückzuführen. Bei der Panikattacke sind allgemein zwei Formen zu unterscheiden und zwar die cognitive und situale. Die Panikattacke beim Tauchen wird meist durch eine cognitive Panikreaktion eingeleitet, die in eine situale Panikattacke übergeht. Durch die begleitenden vegetativen Reaktionen einer Panikattacke beim Tauchen werden zusätzliche Belastungen ausgelöst, die z.B. zu einem Barotrauma führen können. Es werden die spezielle Entwicklung der Panikattacke beim Tauchen analysiert und die einzelnen Zwischenphasen dargelegt. Durch die Kenntnis der Entwicklung einer Panikattacke beim Tauchen können durch spezielles Tauchtraining eine Panikreaktion unter Kontrolle gebracht und die Panikattacke verhindert werden.

Über die Entwicklung und den Ablauf einer Panikattacke ist heute noch wenig bekannt. Alle Taucherärzte sowie alle aktiven Taucher müssen über sämtliche Details informiert werden. Ein spezielles Training zur Verhinderung einer Panikattacke ist in die Tauchausbildung aufzunehmen. Anamnestisch erfaßte Panikreaktionen sind als Ausschlußkriterium für die Tauchtauglichkeit zu werten.

Literaturhinweise

ALF C, KATSCHNIG H et al.:
Psychosoziale und biologische Korrelate von Panikattacken und Paniksyndrom. Psychiat Prax 1989; 3:38
American Psychiatric Association: Diagnostic and Statistical Manual of Mental Disorders; 3rd ed.rev; DSM III R, Washington DC, 1987
CLARK DA
Cognitive approach to panic. Behav Res Therapy 1986; 24:461-470
KATSCHNIG H, AMERING M, NUTZINGER D, ALF C
Das Phänomen der Panikattacke. Neurologie, Psychiatrie 1989; 3:80-88
KATSCHNIG H, PAKESCH G, LOIMER N, RASINGER N
Panic attacks and depressive symptoms in a population survey in Vienna. Pharmacopsychiatry 1988; 21:62
KLEIN DF, KLEIN HM
The status of panic disorder. Curr Opinions Psychiat 1988:1:177-1183
GERSTENBRAND F, PALLUA AK, PILSZ LW, KARAMAT E: Psychodiagnostische Methoden für die Tauchtauglichkeitsuntersuchung. In: Tauchmedizin 4; GERSTENBRAND, LORENZONI, SEEMANN (Herausg.) Schlütersche Verlagsanstalt, Hannover 1989
MAROSI MJ., BERGER M., GERSTENBRAND F
Dry water immersion model and the peripheral nerve. in press
MC ANIFF JJ
(1970-1985) US underwater diving, fatality statistics; National Unterwater Accident Data Center, Report No. URi-SSR 83-16, 87-19

1.22 Kasuistik eines Lungenüberdruckunfalles – Ein weiterer Typ III der Dekompressionskrankheit? Case-report of pulmonary barotrauma – A further case of decompression sickness type III?

von H. J. Roggenbach, M. Tegenthoff, J. Faig

Zusammenfassung

Es wird über einen Tauchunfall mit schwerem Lungenüberdruckbarotrauma berichtet, der sich bei der Tauchlehrerprüfung des VDST auf den Glenan-Inseln ereignet hat. Der Tauchgang war kein Dekompressionstauchgang. Nach lückenlosem Ablauf der Erste-Hilfe-Maßnahmen wurde eine Druckkammerbehandlung mit hyperbarem Sauerstoff durchgeführt, wonach es jedoch nicht zu der erwarteten Besserung der neurologischen Ausfälle gekommen ist. Ähnlich wie bei den in der amerikanischen Literatur beschriebenen Fällen haben sich zwar die anfänglichen neurologischen Ausfälle zurückgebildet, jedoch sind weitere Ausfälle auf der gegenüberliegenden Körperseite hinzugekommen. Es stellt sich die Frage, ob durch die hyperbare Sauerstoffbehandlung ein neues Krankheitsbild, der sogenannte Typ III der Dekompressionskrankheit, entstanden ist.

Summary

A case of severe pulmonary barotrauma after a no-decompression dive has happened during the divemaster examination of the VDST on the Glenan Islands. When first aid was administered, the recompression therapy with hyperbaric oxygen (HBO) was followed quickly, after which, however, the expected improvement of the neurological symptoms could not be perceived. As in the cases described in American literature the initial neurological symptoms receded but there were further symptoms on the opposite side. There ist the question whether through the HBO-treatment a new type of decompression sickness (Type III) has developed.

Unfallhergang

Die Übung bestand im Antauchen eines Preßlufttauchgerätes in 15 m Tiefe in Apnoe mit ABC-Ausrüstung.

Folgende Sicherheitsvorkehrungen waren getroffen: Abgetaucht wurde an einer Führungsleine mit Grundgewicht. Ein Sicherungstaucher befand sich als Begleiter an der Leine, ein zweiter Sicherungtaucher am Leinenende. Der Prüfer stand in 15 m Tiefe mit dem atembereiten Gerät in der Hand, ein weiterer Sicherungstaucher 2 m neben ihm als Sicherheitsreserve für alle Fälle.

Die Übung lief dann ungestört ab. Der Proband tauchte nach kurzer Hyperventilation zügig ab und erreichte nach kurzer Zeit den Prüfer. Dort nahm er zuerst den Atemregler, gab das o. k.-Zeichen und legte vorschriftsmäßg das PTG an. Der Prüfer kontrollierte den korrekten Sitz des PTG. Nach erneutem gemeinsamem o.k.-Zeichen erfolgte der gemeinsame Aufstieg zur Oberfläche. Der Aufstieg verlief eher langsamer als üblich. An der Wasseroberfläche erfolgte dann eine kurze Besprechung der nächsten Übung. Hiernach wurde erneut das Zeichen zum Abtauchen durch den Prüfer gegeben, aber der Prüfling reagierte nicht. Er drehte sich, an die Führungsleine geklammert, von den anderen weg. Der prüfende Tauchlehrer erkannte sofort die Situation, griff nach der Rettungsweste des Verunfallten und schüttelte ihn durch, um eine Reaktion zu erhalten, doch es erfolgte keine Reaktion.

Danach wurde die Rettungsaktion sofort und schnell eingeleitet. Während des Abschleppens im Wasser atmete der Verletzte aus seinem eigenen Lungenautomaten. Nach Bergung auf das Boot erfolgte die Schiffsfahrt nach St. Nicolas, von dort der Hubschraubertransport nach Lorient in Begleitung eines Arztes, der auch schon auf dem Boot die Erste Hilfe übernommen hatte. Die weitere Behandlung erfolgte im Reanimationszentrum des Marinehospitals in Lorient, später in der Universitätsklinik Brest. Am zwanzigsten posttraumatischen Tag (8. 8. 1989) wurde der Patient per Flugrettung in das berufsgenossenschaftliche Krankenhaus „Bergmannsheil", Universitätsklinik Bochum, verlegt.

Symptomatik und Therapie

Direkt nach dem Unfall entwickelte sich eine zunehmende Bewußtseinstrübung mit initialer Hemiparese links *(s. Abb. 1)*. Beim Eintreffen an der Druckkammer um 20.30 Uhr war der Patient komatös und zeigte cerebrale Krampfanfälle. Sofort wurde mit der Rekompressionsbehandlung begonnen, die nach der französischen Tabelle C durchgeführt wurde: Insgesamt 24 Stunden Druckkammeraufenthalt.

Tabelle C

30 min	30 m	40 %	Sauerstoff
1 Stunde	24 m	40 %-60 %	Sauerstoff
1 Stunde	21 m	60 %	Sauerstoff
1- 2 Stunden	18 m	60 %	Sauerstoff
2 Stunden	15 m	100 %	Sauerstoff, 30 min, dann
		60 %	Sauerstoff, 90 min
2- 6 Stunden	12 m	100 %	Sauerstoff, 1 Stunde, dann
		60 %	Sauerstoff
6-12 Stunden	9 m	100 %	Sauerstoff, 1 Stunde, dann
		60 %	Sauerstoff
1- 2 Stunden	6 m	100 %	Sauerstoff
1- 2 Stunden	3 m	100 %	Sauerstoff

Während der Rekompression bestand durchgehend konstante Bewußtseinsstörung mit wechselnder Hemiplegie und offensichtlich zwischenzeitlichen Phasen ohne eindeutige Halbseitenlähmung.

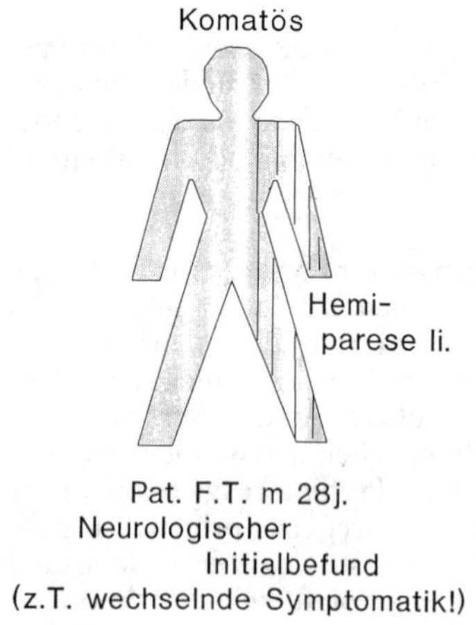

Abb. 1: Komatöser Patient mit Hemiparese links und zum Teil wechselnder Symptomatik, Initialbefund

Nach 24stündiger Rekompression zeigte der Patient Spontanbewegungen, er war jedoch bewußtlos. Die Hemiparese links war verschwunden, erstaunlicherweise trat eine Hemiparese rechts auf, ferner eine Facialisparese.

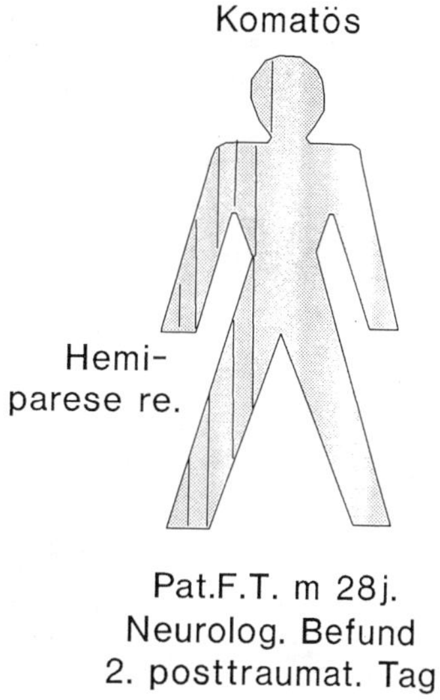

Abb. 2: Komatöser Patient mit Hemiparese rechts, 2. posttraumatischer Tag

Am gleichen Tag (20. 7.89) ist laut Befund ein ausgeprägtes, generalisiertes Hirnödem aufgetreten mit Abweichung der Mittellinienstrukturen nach rechts, was für eine ausgeprägte, noch nicht sichtbare frische Ischämie linkshirnig sprach. Aufgrund des erheblichen Hirnödems bestand die Gefahr einer transtentoriellen Herniation.

Im weiteren Verlauf kam es dann trotz Intensivtherapie zu einer Verschlechterung des Allgemeinzustandes mit durchgehender maschineller Beatmung und Entwicklung weiter, lichtstarrer Pupillen. Eine Spontanmotorik wurde nicht mehr gesehen. Plötzlich trat ein Herz-Kreislaufstillstand ein, der eine Reanimation erforderlich machte. Die Reanimationsmaßnahmen waren erfolgreich. Am 27.7.1989 wurde der Patient aufgrund einer zunehmenden Niereninsuffizienz in die Universitätsklinik Brest verlegt.

Bei der Übernahme am neunten posttraumatischen Tag zeigte der komatöse Patient eine Tetraparese, deutliche Hirnnervenstörungen in Form einer Facialisparese rechts, einer Anisokorie mit Mydriasis rechts und reaktiver Miosis links. Die zeitlich entsprechende Computertomografie (27. 7. 89) ergab ein weiterhin vorhandenes, diffuses Hirnödem sowie ausgeprägte Hypodensitäten links fronto-parietal, diskret auch links-occipital sowie rechts-occipital im Sinne frischer ischämischer Hirninfarkte.

Im weiteren Verlauf kam es zu einer Besserung des Allgemeinzustandes mit Stabilisierung der Nierenfunktion, Auftreten einer ausreichenden Spontanatmung und Verbesserung der Pupillenmotorik. Im Rahmen der Behandlung wurde eine intrakranielle Druckmessung mit entsprechender medikamentöser Hirnödemtherapie durchgeführt. Zwischenzeitlich traten Temperaturen bis zu 40 °C auf, die als Folgen einer zentralen Hyperthermie gedeutet wurden. Am 8. 8. 1989 wurde der Patient per Flugrettung in das berufsgenossenschaftliche Krankenhaus „Bergmannsheil“ der Universitätsklinik Bochum verlegt.

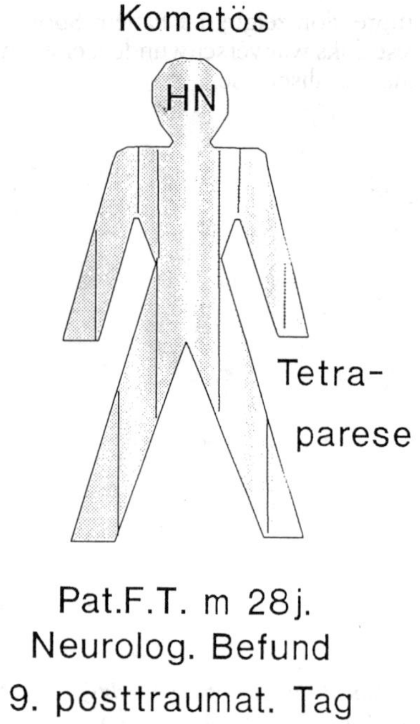

Abb. 3 und 4: Befund am neunten posttraumatischen Tag. Neurologische Ausfälle und der entsprechende computertomografische Befund

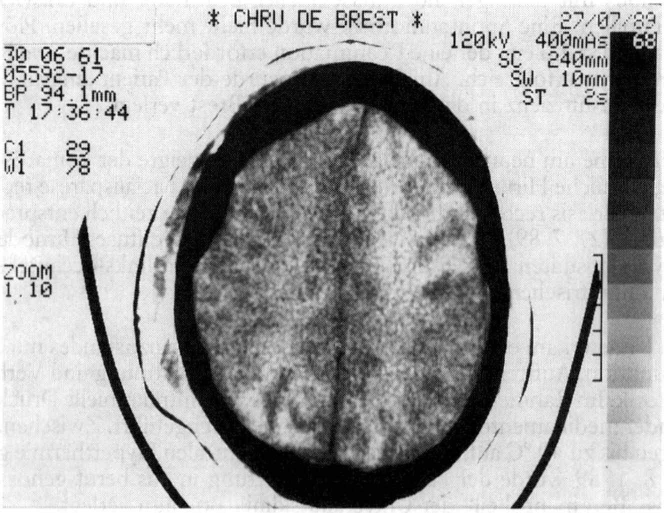

Bei der Übernahme zeigte der komatöse Patient eine insuffiziente Spontanatmung, Anisokorie rechts größer als links mit rechts weiter, lichtstarrer Pupille. Bulbus- und Lidmotorik waren rechts aufgehoben, links war die Bulbusmotorik eingeschränkt. Es fand sich eine rechtsbetonte Tetraparese, die Muskeleigenreflexe waren ebenfalls diskret rechtsbetont. Das entsprechende Computertomogramm (7. 8. 89) ergab im Vergleich zu den Voruntersuchungen einen Rückgang des Hirnödems, das jedoch weiterhin vorhanden war, mit Aufweitung der Ventrikel. Ferner zeigten sich in Demarkierung befindliche, ausgedehnte hypodense Areale links fronto-parietal, diskret links-occipital sowie wiederum deutlich rechts-occipital entsprechend dem vorausgegangenen CT vom 27. 7. 89 *(s. Abb. 5 und 6)*.

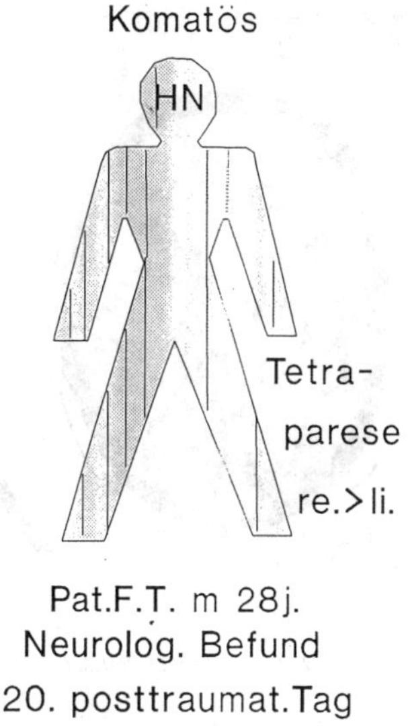

Abb. 5 und 6: Neurologische Ausfälle und entsprechender computertomografischer Befund am zwanzigsten posttraumatischen Tag

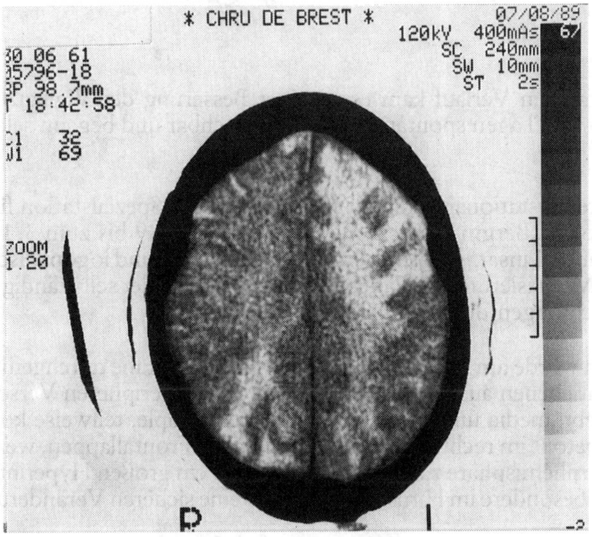

Ein Kontroll-CT wurde am 23. 8. 89 durchgeführt. Hierbei war kein eindeutiges Hirnödem mehr nachweisbar, jedoch ein in Demarkierung befindlicher, großer ischämischer Insult links fronto-temporal *(s. Abb. 7,* das Bild ist technisch bedingt seitenverkehrt aufgenommen).

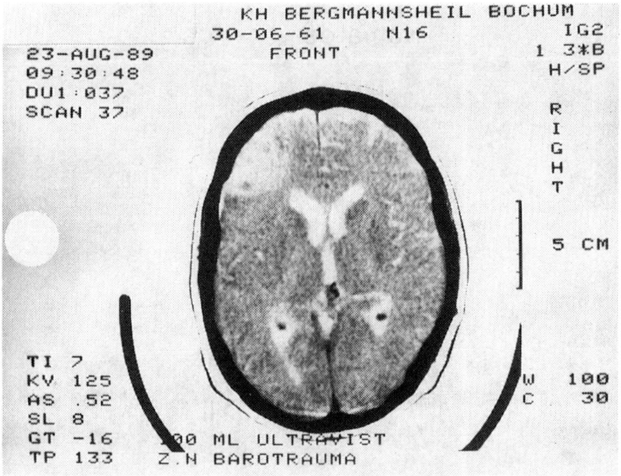

Abb. 7: Kontroll-CT vom 23. 8. 89. Großer ischämischer Insult links fronto-temporal.

Im weiteren klinischen Verlauf kam es zu einer Besserung der Vigilanzlage, der Patient wurde innerhalb von Tagen spontanatmend, ansprechbar und begann selbständig zu trinken.

Unter einer weiteren stationären Intensivtherapie auf der Spezialstation für Schwer-Schädel-Hirnverletzte im „Bergmannsheil“ Bochum vom 8. 8. 89 bis zum 3. 1. 90 entwickelte sich schließlich unter Einsatz spezieller ergotherapeutischer und logopädischer Behandlung die vollständige Mobilisierung des Patienten, der zuletzt wieder selbständig in der Lage war, alltägliche Verrichtungen durchzuführen.

Zwischenzeitlich wurde am 13. 10. 89 eine Kernspintomografie durchgeführt. Diese zeigte neben den beschriebenen ausgedehnten Läsionen in den peripheren Versorgungsgebieten der Arteriae cerebri media und posterior zahlreiche multiple, teilweise konfluierende Hyperintensitäten betont im rechten Occipital- und linken Frontallappen, weiterhin im Marklager der Großhirnhemisphäre zahlreiche kleine, bis 1 cm großen Hyperintensitäten. Infratentoriell und insbesondere im Hirnstamm waren keine sicheren Veränderungen nachweisbar.

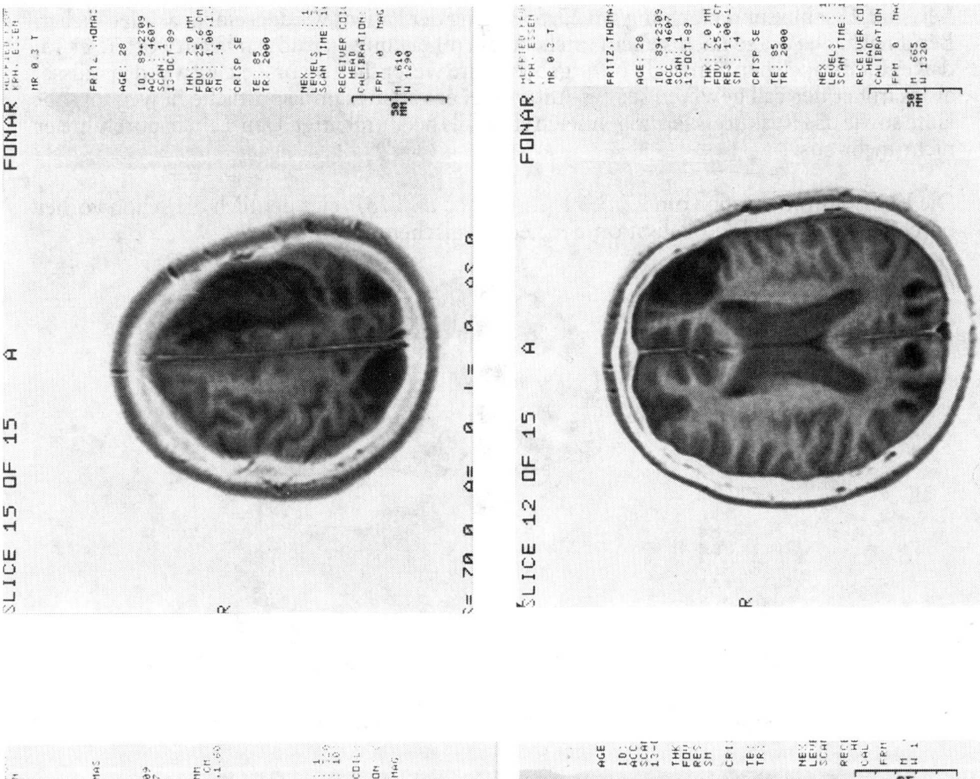

Abb. 8–11: Kernspintomografische Befunde vom 13. 10. 89

Bei einer Abschlußuntersuchung am 27. 5. 91 ging der Patient wieder seinem akademischen Beruf nach. Die Frage nach seinem intellektuellen Leistungsvermögen beantwortete er so, daß er für die gleichen beruflichen Aufgaben heute wesentlich mehr Zeit aufwenden müsse, als es früher der Fall gewesen sei. Im Antrieb sei er verlangsamt, sportliche Bewegungsabläufe sowie das Reaktionsvermögen seien ebenfalls beeinträchtigt. Den Tauchsport führe er nicht mehr aus.

Die Kernspintomografie vom 27. 5. 91 *(s. Abb. 12 und 13)* zeigt deutlich die schon vorher beschriebene multiple Lokalisation der neurologischen Läsionen.

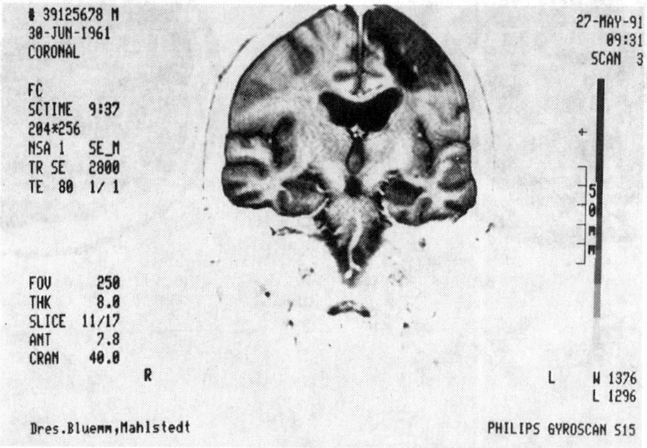

Abb. 12 und 13: Kernspintomografische Befunde vom 27. 5. 91

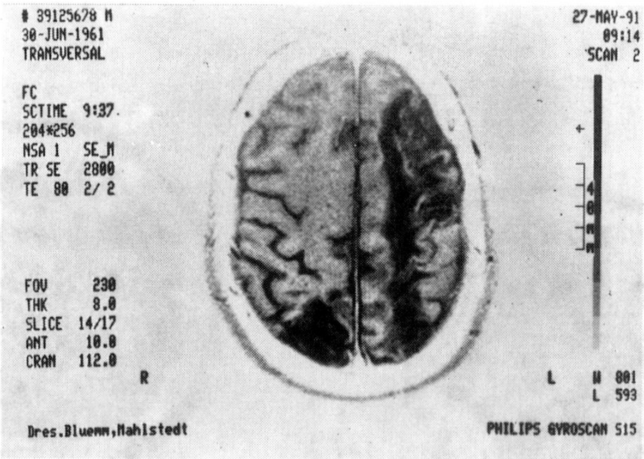

Diskussion

Wir sind der Ansicht, daß es sich bei dem beschriebenen Fall um einen weiteren Typ III der Dekompressionskrankheit gehandelt hat. Dieser Begriff ist erstmals in der amerikanischen Literatur von NEUMANN und BOVE 1987 geprägt worden. Sie haben fünf Tauchunfälle beschrieben, die alle nach einem sogenannten Nicht-Dekompressionstauchgang einen Lungenüberdruckunfall hatten, die anschließend in der Druckkammer behandelt wurden, und bei denen durch die HBO-Therapie keine Besserung der neurologischen Symptomatik eingetreten ist. Zum Teil sind Rückenmarksymptome aufgetreten, deren Entstehungsweise von HALLENBECK und Mitarbeitern beschrieben wurde. Ein Patient ist verstorben, bei zwei Patienten ist eine Verschlechterung der neurologischen Symptomatik eingetreten.

Die auslösende Ursache bei unserem Tauchunfall ist wohl ein Lungenüberdruckunfall gewesen, wahrscheinlich als Folge eines „air trapping".

BEUSTER und Mitarbeiter konnten durch nuklearmedizinische Untersuchungen (Lungenszintigrafie) nachweisen, daß bei neun von achtzig untersuchten aktiven Tauchern die Befunde von „air trapping" vorhanden waren. Hierbei handelt es sich um kleinere Alveolargebiete, die unter Wasser verkleben können, so daß sie keinen Anschluß mehr an das übrige Bronchialsystem haben. In der Aufstiegsphase des Tauchgangs können diese Bezirke platzen, und Atmungsluft gelangt in das arterielle Gefäßsystem. Wie wir wissen, kann der Lungenüberdruckunfall verschiedenartige Krankheitsbilder hervorrufen *(s. Abb. 14)*.

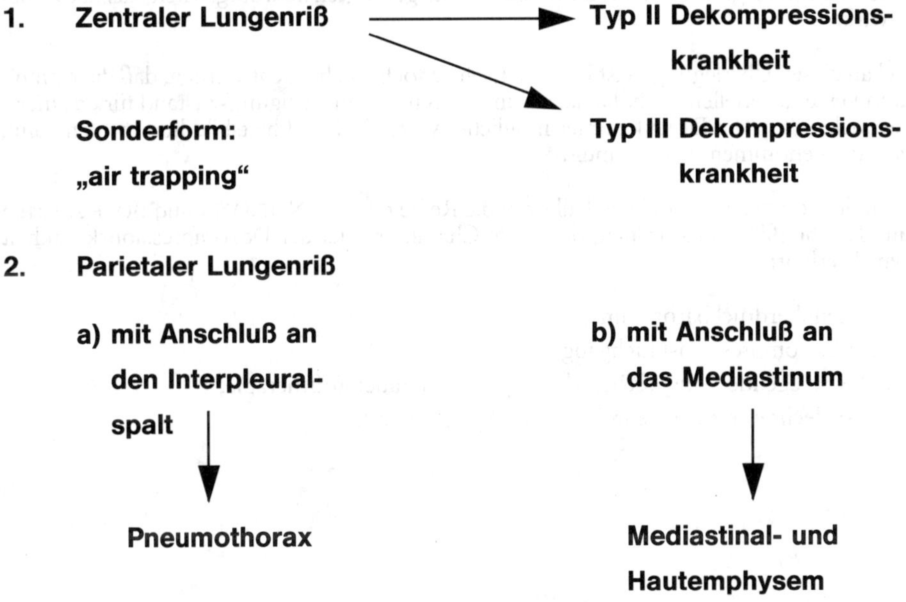

Abb. 14: Die verschiedenen Formen des Lungenüberdruckbarotraumas in Abhängigkeit von der Lokalisation des Lungenrisses

Der zentrale Lungenriß führt zum Einströmen von Atemluftblasen in das Gefäßsystem der Lunge mit folgender zentraler Embolie aus Atemgasblasen (Luftembolie) mit den bekannten neurologischen Ausfällen. Der periphere Lungenriß ruft keine zentrale Embolie hervor. Er ist verbunden mit einer Verletzung der visceralen Pleura, so daß ein Anschluß des Bronchialsystems zum Pleuraspalt zustande kommt. Die Folge ist ein Pneumothorax. Ereignet sich der Lungenriß im Breich des Mediastinums, so kann ein Hautemphysem entstehen. Ein Hautemphysem ist allerdings auch denkbar, wenn nach einem zentralen Lungenriß die Blasen aus Atemluft entlang der Stammbronchien durch das lockere Bindegewebe zum Mediastinum wandern [BÜHLMANN].

Nach NEUMANN und BOVE scheint die Entwicklung der schweren neurologischen Ausfälle nicht allein Folge der Luftembolie nach zentralem Lungenriß zu sein, sondern auch Blasen des Inertgases Stickstoff sind vorhanden, die sich aus der gelösten Phase gebildet haben. Es wird diskutiert, ob nicht zusätzlich eine typische Dekompressionskrankheit vorliegt, die erst durch die Druckkammerbehandlung entstanden ist.

Es bestehen folgende Hypothesen zur Entstehung der Dekompressionskrankheit Typ III:

1. Es handelt sich um eine direkte Luftembolie in den Hirngefäßen.
2. Es findet sich eine mögliche Streuung von Gasblasenkernen in Arterien, Venen und Geweben mit schneller Wachstumstendenz von freien Blasen.
3. Es bestehen Veränderungen der Struktur und Funktion von Bluteiweißen an der Berührungsfläche der Luftblasen zum Zeitpunkt der arteriellen Embolie nach Lungenriß.
4. Die Luftembolie allein scheint nicht die Ursache des Krankheitsbildes zu sein.
5. Die Menge der durch Lungenverletzung in das arterielle System eingeschleusten Luftblasen scheint zu gering, um nach Embolie die ausgeprägten neurologischen Ausfälle zu bewirken.

Viel an diesen Überlegungen ist hypothetisch, jedoch soll bedacht werden, daß die Kombination einer arteriellen Embolie nach Lungenriß mit dem Sättigungszustand für das Inertgas Stickstoff in der Druckkammer möglicherweise ein Krankheitsbild hervorrufen kann, das ernstgenommen werden muß.

Auch der von uns beschriebene Fall ist in die Reihe der von NEUMANN und BOVE zitierten fünf Tauchunfälle einzuordnen, da er alle Charakteristika der Dekompressionskrankheit Typ III erfüllt:

1. Lungenüberdruckbarotrauma,
2. kein Dekompressionstauchgang,
3. unbefriedigendes Ansprechen der hyperbaren Sauerstofftherapie,
4. Verschlechterung der neurologischen Symptomatik.

Literaturverzeichnis

BEUSTER, W, F FLUECKINGER, G B FRIEHS: Nuclear detected trapped gas and possible role in the barotrauma of the lung. Proceedings of the annual meeting of the EUBS, Göteborg, 1989.
BÜHLMANN, A A: Tauchmedizin. Springer Verlag, 1990
HALLENBECK, J M, A A BOVE, D. H. ELLIOTT: Mechanisms underlying spinal cord damage in decompression sickness. Neurology 1975, 25: 308-316
NEUMANN, T S, A A BOVE: Severe refractory decompression sickness resulting from combined no-decompression dives and pulmonary barotrauma: Typ III decompression sickness. Proceedings of the ninth intern. Symp. on Unterwater and Hyperbaric physiol., 985-991, Bethesda, 1987, MD

1.23 Der Taucher in der ärztlichen Begutachtung
The diver and the medical expert

von K. P. FAESECKE

Es gibt wenige Tätigkeiten, die ein ähnlich enges Miteinander von beruflichem oder sportlichem Tun und ärztlicher Kompetenz erforderlich machen wie das Tauchen und die Arbeit im Überdruck. Das gibt dem Arzt eine sehr starke Stellung, denn seine Aussagen können von sozial existentieller Bedeutung für den Probanden bzw. Patienten sein.

Der Kontakt des Tauchers (wie es ab jetzt heißen soll, womit auch die Taucherin und Arbeiter/Arbeiterin im Überdruck gemeint sein werden) mit dem Arzt (und hier soll die akute Unfallbehandlung unberücksichtigt bleiben) läßt sich auf vier Standardsituationen eingrenzen:

1. Die Richtlinien für die **Untersuchung** des gewerblichen Tauchers sind in einer berufsgenossenschaftlichen Vorschrift, dem Grundsatz 31, niedergelegt. Es wird vielleicht einzelnen nicht geläufig sein, daß die dort aufgeschriebenen Untersuchungsinhalte für den Arzt nicht bindend sind; sie stellen Empfehlungen dar. Grundsätze sind keine Rechtsnormen. Sie dienen der Vereinheitlichung der Durchführung und entsprechen den allgemein anerkannten Regeln der Arbeitsmedizin. Wer davon abweicht, sollte schon gute Argumente dafür haben. Diese Freiheit kann eigentlich nur der/die Erfahrene ausnutzen (Stichwort Röntgen und Probeschleusung bei der Wiederholungsuntersuchung).

   Wer mit dem gesamten Kanon der Vorsorgegrundsätze ständig umgeht, wird feststellen, daß der G 31 an einigen Stellen die Durchführung des Einsatzes und nicht die Gesundheit des Tauchers zum Beurteilungskriterium erhebt: hier läßt sich noch die Handschrift der Fachkollegen mit den goldenen Ärmelstreifen herauslesen. Um es ganz unmißverständlich zu sagen: die Vorsorgeuntersuchung soll den Arbeitnehmer vor zu erwartenden Schäden bewahren und nicht dem Arbeitgeber eine leistungsfähige Truppe garantieren. Deshalb ist auch der Begriff der Tauglichkeit, der ja eine Aussage über künftige Bewährung beinhaltet, hier eigentlich nicht am Platz. Arbeitsmedizin und Militärmedizin sind eben zwei verschiedene Paar Schuhe – wie Sicherheitsschuhe und Kampfstiefel...

   Mitentscheidend neben der körperlichen Eignung ist für den Anfänger die Motivation, aus der heraus er in diesen Beruf strebt. Diese ist untrennbar mit der psychischen Stabilität, die er unter Wasser zeigen wird, verknüpft, so daß der Arzt hier besonders hellhörig sein sollte. Auch auf diesem Gebiet muß das Gespräch mit dem Probanden gesucht werden, vor allem bei der Erstuntersuchung, um so eventuell eine erkennbar falsch motivierte Berufswahl zu verhindern, zum Besten des Betroffenen. Auch gelingt es gar nicht selten, überspannte Erwartungen sowohl hinsichtlich Abwechslungsreichtum in der Tätigkeit als Taucher als auch der realisierbaren Einkommensmöglichkeiten zu korrigieren.

2. Besonders verantwortungsvoll ist die ärztliche Aufgabe, wenn der Taucher nach einem erlittenen **Unfall oder durchgemachter Krankheit** mit der Frage kommt, ob und wie es denn weitergehen kann, – so er denn kommt! Gerade weil diese Berufsgruppe stark zur Dissimulation neigt, denn Taucher sind sich ihrer Abhängigkeit vom ungestörten Funktionieren des Körpers als Voraussetzng für die Ausübung ihres Berufs ganz besonders bewußt, ist es nicht immer leicht, objektive und subjektive Wahrheit auseinanderzuhalten. Je vertrauter der Arzt mit der speziellen Berufspraxis des Tauchers ist, desto einfacher wird für ihn das Nachvollziehen des Unfallhergangs, und desto größer ist auch das Vertrauen, das ihm der Taucher entgegenbringt.

Und nur dieses Vertrauen kann die Grundlage sein, auf der Patient und Arzt mit einer gemeinsamen Risikoabschätzung zur Entscheidung über die weitere gesundheitliche Eignung gelangen können. Dies ist keine einsame Tat des Halbgottes in Weiß, sondern eine durchaus partnerschaftliche Angelegenheit, wie betont werden soll. Denn es geht häufig genug um die taucherärztliche Gretchenfrage „wie halte ich es mit der Vorschrift?". Es gehört Mut dazu, sich als Arzt davon abzukoppeln, um im Einzelfall eine individuelle Lösung zu finden, denn das bedeutet Verantwortung zu übernehmen. Natürlich haben Vorschriften ihre Berechtigung, und sie sind vor allem für den Unerfahrenen eine willkommene Orientierung, aber die Ausnahme ist das Salz im Eintopf der Begutachtungsroutine. Hier brauchen keine Einzelheiten erschöpfend diskutiert werden, das ist an diesem Platz schon früher geschehen.

3. Die **Begutachtung des verunfallten Tauchers** einschließlich der forensischen Aspekte, also eine in der Regel einseitige Angelegenheit, wird häufig unter dem Gesichtspunkt von Verschulden und Haftung erfolgen. Insbesondere die Zusammenhangsfragen zur Ursache des Unfalls erfordern eine gründliche Kenntnis von Tauchverfahren und -geräten, aber auch viel Taucherpsychologie. Sei es, daß die Unfallversicherung ihre Leistungspflicht verneint, mit dem Hinweis auf eine endogene Ursache des Unfalls; sei es, daß die Staatsanwaltschaft den Verdacht auf ein schuldhaftes Handeln des Tauchpartners hat: in jedem Fall, aber ganz besonders bei tödlichem Ausgang kommt den differentialdiagnostischen Erwägungen eines kompetenten Tauchmediziners entscheidende Bedeutung zu. Am Anfang der Aufklärungskette sollte stets der Pathologe an der Leiche stehen, während die Ausrüstung von technisch kompetenter Seite untersucht wird. Für die Durchführung der Sektion nach Tauchunfällen gibt es substantielle Hinweise in der einschlägigen Literatur. An dieser Stelle soll nur noch darauf hingewiesen werden, daß es für den sachverständigen ärztlichen Zeugen vor Gericht sehr hilfreich ist, wenn der gute Brauch gründlicher Pathologen, auch „negative" Befunde erschöpfend zu dokumentieren, stärker gepflegt werden würde. Daß der Zeitfaktor eine wichtige Rolle spielt, braucht nicht betont zu werden.

4. Die **Berufskrankheiten** des Tauchers führen zu hohen Anforderungen an die gutachterliche Äußerung. Sie stellen jedoch ein relativ seltenes Ereignis dar, weil es im Gebiet der „alten" Bundesrepublik jährlich nicht über 50 BK-Anzeigen gab. Allerdings handelt es sich dabei nicht immer um den Zustand einer eindeutig zuzuordnenden Unfallfolge mit klinisch faßbaren pathologischen Befunden, die auch eindeutig quantifizierbar sind. Auch dreht es sich nicht immer um die inzwischen als klassisch zu bezeichnende aseptische Knochennekrose, die relativ einfach zu befunden und zu beurteilen ist. Wir werden immer häufiger mit der Zusammenhangsfrage bei klinischen Bildern aus Organbereichen konfrontiert, die bisher gemeinhin nicht zum Formenkreis der Spätschäden nach Druckluftexposition gerechnet wurden: als Beispiele seien das ZNS, Myokard und Koronarien sowie die Augen genannt. Daß die detaillierte Arbeitsanamnese, besonders im Hinblick auf Extremexpositionen, hier von ausschlaggebender Bedeutung ist, braucht in diesem Kreis eigentlich nicht erwähnt zu werden.

Bereits im Jahre 1942 wurde in die Berufskrankheiten-Verordnung die Entität „Erkrankungen durch Arbeit in Druckluft" aufgenommen, ohne daß eine Liste von diesen Rahmen ausfüllenden Pathologien definiert wurde. Das ist bis heute noch so, und das halte ich auch für gut. Eine Erkrankung ist im Sozialversicherungsrecht ein regelwidriger Körperzustand, der entweder Arbeitsunfähigkeit bedingt oder Behandlungsbedürftigkeit nach sich zieht. Das bedeutet, daß bei der derzeitigen Rechtslage auch ein Fall von einfachen Bends, der umgehend erfolgreich therapiert wurde, immer als Berufskrankheit anzuzeigen ist. Nicht nur wegen der Übersicht über den aktuellen Sicherheitsstandard, der dadurch für die zuständigen Arbeitsschutzorgane gewonnen wird, möchte ich aller Kritik, die an dieser Rechtsauffassung geübt wird, auch von seiten der Berufsgenossenschaften, entgegentreten und daran festhalten. Schließlich zeigt das Auftreten einer Dekompressionserkrankung, daß für diesen Arbeitnehmer zu diesem Zeitpunkt offenbar ein Mißverhältnis zwischen seiner Exposition und seinem individuellen Dekompressionsbedürfnis vorlag. Es hat also ein Arbeitssicherheitsrisiko bestanden und genau dafür ist die Unfallversicherung zuständig; das bedeutet auch, daß die BG zuständig ist für Kosten, die für die Behandlung und gegebenenfalls für den Transport anfallen. Spätestens der § 11(4) des SGB V verbietet die Inanspruchnahme der Gesetzlichen Krankenversicherung, und den Arbeitgeber nachträglich damit zu belasten, widerspricht allen Grundsätzen der Reichsversicherungsordnung. Das Argument, ein Dekompressionszwischenfall erfüllt den Tatbestand eines Arbeitsunfalls, ist unerheblich, weil schon vor Jahrzehnten die oberste Rechtsprechung festgelegt hat, daß in Fällen, in denen die Voraussetzung für beide Definitionen gegeben sind, das Recht der Berufskrankheiten Anwendung zu finden hat. Mir schien dieser kleine Ausflug in die aktuelle Diskussion doch wichtig.

Doch zurück zu einigen Hinweisen für die Durchführung der Berufskrankheiten-Begutachtung. Ohne tiefer in die grundsätzliche Problematik der sozialrechtlichen Zusammenhangsbegutachtung einsteigen zu wollen, sollen fünf Voraussetzungen genannt werden, denen ein Gutachter genügen muß wenn er sich an eine „gerechte" Begutachtung heranbegibt, wobei Gerechtigkeit nicht das Ziel der Begutachtung sein kann, sondern die Objektivität obenan zu stehen hat; der Begriff Wahrheit wäre dabei wohl zu hoch gegriffen. Im einzelnen sind zu fordern:

a) möglichst vielseitige praktische Erfahrungen;
b) substantielle Kenntnis der Pathophysiologie;
c) gründliche und zielgerichtete Diagnostik;
d) umfassende Kenntnis der weltweiten Fachliteratur;
e) ein unvoreingenommener Denkansatz.

Schließlich darf nicht der Hinweis fehlen, sich einer einfachen und klar verständlichen Ausdrucksweise zu befleißigen: der Gutachter schreibt im weitesten Sinne für Nicht-Fachleute: für die Sachbearbeiter der Unfallversicherung, für die Mitglieder im Rentenausschuß, für Sozialrichter und die ehrenamtlichen Beisitzer. Sie sind alle medizinische Laien, die von der Materie in der Regel weder technisch noch medizinisch eine Vorstellung haben; deshalb bedarf es eines Gutachters. Es geht nicht darum, sein Gefieder zu spreizen und zu zeigen, zu welch schillernden Latinismen man fähig ist. Wenn man in klaren Worten einen komplizierten Sachverhalt verständlich machen kann, dient man nicht nur dem Versicherten, sondern erfreut auch das Gericht oder wer auch immer das Gutachten in Auftrag gegeben hat – und wird beim nächsten Mal wieder berücksichtigt werden...

Zusammenfassung

Es werden vier Standardsituationen vorgestellt und kommentiert, die den Taucher zum Arzt führen: die erste gesundheitliche Eigungsuntersuchung, die Kontrolluntersuchung nach Unfall oder Krankheit, die Unfallursachenbegutachtung und die Frage der Anerkennung einer Berufskrankheit.

Summary

Four settings are presented and commented upon where a physician is approached by the diver: the primary physical exam, the medical check-up following an accident or disease and the inquiry and medical expertice of causes and compensation of accidents and occupational disease.

1.24 Aktuelle Trends zur Frage der Tauglichkeit von Sporttauchern

von O. F. EHM

Zusammenfassung

Mit dem ständig anwachsenden Interesse am Sporttauchen steigt auch die Zahl von Interessenten, die nicht den üblichen Standardbedingungen einer Tauchtauglichkeit entsprechen.

Eine kürzlich durchgeführte Umfrage bei asthmakranken Tauchern in England, scheint die ärztliche Entscheidung für eine Tauchtauglichkeit zu erleichtern. Offenbar kommt es in der Praxis nicht zu den theoretisch zu erwartenden Komplikationen unter Wasser.

Probleme für die Beurteilung entstehen dagegen durch die nachgewiesene Gefahr bei offenem Foramen ovale (15-20 Prozent einer Population) Dekompressionserscheinungen, auch nach regelrechtem Auftauchen zu erleiden.

Eine potentielle Gefahr für Taucher und deren Begleiter bilden Personen, die in die Krankheitsgruppe der Panikattacken und des generalisierten Angstsyndroms einzuordnen sind.

Summary

Recent Trends in the Discussion on Sport Diving Fitness

As the interest in sport diving increases, there is a corresponding rise in the number of (would-be) divers who do not satisfy the normal requirements for diving fitness.

A recent inquiry in Great Britain on divers suffering from asthma appears to facilitate a medical decision in favour of diving fitness. Obviously, the complications to be expected in theory do not in fact materialise in actual diving situations.

On the other hand, the dangers demonstrably involved for people with a patentforamen ovale (15-20 % of a population) – decompression symptoms even after normal ascents – present additional problems in the assessment of diving fitness.

Persons prone to attacks of panic or displaying a generalised anxiety syndrome also represent a potential danger for divers and those accompanying them.

Wie die Medizin allgemein, so ist auch die Tauchmedizin in Bewegung geraten. Die Anstöße kommen einmal durch die explosionsartige Zunahme der Zahl der Sporttaucher und darunter auch die ständig steigende Zahl von „behinderten" Personen. Behindert durch Krankheiten wie Asthma bronchiale, Hochdruck, Diabetes, aber auch Querschnittslähmungen etc. Zum anderen kommen die Anstöße aus neuen Erkenntnissen.

Im Januar dieses Jahres haben englische Praktiker [FARELL, J. S. 1990] die Ergebnisse einer Umfrage veröffentlicht, die sie über das englische Tauchmagazin Diver an Taucher mit Asthma gerichtet hatten. 104 befragte Taucher hatten in 6 oder weniger Jahren 12 864 Tauchgänge im Logbuch. Bei keinem der Taucher war es zu einem Asthmaanfall oder gar zu einem Pneumothorax oder Lungenüberdruckunfall gekommen. Asthmaanfälle wurden nach dieser Befragung sonst durch kalte Luft, Anstrengungen und allergische Faktoren ausgelöst.

Aus experimentellen Untersuchungen ist seit 1978 [DEAL et al.] bekannt, daß bei hyperreagibler Bronchialschleimhaut durch Einatmen trockener Luft der Wärmeverlust in den Atemwegen der auslösende Faktor für ein Belastungsasthma ist. Obwohl nun das Tauchen mit Preßluft verbunden ist, mit Anstrengung und Kälte, und dabei trockene Luft eingeatmet wird, kam es erstaunlicherweise zu keinem Asthmaanfall unter Wasser.

96 der Befragten nahmen Medikamente. Im erforderlichen Falle inhalierten sie vor dem Tauchen Beta$_2$-Mimetika, Corticosteroide oder Cromoglicinsäurepräparate.

Diese Beobachtungen bzw. Befragungsergebnisse korellieren mit den praktischen Erfahrungen bei Sporttauchern. Offenbar hat man sich bisher gescheut, die Frage „Tauchen und Asthma“ in praxisrelevanter Weise zu untersuchen. Von ärztlicher Seite wurde allgemein das Tauchen bei Asthma verboten. In der Praxis jedoch tauchten die Asthmatiker ohne ärztliches Placet. Oft mit dem Hinweis, unter Wasser ginge es mit der Atmung viel besser.

Nach NEUMANN [1987] sind 3—4 % aller aktiv tauchenden Amerikaner Asthmakranke. Das entspräche ungefähr der Häufigkeit des Asthmas in einer Industriegesellschaft.

Theoretisch besteht beim Asthma das Risiko eines „air trapping“ durch spastisch verengte Lungenbezirke und beim Auftauchen die Gefahr eines Lungenbarotraumas. In der Praxis sind weltweit drei Fälle von Komplikationen bei Tauchern mit Asthma publiziert worden. In dem von MATTHYS [1980] veröffentlichten Fall, von einem Barotrauma der Lunge mit zerebralen und spinalen Symptomen, konnte die Diagnose einer Atemwegsobstruktion erst nachträglich gestellt werden. Der Patient hatte vorher keine Ahnung von seinem Leiden.

Welche Konsequenzen ergeben sich hieraus für die Beurteilung der Tauchtauglichkeit? Die Meinung der 34. Arbeitsgruppe der UHMS [VOROSMARTI 1987], ein Asthma, gleich welcher Genese, bilde eine Kontraindikation für das Tauchen, können und sollen wir nicht mehr in diesem Umfang übernehmen. Wir können aber auch nicht jeden Asthmatiker unbesehen eine Tauchtauglichkeit bescheinigen. Eine eingehende pulmologische Untersuchung ist erforderlich. Bei einer normalen Vitalkapazität und Ein-Sekundenwert bestehen keine Bedenken. Bronchospasmolytika sind erlaubt. Entscheidend ist die Frage, ob der Betroffene mit seiner Krankheit, das heißt mit seinen abnorm irritablen Bronchien, vernünftig umzugehen weiß, und Risikofaktoren, bzw. Noxen vermeidet. Er muß in der Lage sein, eine gewisse kritische Selbstverantwortung zu übernehmen.

Einen gegenteiligen Aspekt in der Beurteilung der Tauchtauglichkeit bringen zwei andere Untersuchungen.

Herrschte bisher Unsicherheit über die potentielle Gefahr bei offenem Foramen ovale durch das Tauchen, so konnte durch die Arbeit von MOON und WILMSHURST und ihren Mitarbeitern nachgewiesen werden, daß Dekompressionserscheinungen auch bei normalen Aufstiegen auftreten können. Das heißt, auch bei strenger Beachtung der Auftauchtabellen kann es zur Dekompressionskrankheit kommen, wenn ein offenes Foramen ovale vorliegt.

Bei einem Rechts-Links-Shunt gelangen in der Aufstiegsphase Gasblasen in den arteriellen Kreislauf und können somit zu Gasembolie, mit meist neurologischen Symptomen, führen. Erst seit Einführung der Kontrast-Echokardiographie ist in der Klinik ein offenes Foramen ovale nachweisbar. So fanden französische Kliniker bei jungen Menschen mit schwer erklärbaren Schlaganfällen in 40 % ein offenes Foramen ovale gegenüber 10 % bei den Kontrollpersonen [RINGELSTEIN 1989]. Autoptisch wurde es in 15-30 % bei Herzgesunden gefunden [Hagen 1984]. – Funktionell wird sicher die Größe des Defektes von Bedeutung sein. Sie bestimmt beim Herzgesunden das Ausmaß des Shunts.

Taucher mit Shunts sind im Vergleich zu Nichttauchern mehr gefährdet, weil in der Aufstiegsphase kleine Gasbläschen im venösen Schenkel des Kreislaufs entstehen. Bei geschlossenem Vorhofseptum passieren sie den Lungenkreislauf und werden gewöhnlich dort abgefangen und eliminiert.

Moon et al. [1989] untersuchten 30 Patienten mit Dekompressionskrankheit in der Vorgeschichte echokardiographisch mit einem Farbdoppler nach intravenöser Injektion von Methylparaben unter normaler Atmung und während eines Valsalva-Versuches.

In 37 % der Fälle war ein Rechts-Links-Shunt auch in Ruheatmung nachweisbar. Bei der Kontrollgruppe fand er sich in 5 % bei normaler Atmung und in 8,5 % unter Valsalva-Versuchsbedingungen.

Wilmshurst et al. gingen in der Untersuchung einen Schritt weiter. Sie injizierten Mikrobläschen in physiologischer Kochsalzlösung intravenös und untersuchten echocardiographisch unter verschiedenen Bedingungen. Auch sie nahmen als Probanden Taucher, die Dekompressionserscheinungen – von Taucherflöhen bis zu neurologischen Ausfällen – in der Vorgeschichte hatten. Der Nachweis eines intraatrialen Rechts-Links-Shunt gelang häufiger bei Tauchern mit neurologischen Symptomen, die in den ersten 30 Minuten nach dem Auftauchen aufgetreten waren, als bei Tauchern mit späteren oder keinen Erscheinungen.

Welche Konsequenzen haben die Erkenntnisse für die Tauchtauglichkeitsuntersuchungen?

Wilmhurst empfahl, um die Sicherheit beim Tauchen zu verbessern, die Benutzung von Dekompressionstabellen, bei denen venöse Gasbläschen erst gar nicht entstehen. Die Empfehlung wird in der Praxis vorerst auf Schwierigkeiten stoßen. – Dagegen sollte, wie von verschiedenen Seiten erwogen wird, die Tauchtiefe für das Sporttauchen auf 30 Meter beschränkt werden. Eine solche Empfehlung sollte und müßte volle ärztliche Unterstützung finden.

Für die Tauchtauglichkeit sollte bei Nachuntersuchungen ein gezieltes Augenmerk auf alle Fälle, auch kleinster Dekompressionserscheinungen, gerichtet werden, die durch die Umstände nicht erklärt sind. Solche Fälle müßten einer kardiologischen Untersuchung mit der gezielten Fragestellung nach intraatrialem Shunt zugeführt werden.

Wenn autoptisch bei 15-30 % einer Population ein offenes Foramen ovale besteht, müßte bei den Tauchern mit etwa dem gleichen Prozentsatz mit nicht kalkulierbaren Dekompressionsunfällen gerechnet werden. – Wie erwähnt gibt es auch bei jungen Menschen, die nicht tauchten, Hirnembolien, bei denen in 40 % der Untersuchten mit Wahrscheinlichkeit ein offenes Foramen ovale als Ursache zugrunde lag. Mit der Immersion im Wasser steigt der Druck im rechten Vorhof um 12 mmHg und damit die Gefahr eines Rechts-Links-Shunts. Zudem entstehen in der Aufstiegsphase Gasbläschen im venösen Kreislauf. Andererseits war bei den experimentellen Untersuchungen ein Shuntnachweis bei den verschiedenen Probanden nicht konstant. Bei den mehrfachen Versuchen mit Injektionen von Mikrobläschen war, bei ein und der selben Person, mal ein Shunt feststellbar, dann unter den gleichen Bedingungen nicht mehr.

Viele der untersuchten Taucher mit neurologischen Symptomen einer Dekompressionskrankheit hatten vor dem Unfall mit risikoreicheren Tauchprofilen getaucht, ohne zu erkranken. Weiter haben viele Taucher Shunts, und sie sind in ihrer Tauchpraxis bisher ohne Dekompressionserscheinungen geblieben.

Eine Erklärung mag in der Veränderbarkeit der Shuntgröße liegen. WILMSHURST räumt ein, daß deshalb ein offenes Foramen ovale doch wohl nur **ein** Faktor beim Entstehen von Dekompressionserscheinungen mit regulärer Auftauchzeit sei.

Fassen wir diese Untersuchungsergebnisse zusammen, so scheint es mir deshalb verfrüht, die vielleicht naheliegende Forderung aufzustellen, für jede Erstuntersuchung zur Tauchtauglichkeit einen speziellen echokardiographischen Ausschluß eines intraatrialen Shunts zu verlangen.

In der Größenordnung der Tauchunfälle, vor allen Dingen der tödlichen, spielen Dekompressionserscheinungen durch Shunts sicher eine kleinere Rolle. Nach wie vor sind etwa 75 % aller Todesfälle beim Tauchen durch Fehlverhalten verursacht. Hier sind wir in den letzten Jahren auf Krankheitsgruppen aufmerksam gemacht worden, die bislang unklar determiniert waren und unter den verschiedensten Bezeichnungen, meist als Psychoneurosen, liefen.

In Anlehnung an die amerikanische Nomenklatur (DSM III R) sind drei Typen der Angsterkrankungen in der Diagnoseklassifizierung zu unterscheiden:

das Paniksyndrom
das generalisierte Angstsyndrom und
die Phobien.

Nach den Untersuchungen des Münchner Max-Planck-Institutes für Psychiatrie leiden 7 % unserer Bevölkerung an solchen psychischen Störungen.

Während Menschen mit Phobien und generalisierten Angstsyndromen seltener dazu neigen, sich im Tauchen zu versuchen, ist dies beim Paniksyndrom durchaus gegeben. Kommt es bei Menschen mit einem Paniksyndrom beim Tauchen zu einer Panikattacke, endet diese meist tödlich. Zum Symptomenbild dieser Erkrankungen und ihrer Erkennung wird von Herrn PALLUA gesondert berichtet und auf den Beitrag von GERSTENBRAND in: O. F. EHM "Tauglichkeitsuntersuchung bei Sporttauchern" verwiesen.

Vom Untersucher für eine Tauchtauglichkeit ist eine feinfühlige Anamnese gefordert, um derartige Krankheiten zu erkennen. Eine weitere Abklärung sollte dann von fachneurologischer Seite erfolgen.

Literatur

DEAL EC, MC FADDEN ER, INGRAM RA, STRAUSS RA (1978):
Heat loss vaporization of water and exercise-induced asthma. Am Rev Respir Dis 117/4: 328 (part 2).
GERSTENBRAND F, in: EHM OF (1989):
Tauglichkeitsuntersuchungen bei Sporttauchern, Springer Verlag, Berlin, Heidelberg, New York.
FARELL JS, GLANVIL P (1990):
Diving practices of scuba divers with asthma, Dr. med. I. 300: 166
HAGEN PT, SCHOLZ DG, EDWARDS WD (1984):
Incidence and size of patent foramen ovale during the first decade of life: an autopsy study of 965 normal hearts; – Mayo Clinic Proc. 59:17-10.
MATTHYS H (1988):
Kasuistik eines Tauchunfalls bei Asthma bronchiale. Caisson 3/2:31.

MOON RE, CAMPORESI EM, KISSLO IA (1989):
Patent foramen ovale and decompression sickness in divers. Lancet: 513.
NEUMANN TS: Pulmonary considerations I in: VOROSMARTI J jr. (ed)(1987) Fitness to dive. 34th Undersea and hyperbaric medical society (UHMS) workshop. Bethesda/md. UHMS Publ No. 70.
VOROSMARTI J jr. (ed)(1987): Fitness to dive. 34th Undersea and hyperbaric medical society (UHMS) workshop, Bethesda/Md. UHMS Publ No. 70.
WILMSHURST PT, BYRNE JC, WEBB-PEOPLE MM (1989): Relation between intraatrial shunts and decompression sicknes in divers, The Lancet Dec. 2, 1302.

1.25 Rauchen und Tauchen
Smoking and diving

von K. P. Faesecke

Unser assoziatives Denken wird stark von den Kampagnen der Werbebranche beeinflußt; so nimmt es nicht wunder, daß viele der Deskriptoren, die besonders Sporttaucher gern für sich in Anspruch nehmen, von der Zigarettenwerbung mit Beschlag belegt wurden; z. B. die Assoziationen jung, offen, modern, aufgeschlossen, spontan, risikofreudig (letzteres natürlich nur unterschwellig!). Bis zu den selbstauferlegten Werbungsbeschränkungen wurde ja auch gezielt mit Motiven aus der Sporttaucherszene für den Duft der großen, weiten Welt geworben.

Es erscheint deshalb an der Zeit, aus ärztlicher Sicht die Wechselwirkungen zwischen Rauchen und Tauchen darzustellen und diese Feststellungen mit einigen Empfehlungen zu verbinden.

Der Verfasser kann auch eine historische Beziehung zwischen diesen so verschiedenen Entitäten bieten: Nach der Etablierung des Nikotingenusses in Europa wurden diesem Wirkstoff sehr bald die verschiedensten pharmakologischen Wirkungen nachgesagt; diese waren jedoch ausnahmslos „positiv" besetzt, so daß der Tabakrauch schnell in den Rang eines Heilmittels erhoben wurde. Und so etablierte sich, ausgehend vom Vorschlag eines englischen Schiffsarztes für die Behandlung von Ertrunkenen (erschienen im Jahre 1617 in einem zu London verlegten Buch), die Methode der sogenannten Fumigation, d. h. der retrograden Tabakinsufflation zum Zwecke der Wiedererweckung der Lebensgeister; eine Variante des Passivrauchens, der immerhin eine fast zweihundertjährige Anwendungsdauer beschieden sein sollte.

Nicht zurückgehalten werden soll auch eine Annonce aus einer offiziellen Publikation der C.M.A.S. aus dem Jahre 1975, in der unter Verwendung eines dynamischen Tauchermotivs eine Präparation aus Nebennierenrinden, Hodengewebe, grauer Hirnsubstanz und Vitamin C neben anderen Bresthaftigkeiten auch zur Behandlung der Hypascorbämie von Rauchern empfohlen wurde.

Doch damit genug der Einstimmung in das Thema: Die Primärliteratur über die Wirkungen des inhalierten Tabakrauchs auf den tierischen und menschlichen Körper füllt inzwischen die Bibliotheken ganzer Institute, die dankenswerterweise häufig genug von der Tabakindustrie finanziert werden. Die Wirkungen auf Herzschlag, Blutdruck, Gefäßtonus, Säuresekretion usw. sind alle hinreichend bekannt. Nachfolgend sollen zwei Bereiche herausgegriffen weden, denen beim Tauchen vitale Bedeutung zukommt: die roten Blutkörperchen und die Atemwege der Lunge.

Gerade diese Leserschaft kennt die spezifisch hohe Affinität des im Primärstrom reichlich vorkommenden Kohlenmonoxids gegenüber dem Hämoglobin der roten Blutkörperchen. Dieser verdanken wir eine der ältesten absoluten Indikationen für die hyperbare Sauerstoffbehandlung. Nun ist hinreichend bekannt, daß bei starken Zigarettenrauchern eine CO-Sättigung der roten Blutkörperchen in der Größenordnung von deutlich über 10 % anzutreffen ist. Das bedeutet, daß der chemisch gebundene Sauerstoff im kreisenden Blut um diese Quantität reduziert ist. Nun wird von taucherphysikalisch bewanderten Tauchern der Einwand kommen, unter Wasser würde durch die Zunahme des Sauerstoff-Partialdrucks dieses Fehl mehr als ausgeglichen, was für größere Tiefen durchaus richtig ist. Es wird sogar zu einer Verdrängung des HbCO durch den dann hyperbaren Sauerstoff kommen, so daß man geradezu von einem therapeutischen Tauchgang sprechen könnte, solange er tief genug führt und lange genug dauert. Aber ähnlich wie bei der Flachwasserohnmacht lauert die Gefahr knapp unter der Wasseroberfläche; gerade wenn der Taucher auf die volle Ausschöpfung seiner Sauerstoff-Transportkapazität angewiesen ist, sei es, daß er gegen eine Strömung anschwimmen muß oder sich die Rückkehr an Bord kräftezehrend gestaltet – in jedem Fall muß die fehlende Sauerstoffmenge durch vermehrte Kreislaufarbeit kompensiert werden, wobei Gehirn und Herz am ehesten durch eine relative Hypoxämie gefährdet sind.

Wenn „das bißchen Kohlenmonoxid" wirklich ohne Relevanz wäre, fragt man sich doch, warum es eigentlich in der Industrie einen MAK-Wert für dieses toxische Gas gibt; und ein tiefer Zug aus der Zigarette bedeutet die Vertausendfachung dieses Wertes...

Eigentlich müßte diese Argumentation schon ausreichen, insbesondere den sportlich ambitionierten Tauchern beim Griff zur Zigarette vor dem Tauchgang zumindest nachdenklich zu machen.

Von ganz besonderer Bedeutung für die Sicherheit des Tauchers sind ohne Zweifel die luftführenden Teile der Lunge; nachstehend soll kurz umrissen werden, was die Forschung über die lokalen Wirkungen des Zigarettenrauchs auf eben dieses Röhrensystem herausgefunden hat.

1. Die Erhöhung der alveolaren Permeabilität stellt das Anfangsstadium des Lungenemphysems dar. Es ist der mikroskopische Nachweis gelungen, daß Raucher signifikant erhöhte Gewebsschäden im Bereich der Alveolarmembranen aufweisen, die nachweisbar sind, lange bevor radiologische oder funktionelle Veränderungen zu finden sind. Mit geeigneten Tracern konnte diese Permeabilitätserhöhung auch quantifiziert werden (Größenordnung: Faktor 5).

2. Die mucociliare Clearance ist bei Rauchern etwa um die Hälfte langsamer als bei Nichtrauchern. Nach Inhalation radioaktiv markierter Aerosole konnte häufig auch eine längere Phase des Abtransports beobachtet werden, so daß das Verhältnis von deponiertem zu hinaustransportiertem Inhalat bei Rauchern signifikant größer ist als bei Nichtrauchern.

3. Die Literatur über den Einfluß des Rauchens auf die Lungenfunktion, also die physikalischen Parameter, ist kaum noch zu übersehen. Amerikanische Studien haben diese Veränderungen bereits in der Altersgruppe der 15-24jährigen ausgeprägt gefunden, wobei als Variable die Dauer des Rauchens und die Zahl der pack-years im Vordergrund standen. Im einzelnen findet man

   - Anstieg des Residualvolumens,
   - MEF 50 und 25 % wird geringer,
   - forcierte expiratorische Einsekungen-Kapazität sinkt,
   - Absinken des maximalen mittelexpiratorischen flows, sowie des peak flow,
   - Erhöhung des Atemwegswiderstands bereits nach einem Zug, wobei das Maximum nach drei Zügen erreicht war,
   - der Rauch einer nikotinarmen Zigarette läßt die maximale Abnahme des FEF 75 % erst nach 30 Minuten auftreten,
   - das closing volume nimmt signifikant zu.

   In Tierversuchen ließ sich nach sechs Wochen Rauchen ein ausgeprägter bronchokonstriktorischer Effekt mit unterschwelligen Dosen von Acetylcholin erzielen.

4. Die Sekretion von Bronchialschleim steigt nicht nur akut deutlich an, sondern es kommt zu einer Größenzunahme der schleimproduzierenden Drüsen sowie einer Zunahme ihrer absoluten Zahl pro bronchialer Wandfläche. Es gibt sogar Studien, die zeigen, daß das Epithel der terminalen Bronchioli, die normalerweise über keine Schleimdrüsen verfügen, bei chronischen Rauchern eine muköse Sekretion aufnimmt.

Es ist müßig, im Rahmen dieses Kongreßbandes im einzelnen auszuführen, welche spezifische Gefährdung diese lokalen Effekte einzeln oder in ihrer Summation für den Taucher darstellen können. Es sei hier stellvertretend nur der Notaufstieg genannt, bei dem der Taucher in kürzester Zeit ein Maximum an Luft, meist ein Vielfaches seiner Totalkapazität, durch eben diese lädierten Atemwege pressen muß, wenn er keine fatale Lungenüberdehnung erleiden will.

Aus eigener Erfahrung als Taucherarzt bei der Marine sei hier mitgeteilt, daß bei der Ausbildung im kontrollierten Notaufstieg im Tieftauchtopf in Neustadt (nach Verhandlungen des Taucherunfalluntersuchungsausschusses aus den Jahren 1981-85 zusammengestellt) 73 % der Lungenüberdruckunfälle in dieser Zeit bei Rauchern auftraten, die etwa 35 % der Lehrgangsteilnehmer ausmachten.

Immer noch lebhaft ist die Erinnerung an einen Vortrag des Chief Medical Examiner von Dade County, Florida, der am 2. Juni 1984 auf der UMS-Tagung in San Antonio über „Investigations of Underwater Fatalities" berichtete und ein chemisches Nachweisverfahren vorstellte, mit dem er noch Stunden nach dem Exitus bei Tauchern feststellen konnte, ob diese vor ihrem letzten Tauchgang geraucht hatten. Hierbei fand sich ein hochsignifikanter Zusammenhang zwischen tödlichen arteriellen Luftembolien nach Lungenüberdehnung durch Verschluß der peripheren Atemwege und vorangegangener Zigarettenrauchinhalation. Leider ist dieser Vortrag von Dr. J. H. DAVOS nicht publiziert worden.

Am Ende dieser Ausführungen steht der dringende Appell an alle rauchenden Taucherinnen und Taucher, vor dem Tauchgang die letzte Zigarette stecken zu lassen; oder, wenn es denn nicht anders geht, wenigstens eine Stunde vor dem Tauchen nicht zu rauchen!

Eigentlich kann es also nur heißen:

Rauchen **oder** Tauchen!

Zusammenfassung

Die Auswirkungen von inhaliertem Zigarettenrauch auf die Sauerstoff-Transportkapazität der Erythrozyten sowie die Bronchialschleimhaut werden diskutiert. Es ist unbestreitbar, daß Rauchen, besonders unmittelbar vor einem Tauchgang, das Sicherheitsrisiko für Taucher erhöht.

Summary

Effects of cigarette smoke inhalation upon erythrocyte-based oxygen transportation and the bronchial walls are introduced. There is convincing evidence that smoking, especially shortly before diving, poses an additional risk factor for the safety of divers.

1.26 Der Einfluß des Überdruckes auf das adrenerge System

von A. Boruta, P. Aniol

Der Überdruck ist Bestandteil des Tauchens, sowohl beim Eintauchen wie beim Aufenthalt und Aufstieg aus dem Wasser [17, 23]. Die wesentlichen Probleme für den Taucher lassen sich in zwei Gruppen unterteilen: Die Wirkung des Überdruckes an sich und der Einfluß der Partialdrücke der einzelnen in der Luft oder in Mischungen enthaltenen Gase. Die Gesetze von Boyle und Mariotte, Henry und Nernst haben hier ihre Geltung. [17, 73] Für die Unterwasserphysiologie und besonders die Neurophysiologie sind Störungen im Zentralen Nervensystem (ZNS) sehr interessant. Sie betreffen zum Beispiel die Synthese und den Metabolismus der Katecholamine Adrenalin, Noradrenalin und Dopamin, sowie deren Einfluß auf den Tiefenrausch, die toxische Wirkung des Sauerstoffs, die Dekompressionskrankheit oder auch die Hypothermie [18, 19].

Bei einem Überdruck von 7 ATA treten Störungen der geistigen und psychomotorischen Funktionen auf [1, 3]. Das Syndrom dieser Störungen wird Tiefenrausch genannt [14, 24, 49]. Die Symptome des Tiefenrausches sind im wesentlichen: Gedächtnisstörungen, plötzlicher Bewußtseinsverlust, ohne daß die Muskulatur erschlafft – ein der Katatonie ähnlicher Zustand [2]. Als mögliche Ursachen dieser Störungen werden die erhöhten Drücke, außer des Stickstoffs auch die des Sauerstoffs und des Kohlendioxids angesehen [5, 40, 41].

Unabhängig von der Ätiologie sind die bei dem Tiefenrausch beobachteten Veränderungen recht charakteristisch und weisen viele Ähnlichkeiten mit der Wirkung von Hallucinogenen wie z. B. LSD auf [13, 25].

Psychotrope Arzneimittel wirken auf den Metabolismus der Katecholamine und anderer biologisch wirksamer Amine, wie z. B. des Serotonin. Es besteht die Möglichkeit, daß die Dyssynchronisation im ZNS bei Überdruck durch Veränderungen im Metabolismus dieser Amine bewirkt wird. Adolfson und Muren [3] haben gezeigt, daß die Symptome des Tiefenrausches erst bei einem Überdruck von über 10 ATA deutlich sind, und haben Standardbedingungen für Experimente mit 13 ATA festgelegt. Bei dem Tiefenrausch kann auch Oxygen High Pressure (OHP) mit ursächlich sein. Experimentell wurde gezeigt, daß OHP besonders den Sympathicus anregt [9, 29].

Charakteristisch für die Sauerstoffvergiftung sind motorische Störungen, die zu Krämpfen führen [7, 8, 60]. Die Katecholamin-, Noradrenalin- und Dopaminspiegel sind dabei im Hirn von Ratten [37] und Mäusen [34] erniedrigt. Die o. g. Amine sind u. a. Mediatoren bei der Koordinierung der neuromuskulären und der sympathischen Funktionen. Im ZNS fallen die Noradrenalinspiegel um 50 % des Normalwertes und die Dopaminspiegel um 60 % im Vergleich zum Ausgangswert. Der Abfall der Katecholamine ist um so ausgeprägter, je höher der Sauerstoffpartialdruck und je länger die Exposition sind. Die Ursache ist vermutlich eine Abnahme der Synthese dieser Amine. Auch die Steigerung des Abbaus infolge Aktivierung katecholaminabbauender Enzyme ist wahrscheinlich. So konnte gezeigt werden, daß die Aktivität der Monoaminooxydase (MAO) steigt [62]. Es konnte auch ein Abfall der Katecholamine in Rückenmark, Herz und Lunge von Ratten festgestellt werden [17, 31].

Hohe Sauerstoffpartialdrücke haben auch einen Einfluß auf andere biogene Amine, wie Serotonin und T-Aminobuttersäure (GABA), die Mediatoren des ZNS sind [23, 28, 72, 75, 35]. Nach kurzer Exposition in oxygen high pressure fällt die GABA-Konzentration [77].

GABA hemmt die Übertragungsgeschwindigkeit von Nervenimpulsen. Auch bei Untersuchungen über das High Pressure Nervus Syndrom hat man einen Abfall der GABA von ca. 33 % der Gesamtmenge festgestellt [36]. Man nimmt eine Syntheseverringerung an [78].

Zusammenfassend kann festgestellt werden, daß die Abnahme der Konzentrationen und das gestörte Gleichgewicht zwischen den biologisch wirksamen Aminen Noradrenalin, Dopamin, GABA und Serotonin zu den Symptomen führen können, die mit dem OHP zusammenhängen. Diese Substanzen haben doch entsprechend hemmende und fördernde Wirkungen auf zentrale Synapsen mit entsprechenden peripheren Reaktionen. Histologische Untersuchungen nach OHP zeigen keine Demyelinisierungen oder andere degenerative Veränderungen der Nerven [29], so daß der Abfall der biogenen Amine nicht infolge Nervenschädigung erfolgt, sondern durch eine Synthesestörung. Dafür spricht auch, daß die Gabe von MAO-Inhibitoren vor dem toxischen Einfluß des Sauerstoffs schützt und die Zeit bis zum Auftreten von Krämpfen wesentlich verlängert [16]. Die MAO-Aktivität hat einen Effekt auf die toxischen Auswirkungen des OHP. Die Tatsache, daß es eine Korrelation zwischen beiden gibt, erlaubt es festzustellen, daß Substrate dieses Enzyms, die biologisch wirksamen Amine, an den psychomotorischen Störungen beteiligt sind. Es gibt aber noch andere Substanzen, die an diesen Reaktionen beteiligt sind. Organismen, die OHP ausgesetzt worden sind, haben deutliche Veränderungen der endokrinen Drüsen. Die Nebennieren hypertrophieren, die Schilddrüse nimmt an Gewicht zu und der Thymus ab [6, 9, 29, 38]. Man nahm an, daß endokrine Drüsen eine wesentliche Rolle an der Erhaltung der Homeostase unter diesen Belastungen haben. Das konnte nicht bestätigt werden, es wurde sogar festgestellt, daß exogen verabreichte Hormone, wie Insulin, Thyroxin und Adrenalin sogar die Symptome verschlechtern [10, 22]; demgegenüber führt eine Adrenektomie zu einem zeitlich verzögerten Auftreten von Krämpfen und verlängert die Überlebenszeit [69].

Laut Bean [8, 9] funktionieren unter den Bedingungen des OHP Abwehrmechanismen nicht auf herkömmliche Art und Weise. Desweiteren wurde festgestellt, daß die toxischen Auswirkungen bei weiblichen Ratten geringer sind als bei männlichen. Diese Unterschiede nehmen ab nach einer Adrenektomie und verschwinden, wenn man zusätzlich noch Östradiol verabreicht. Die neurochemischen ZNS-Funktionsstörungen werden durch die Adrenektomie und Östradiol verringert. Der Mechanismus ist noch nicht bekannt. Während der schnellen Dekomprimierung bilden sich im Blut und im Interstitium Gasbläschen, die eine Folge von komplizierten Reaktionen auslösen. Die hämodynamischen Veränderungen und die im Gewebe werden als Dekompressionskrankheit bezeichnet [4, 15, 30]. Die Gasbläschen können teilweise Fettzellen zerstören, deren Fett in die Blutbahn übertreten und Fettembolien auslösen kann. Le Quire [55, 63] stellte fest, daß Cholesterol Hauptbestandteil der Fettembolie ist. Speicherfett und Knochenmark enthalten unter 1 % Cholesterol, während in den Serum-Lipoproteinen 10 bis 40 % Cholesterol enthalten sind. Le Quire [47, 63] nimmt folgenden Mechanismus des Fettembolismus an: aus den durch Gasbläschen zerstörten Zellen werden Katecholamine freigesetzt, und zwar Noradrenalin und Adrenalin, die eine Lipase aktivieren. Dieses Enzym bewirkt eine Freisetzung freier Fettsäuren aus den Chylomikronen des Blutes. Die Fettsäuren werden verestert. Während dieses Prozesses tritt eine metabolische Blockade auf, wodurch vornehmlich Cholesterol ins Blut übertritt, was Gerinnungsstörungen initiiert und zu Embolien führt, die zu den schwerwiegendsten Symptomen der Dekompressionskrankheit zählen [26]. Alle den Katecholaminspiegel erhöhenden Faktoren haben einen negativen Einfluß auf eine regelrechte Dekompression und können zu frühzeitigen pathologischen Folgen der Dekompressionkrankheit führen.

Katecholaminspiegelsteigernde Prozesse müssen eingeschränkt werden; dazu zählen psychische Anstrengung, andere Arten von Streß wie z. B. die Hypothermie [8, 46, 51, 45, 71, 74, 56].

Die Wärmeleitfähigkeit des Wassers ist 25mal höher als die der Luft. In einer thermoneutralen Umgebung wird die Wärmebilanz ohne thermoregulatorische Mechanismen aufrechterhalten. Zwischen dem Körperkern mit einer hohen Metabolisierungsrate und der Oberfläche entsteht ein Temperaturgradient, der über einen kontinuierlichen Wärmeabfluß zur Peripherie gelangt und über die Haut an die umgebende Luft abgegeben wird. Die Differenz zwischen der Umgebungstemperatur und der Köpertemperatur wird bis auf ein Minimum reduziert, so daß der Wärmeverlust gering ist und von der beim Metabolismus entstehenden Wärme ausgeglichen werden kann. Wenn die Umgebungstemperatur fällt, steigt die Wärmeabgabe und muß über verschiedene thermoregulatorische Mechanismen eingeschränkt werden. Das geschieht über die Drosselung der Hautdurchblutung und Erhöhung der Wärmeproduktion, über die Erhöhung der Ruhespannung der Muskulatur, das Zittern und die vom Zittern unabhängige Thermogenese.

Ein typisches Beispiel sind die koreanischen Frauen (Ama), bei denen eine Adaptation an Kälte festgestellt wurde: der Stoffwechselumsatz in Ruhe ist um 30 % erhöht, die Schwelle bis zum Einsetzen der vom Zittern unabhängigen Thermogenese ist ebenfalls erhöht, und sie haben ein dickeres Unterhautfettgewebe [27, 48].

Diese Reaktionen werden hormonal ausgelöst. Es kommen drei Hormone in Frage: Adrenalin, Noradrenalin und Thyroxin. Die Rolle anderer Hormone in der Thermoregulation ist nicht hinreichend bewiesen worden.

Das Absenken der Umgebungstemperatur und der Wärmeverlust führen zur Hypothermie, und es werden Noradrenalin und besonders Adrenalin freigesetzt [33, 46, 51, 65].

Der Anstieg der Katecholamine bei Hypothermie ist die spezifische Reaktion des Körpers auf die erhöhte Wärmeelimination. Diese wird über wärmeliefernde, durch Katecholamine aktivierte Stoffwechselvorgänge kompensiert: Lipolyse, Glykogenolyse und Glukoneogenese.

Bei Akklimatisierten überwiegt die Adrenalinwirkung, bei Nichtakklimatisierten die Noradrenalinwirkung.

Die schnelle Reaktion des adrenergen Systems und der biogenen Amine auf Unterkühlung spielt eine wesentliche Rolle bei der Kälteadaptation. Die metabolische Wirkung des Thyroxins entfaltet sich langsam; sie ist für die Kälteadaptation wichtig [42, 67, 43, 35]. Thyroxin potenziert auch die Katecholaminwirkung. Nur einige Arbeiten [15, 59, 66] sind nicht unter künstlichen Versuchsbedingungen gemacht worden und berücksichtigen alltägliche Faktoren wie Konzentration, Unterwassersicht, emotionelle Spannung, die Art der Anspannung (psychisch und physisch) oder auch die Erfahrung des Tauchers.

Weitere Arbeiten über die Auswirkungen des Überdruckes auf den Organismus des Tauchers werden unser Wissen über die Physiologie und Adaptationsvorgänge im menschlichen Organismus vertiefen. Sie werden es uns gestatten, das Tauchen sicherer zu gestalten.

Literatur

[1] ADOLFSON J: Scand. J. Psychol. 1965, 6:26
[2] ADOLFSON J: Acta Physiol. Gothoburg. VI Almquist and Wiksell, Stockholm 1967
[3] ADOLFSON J, MUREN A: Förvarsmedicin 1967, 1:31
[4] BAHNKE AL: Aerospace Med. 1971, 42:255
[5] BEAN J W: Amer. J. Physiol. 1950, 161:417
[6] BEAN JW: Fed. Proc. 1951, 10:11
[7] BEAN JW: Oxygen and the animal organism. F. Dickens, E. Neil, New York 1964, 455
[8] BEAN JW: Ann. N. Y. Acad. Sci. 1965, 117:745
[9] BEAN J W, JOHANSON PC: Amer. J. Physiol. 1954, 179:410
[10] BEAN JW, JOHANSON PC: Amer. J. Physiol 1955, 180:438
[11] BENNETT PB: Life Sci. 1962, 12:721
[12] BENNETT PB: The aetiology of compressed air intoxication and inert gas narcosis. Pergamon Press. London 1966
[13] BENNETT PB: The physiology and medicine of diving. ed. P. B. Bennett, D. H. Elliott, Bailliere, Tindall and Cassell, London, 1969, 155
[14] BENNETT PB, GLAS A: Electroenceph. Clin. Neurophysiol. 1961, 13:91
[15] BEVAN J: in Proc. 3th Symp. of the CMAS, London 1973. ed. N. C. Fleming, Standard Press, Andover 1973, 156
[16] BLENCARN GD, SCHNBERG SM, SALTZMANN HA: J. Pharmacol. Exp. Ther. 1969, 166: 346
[17] BORUTA A: Fizyka a nurkowanie. Ml. Tech. 1976, 4:22
[18] BORUTA A, KSIEZAK H: Forum Dzialalnosci Podwodnej, Gliwice 1972:255
[19] BORUTA A, KSIEZAK H: Wych. Fiz. i. Sport. 1977, 1:53
[20] BUCKINGHAM S, SOMERS S, MAC NARY W: Fed. Proc. 1966, 25:566
[21] BÜHLMANN AA, ZIEGLER WH, MÜLLER J: in 3th Conf. on hyperbaric and underwater physiology, Marseille, 1970, Doin, Paris 1972, 69
[22] CAMBELL JA: J. Physiol, 1973, 90:91
[23] CARLSSON A: Prog. Brain. Res. 1969, 31:53
[24] CASE EM, HALDANE JBS: J. Hyg. 1941, 41:225
[25] CERLETTI A: in Hallucinogenic drugs and their psychotherapeutic use. ed. R. Crocket, R. A. Sandison, A. Walk, London 1963
[26] COCKETT ATH, PAULEY MS, ROBERTS AP: in 3th Int. Conf. on hyperbaric and underwater physiology, Marseilles 1970, Doin, Paris 1972:156
[27] CRAIG AB, in Underwater physiology, Proc. 4th Symp. on underwater physiology ed. C. J. Lambertsen, Academic Press N.Y. and London, 1971, 425
[28] CURTIS DR, DUGGAN AW, FELIX D, JOHNSON GA: Nature 1970, 226:1222
[29] EDSTRÖM JE, RÖCKET H: Acta Physiol. Scand 1962, 55:255
[30] ELLIOT DH: in The physiology and medicine of diving and compressed air work ed. P. B. Bennett, D. H. Elliot, Bailiere, Tindal and Cassell, London 1969, 414
[31] ELLIOT DH, HALLENBECK JM: in The physiology and medicine of diving and compressed air work, ed. P. B. Bennett, D. H. Elliot, Bailliere, Tindall and Casell, London 1975, 435
[32] EPSTEIN M: et al. J. Appl. Physiol. 1983, 54(1)244
[33] EULER VON C: in Proc. 2nd Int. Pharmacol. Meet. Prague 1963, Pergamon Press, Czechoslovak Med. Press, Praha 1964, 135
[34] FAIMANN M, HEBLE RG: Life Sci. 1967, 8:1163
[35] FREGLY MJ, Pharmac Ther. 1989, 41:85
[36] GILMANO SC: et al. J. Appl. Physiol. 1986, 61(6)2067
[37] HÄGGENDAL J: Acta Physiol. Scand. 1967, 69:147
[38] HÄGGENDAL J: Europ. J. Pharmacol 1969, 2–323
[39] HÄGGENDAL J: Acta Physiol. Scand. 1968, 73:29 A

[40] HESSER CM: in Secend symp. on underwater physiology ed. Ch. J. Lambertsen, E. J. Greenbaum. Publ. 1181, Wash., 1963, 202
[41] HESSER CM, ADOLFSON J, FERGRAEUS L: Aerospace Med. 1971, 42:163
[42] JANSKY L: Acta Univ. Carolinea Biologica 1, Praha 1965
[43] HIMMS-HAGEN J: in Mammalian Thermogenesis, ed. L. Girardier M. J. Stock, Publ. Chapman and Hall N.Y. 1983; 141
[44] JERRETT SA, JEFFERSON D, MENGEL CE: Aerospace med. 1973, 44: 40
[45] JOHNSON DG: et al., J. Appl. Physiol 1977, 43(2) 216
[46] KACIUBA-USCILKO: et al., in Int. Symp. on Depressed metabolism and cold thermogenesis, Praha 1974
[47] KALBERER JT: Aerospece Med., 1969, 40:1068
[48] KANG BS: et al., J. Appl. Physiol. 1970, 29:6
[49] KIESSLING RJ, MAAG CH: J. Appl. Psychol. 1962, 46:91
[50] KNIGT DR: Undersea Biomed. Res. 1987, 14(1)1
[51] KOZLOWSKY S: in Termoregulacja, fizjologia, patofiziologia i farmakologia. ed. W. Rewerski, S. Kozlowski, PZWL, Warszawa, 1972, 7
[52] KOZLOWSKI S, NAZAR K: Acta Physiol. Pl. 1972, 23:127. Suppl 4
[53] LEACH CS: et al. Aerospace Med. 1973, 44(3) 855
[54] LEDUC J: Acta Physiol. Scand. 1967, 53, Suppl. 1983
[55] LE QUIER VS: et al. Am. J. Path. 1969, 35:999
[56] SMITH DJ: et al. Undersea. Biomed. Res. 1990, 17(2) 139
[57] MACDONALD IA: et al. Clinical Science. 1985, 68:613
[58] MANALAYSAY AR: Undersea Biomed. Res. 1983, 10(2)95
[59] MAYNERT EW, LEVI R: J. Pharmacol. Exp. ther 1964, 143:90
[60] MILES S: Unterwater medicine, London 1969, 128
[61] NEFF NH, COSTA E: Fed. Proc. 1967, 26:463
[62] NOVICK WJ: Biochem. Pharmacol 1966, 15:1009
[63] PAULEY SM, CHOCKETT ATK: Aerospace Med. 1970, 41:56
[64] RAYMOND LW: J. Hydronaut 1967, 1:20
[65] RICCI GC: in 3th Int. Conf. on hyperbaric and underwater physiology Marseilles 1970, Doin, Paris 1972, 145
[66] RÜTHER E, HALARIS A, MATUSSEK N: Med. Pharmacol. Exp. 1969, 17:139
[67] SEELERS E: et al. Am. J. Physiol. 1951, 165:481
[68] SJÖSTRAND J: Acta Physiol. Scand. 1964, 62:94
[69] TROY SS, FORD DH: Acta Neurol. Scand. 1972, 48:231
[70] WEEB P: Aerospace Med. 1973, 44:1152
[71] WEIHL AC: et al. Aviat. Space Environ. Med. 1981, 52(2)88
[72] WHITTKER VP: Biochem. Pharmacol 1963, 12:203
[73] WILCZYNSKI W, BORUTA A: in Nurkowanie Swobodne, ed. A. Boruta, ZSP, Warszawa 1981, 12
[74] WILKERSON JE: et al., J. Appl. Physiol 1974, 36:183
[75] WOLLEMANN M: Metabolism des mediateures chimiques du système nerveux Budapest 1976, 86
[76] WOOD JO: Can. J. Physiol. Pharmacol. 1966, 44:256
[77] WOOD JD: in The physiology and medicine of diving and compressed air work ed. P. B. Bennett, D. H. Elliot, Publ. Bailliere, Tindall and Casel, London 1969
[78] WOOD JD, WATSON WJ, DUCKER AJ: neurochem. 1967, 14:1067

1.27 Physikalisch-technische Ursachen für Leistungseinschränkungen beim Tauchen mit Luft

von J. ZIMMERMANN

Einleitung

Beim Tauchen mit Luft kommt es in Tiefen von 20 bis 60 Metern immer wieder zu Unfällen mit dem letztendlichen Befund „Tod durch Ertrinken". Besonders im Sporttaucherbereich wurden auch im Jahr 1990 wieder mehrere Zwischenfälle bekannt [2]. Nach der Bergung werden üblicherweise noch funktionierende Tauchgeräte mit Luftvorrat vorgefunden. Überlebende berichten von Luftmangel-Signalen der Verunfallten.

Als eventuelle Ursachen werden dann Tiefenrausch oder Einfrieren der Lungenautomaten verantwortlich gemacht, seltener denkt man über unzweckmäßige Organisation und Sicherung beim Taucherabstieg, sowie physische und psychische Überforderung nach.

Allgemein sind die Ursachen für Einschränkungen der Leistungsfähigkeit und daraus resultierende Risiken in diesen Tiefen zu wenig bekannt.

Fallbericht

In einem Binnensee wurde vom Boot aus ein Abstieg auf den 25 m tiefen Grund vorgesehen. Das Zweier-Team bestand aus A., 36 Jahre, durchschnittliche physische Leistungen, etwa 1350 Tauchstunden, und S., 22 Jahre, sehr guter Schwimmer, 360 Tauchstunden.

Die Wassertemperatur betrug 12 °C, die Sichtweite etwa fünf Meter. Über dem schlammigen Grund sollte nach Kompaß das Ufer erreicht werden. Beide Taucher trugen Konstantvolumenanzüge mit handgesteuerten Ventilen.

In der vorgesehenen Tiefe wurde ein „Alles Wohl"-Signal ausgetauscht und in Richtung des zum Ufer hin sanft ansteigenden Grundes geschwommen. Nach wenigen Minuten wird der führende A. durch die Verbindungsleine zu S. gebremst. S. schwimmt langsam, wühlt mit den Flossen den Schlamm auf und atmet heftig, antwortet aber auf Anfrage mit „Alles Wohl"; daraufhin schwimmt A. weiter. Nach kurzer Zeit wiederum gestoppt, sieht er, sich umdrehend, die gleiche Situation, erhält eine „Alles-Wohl"-Antwort, dazu allerdings ein Auftauchzeichen. Auf S. zuschwimmend, erkennt er hinter dessen Tauchmaske extrem verdrehte Augäpfel, die Bewegungen der Extremitäten sind unkoordiniert. Er ergreift S. und taucht mit ihm auf, indem er den eigenen Anzug aufbläst. An der Oberfläche werden beide vom Begleitboot übernommen, S. ist wieder ansprechbar und unterstützt seine Bergung.

Die Auswertung ergibt, daß S. die Halsmanschette seines CV-Anzuges nicht richtig geordnet hatte und die Tarierluft ständig entweichen konnte. Infolgedessen war S. viel zu schwer, das Schwimmen erforderte einen Leistungs- und Luftaufwand, den selbst der gut trainierte Taucher nicht erbringen konnte. An das zweite „Alles-Wohl" und das Auftauchsignal besteht keine Erinnerung.

Physikalisch-physiologische Faktoren

Der Sauerstoffbedarf des Organismus wird durch seine momentane Leistung bestimmt und ist damit abhängig von der physischen und psychischen Belastung. Für die Aufnahme des notwendigen Sauerstoffvolumens ist ein 22- bis 25mal größeres Atemminutenvolumen (AMV) notwendig. Dieses Verhältnis ist nicht konstant und liegt besonders bei körperlich Untrainierten ungünstiger.

Proportional zur Tauchtiefe steigt der Sauerstoffpartialdruck der Einatemluft, wird das Sauerstoffangebot besser. Das Atemminutenvolumen bleibt trotzdem etwa in der genannten Größe erforderlich, um das entstehende Kohlendioxid abzuführen.

Hierzu liegt für Taucherarbeiten eine Vielzahl von Untersuchungen vor *(Abb. 1a,* [3, 4]).

Proportional mit der Tauchtiefe wächst indessen auch die Dichte der Atemluft – dies ist Ursache für höhere Strömungswiderstände, steigende Atemarbeit und schlechteren Gaswechsel.
Durch erhöhte Atemarbeit stellt sich gleiche äußere Leistung in der Tiefe als physiologisch schwerere Arbeit dar [4]:

Leistung 150 Watt		0 m	40 m
O_2-Aufnahme	[l/min]	1,63 ± 0,13	2,34 ± 0,25
AMV	[l/min]	57,2 ± 2,42	54,0 ± 2,16
PCO_2 art.	[mmHg]		61,1 ± 1,9

Diese Leistungen dürften allerdings nur von gut Trainierten erreicht werden.

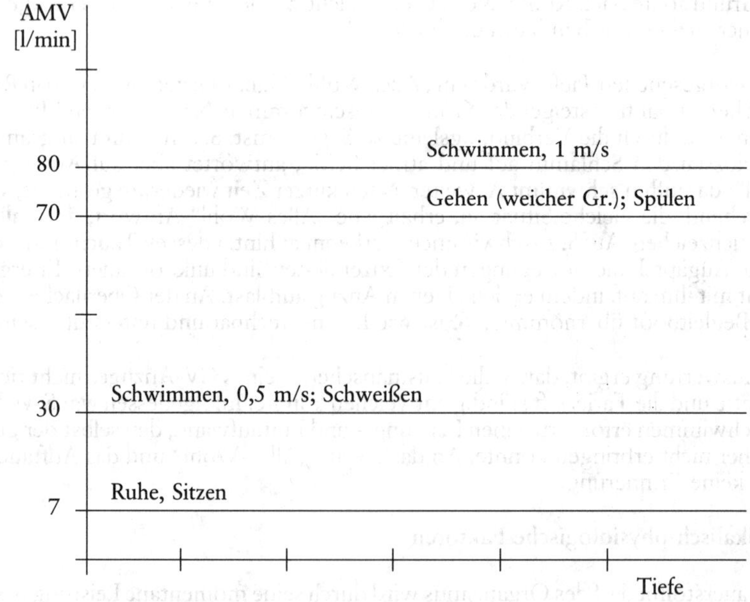

Abb. 1a: Atemminutenvolumen bei Unterwasserarbeit, Beispiele

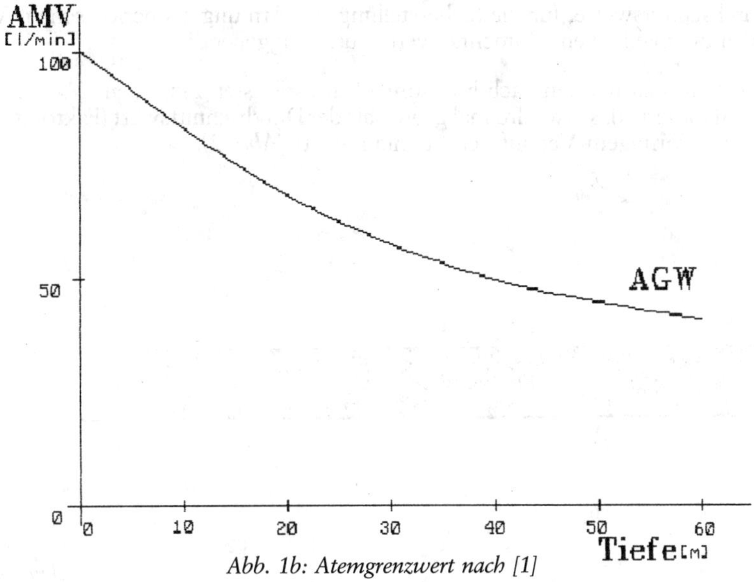

Abb. 1b: Atemgrenzwert nach [1]

Für die Praxis der Freizeittaucher kann der Atemgrenzwert (AGW) als Limit für die in dieser Situation mögliche Belastungsspitze angesehen werden. Legt man die von ALNOR, HERGET und SEUSING [1] beschriebene Abhängigkeit des AGW vom Druck zugrunde *(Abb. 1b)*, wird deutlich, daß Belastungen im Bereich über der Kurve zu ungenügendem Gaswechsel, CO_2-Anreicherung, Atemnot, Panik und letztlich zum Unfall führen müssen, wenn nicht rechtzeitig der Rückzug in geringere Tiefen möglich ist. Zudem sagen Taucher aus, daß die Verringerung der Belastung allein nicht ausreicht, sobald die durch mangelnde CO_2-Abgabe signalisierte Atemnot erst deutlich manifestiert ist.

Trainierte Taucher erbrachten bei Messungen des AGW Ausgangswerte von 143 +28-33 l/min. Bei der Atmung durch Lungenautomaten zeigte sich an der Wasseroberfläche ein Rückgang auf 98 und in 40 m Tiefe auf 39,8 %. Das sind 10 % weniger als ohne Atemgerät nach [1].

Guter physischer Trainingszustand ist also durch die nach oben verschobene AGW-Kurve eine direkte Sicherheitsreserve.

Physikalisch-technische Gegebenheiten

Auch bei gutem Wissen und Können des Tauchers sowie zweckmäßiger Organisation des Abstieges besteht immer die Möglichkeit, daß in der aufgesuchten Tiefe Not- (Schwerst-) arbeit zu Rettungsmaßnahmen geleistet werden muß.

Somit dürfte gerechtfertigt sein, bei der Sicherheitsnormung für Tauchgeräte von solchen physikalisch-physiologischen Gegebenheiten auszugehen, oder (falls dies technisch nicht realisierbar ist) Einsatzbegrenzungen vorzunehmen.

Gasmassedurchsatz (Luftlieferleistung)

Der Lungenautomat muß die Luftversorgung bis zur Höhe des AGW bei ausreichend geringem Atemwiderstand gewährleisten. Atemgrenzwert und Atemminutenvolumen sind dabei Durchschnittswerte, für die Sicherstellung der Atmung als periodischem Vorgang sind jedoch die maximalen Momentanwerte ausschlaggebend!

Der Lungenautomat hat demnach im Moment des stärksten Einatmens (Ausatmens) ein Volumen zu fördern, das etwa dreimal größer als der Durchschnittswert (Faktor π bei angenommen sinusförmigem Verlauf der Atemkurve ist) *(Abb. 2)*.

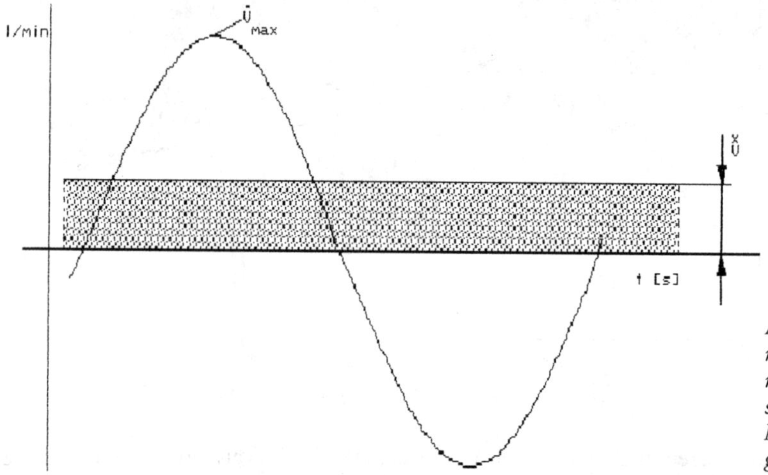

Abb. 2: Atemminutenvolumen als Durchschnitts- und Momentangröße

Hinzu kommt, daß diese Gasmasse in der Tauchtiefe fließt. Ventile und Luftwege müssen für diesen Durchsatz bemessen sein, wenn die Atmung nicht extrem behindert werden soll.

Soll ein Lungenautomat in 60 m Tiefe eingesetzt werden, muß er also bei Messung an der Wasseroberfläche eine

$$\text{Luftmenge} = AGW_{60} \times \pi \times P_{abs60m} = 40 \times \pi \times 7 = 880 \text{ l/min}$$

am Atemanschluß liefern und durch den Ausatemweg abgeben können.

Atemwiderstand

Mit „Atemwiderstand" wird gemeinhin der relative Unterdruck bezeichnet, der den Lungenautomaten veranlaßt, eine bestimmte Luftmenge abzugeben, bzw. der relative Überdruck für die Ausatmung *(Abb. 3)*.

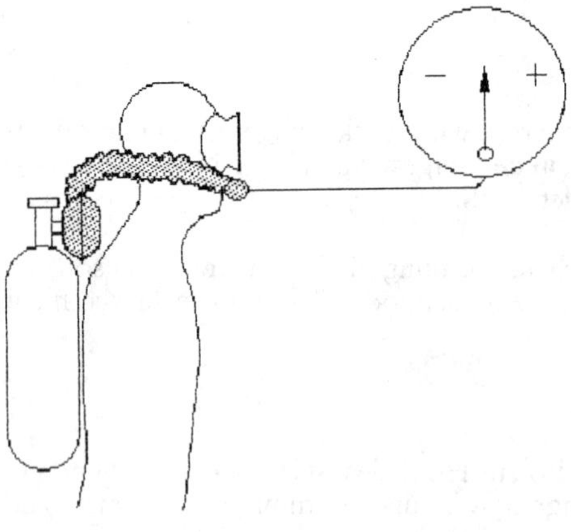

Abb. 3: Atemwiderstand eines Lungenautomaten (Prinzip)

Dieser Widerstand wird intern wesentlich durch die Konstruktion bestimmt, also durch die Ausführung von Ventilen, Membranen, Federn und luftführenden Verbindungen *(Abb. 4)*.

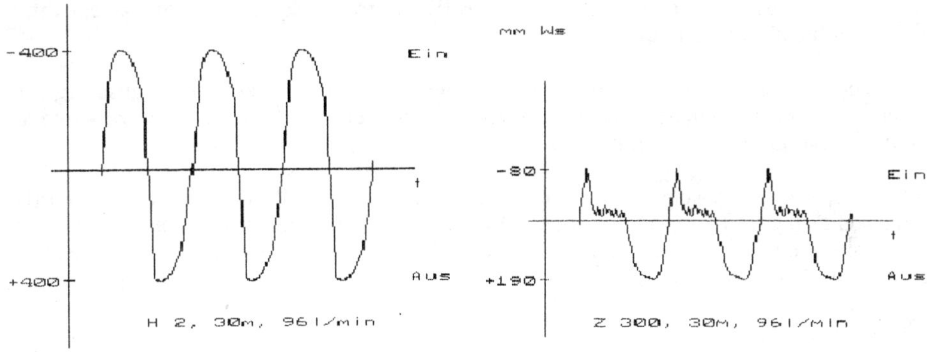

Abb. 4: rechts: Atemwiderstand eines Lungenautomaten mit Faltenschläuchen, ohne Injektordüsen links: LA am Mundstück mit Injektorwirkung

In Normen für Drucklufttauchgeräte noch zugelassene Werte stellen üblicherweie für den Taucher eine echte Belastung dar [6].

Zusätzlich wirkt noch die Tiefendifferenz Lunge – Lungenautomat, direkt in Millimetern Wassersäule feststellbar *(Abb. 5)*.

In der derzeitigen Normung wird die für den Betrieb des Lungenautomaten aufzuwendende Atemleistung nicht erfaßt. Sie kann jedoch konstruktiv minimiert werden, z. B. durch Injektordüsen.

Erfordern gute Lungenautomaten für ein AMV von 94 l in 30 m Tiefe heute etwa ein Watt, sind bei älteren Typen und solchen mit Faltenschläuchen über 12 Watt „Antriebsleistung" notwendig (*Abb. 6;* [5]).

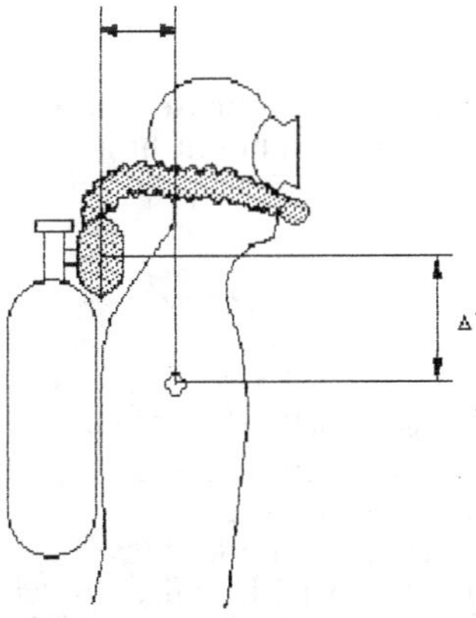

Abb. 5: Einfluß der hydrostat. Druckdifferenz auf den Atemwiderstand; T stehend, Schwimmlage unbezeichnet.

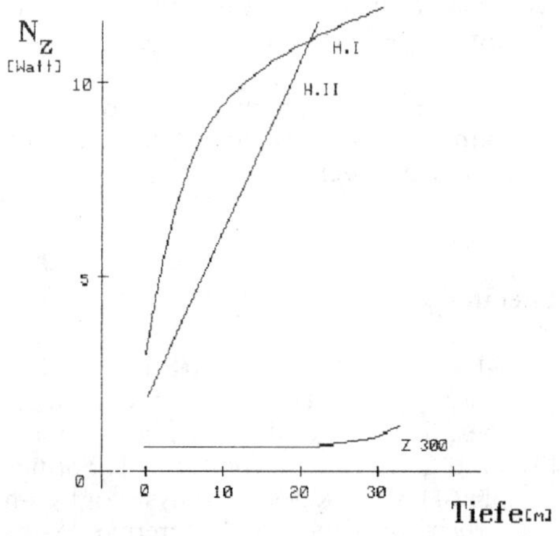

Abb. 6: (zusätzliche) Atemleistung für den Betrieb von Lungenautomaten

Reduktordruck

Lungenautomaten weden heute üblicherweise zweistufig ausgeführt, wobei die erste Stufe den Vorratsluftdruck auf einen Zwischenwert (Reduktordruck) reduziert, die zweite Stufe den eigentlichen Lungenautomaten darstellt.

Die in den Stufen wirkenden Ventile sind für überkritische Druckverhältnisse ausgelegt, sie erreichen den vorgesehenen Gasmassedurchsatz nur, wenn der Druck vor der Düse mindestens 1,9mal größer als dahinter ist.

Wird nun beispielsweise mit einem Lungenautomaten, dessen Reduktordruck auf 5 bar(Ü) eingestellt ist, eine Tiefe von etwas über 40 m erreicht, muß die Luftlieferleistung zwangsläufig absinken und gleichzeitig der Atemwiderstand steigen, wenn ein größeres Atemminutenvolumen abgefordert wird.

Totraum

Außer dem Totraum der oberen Atemwege kommt durch das Volumen des Atemanschlusses bis zum Lungenautomaten weiterer Totraum hinzu. Auswirkungen sind höhere Atemarbeit und CO_2-Belastung, besonders bei der Verwendung von Vollgesichtsmasken ohne eingebaute Mundstücke.

Schlußbemerkungen

Wesentliche Gefahrenursachen beim Tauchen mit Luft in Tiefen bis zu 60 m sind einer Vielzahl von Tauchern nicht bekannt oder werden ignoriert. Taucherabstiege in diese Tiefenbereiche werden viel zu häufig ohne ausreichende Kondition, mit ungeeigneten Tauchgeräten und ungenügender Sicherung durchgeführt. Andererseits werden Erkenntnisse aus der Tieftauchforschung in zu geringem Umfang in Ausbildung und Geräteentwicklung wie auch -normung für diesen umfangreichen Personenkreis wirksam.

Zusammenfassung

Die größere Dichte der Atemluft in Tiefen über 20 m ist physikalisch-physiologische Ursache für letztendlich verringerte Leistungsfähigkeit der Taucher.

Die Verwendung von ungenügend leistungsfähigem Gerät provoziert ebenso wie unzweckmäßige Organisation Unfälle, deren eigentliche Ursachen gemeinhin nicht ausreichend erkannt werden.

Literatur

[1] ALNOR, HERGET, SEUSING: Drucklufterkrankungen, J. A. Barth, München 1964
[2] ENGSTLER, T: Tödlicher Taucherunfall im Plansee, Sporttaucher 9/90 11-12
dies.: Unsinniger Tieftauchgang endet tödlich, Sporttaucher 8/90 24-25
[3] HAUX, G: Tauchtechnik Bd. 1, Springer, Berlin, Heidelberg, New York 1969
[4] SERGEJEW/KURENKOW: Physiologisch-hygienische Grundlagen der Klassifikation der Arbeit von Tauchern, V. Internat. Symposium über Schiffahrtsmedizin, Rostock, 1972
[5] ZIMMERMANN, GROSSMANN: Lungenautomaten für TauchgeräteAnforderungen und Leistungen, poseidon 10/11 76
[6] DIN 58640 (1979); TGL 30886 (1986)

1.28 Der Wärmehaushalt beim Tauchen – Probleme der Thermoregulation –

von A. Boruta und P. Aniol

Der Mensch ist ein homöothermer Organismus. Er kann seine Temperatur in einem breiten Bereich konstant halten [5, 28, 30, 31]. Der Mechanismus der Thermoregulation paßt die Menge der vom Körper produzierten und abgegebenen Wärme den Erfordernissen der Wärmebilanz in warmer oder kalter Umgebung an [5, 18, 30, 31]. Die Thermoregulation ist eine der Möglichkeiten des menschlichen Organismus, das innere Milieu zu stabilisieren. Die Körperkerntemperatur des Menschen kann sich nur innerhalb eines Bereiches von 4 °C bewegen. Größere Abweichungen führen zu strukturellen Gewebeveränderungen, enzymatischen Dysfunktionen und einer Reihe von physikalischen und chemischen Vorgängen, die zu einer physischen oder psychischen Funktionsbeeinträchtigung des Organismus führen [5, 18, 30, 33].

Homöotherme Organismen können nur über eine kurze Zeitspanne eine Körperkerntemperatur von über 41 °C tolerieren. Das findet seinen Ausdruck in einem hauptsächlich auf Wärmeelimination ausgelegten System der Thermoregulation. Der Schutz vor Hyperthermie ist für den Organismus ein physiologisch bedeutsameres Problem als der Schutz vor Unterkühlung [25, 31, 33].

Die Thermoregulation ist ein unwillkürlicher Regelkreis komplexer Vorgänge [35, 27]. Der Regelkreis besteht aus:

a) Thermorezeptoren zur Erfassung der Körpertemperatur in bestimmten Regionen.
b) der zentralen Thermoregulation zum Empfang und Verarbeitung der Informationen, sowie dem Initialisieren der entsprechenden Effektoren.
c) den Effektoren, die für das Erhalten des thermischen Gleichgewichts verantwortlich sind.

Außer den schnell einsetzenden thermoregulatorischen Mechanismen verfügt der Organismus noch über die Fähigkeit zu Akklimatisation an Wärme und in geringerem Maße an Kälte. Der Mensch befindet sich im Wasser in einem 775mal dichteren Medium als Luft, er kühlt auch 25mal schneller (bei gleicher Temperatur beider Medien) ab. Die Wärmeabgabe eines in Wasser eingetauchten Menschen kann man anhand folgender Formel berechnen:

$$S = M + R + C + K + E$$

wobei	R: die Wärmeabstrahlung		E: die Verdunstung
	C: die Konvektion		M: die metabolische Wärmeproduktion
	K: die Leitung	und	S: die Wärmebilanz

sind.

Alle Parameter sind in kcal/m²/h oder in Watt/m² ausgedrückt. Es sind also Wärmemengen, die bei einem Wäremegewinn mit einem Plus oder bei einem Verlust mit einem Minus gekennzeichnet sind. Die Wärmeabgabe über Konvektion und Strahlung kann man bei einem in Wasser getauchten Körper vernachlässigen. Die Wärmeabgabe über Verdunstung ist auf die Lungenoberfläche begrenzt (ca. 90 m²). Die Wärmeabgabe eines Tauchers kann von 8-10 % unter Normalbedingungen mit 1 ATA und Luft bis auf 80-90 % bei Atmung mit kalten Sauerstoff-Helium-Gemisch steigen [6, 13, 22, 26, 34, 40]. Für Untersuchungen wird ein Modell verwendet, bei dem sich der menschliche Organismus aus zwei konzentrischen Schalen zusammensetzt:

a) dem Körperkern mit 10 % Körpergewicht und 70 % Wärmeproduktion;

b) der Körperschale mit 50 % Körpergewicht und 20 % Wärmeproduktion.

Der Körperkerntemperatur entspricht annhähernd die rektale Temperatur „T_R" und der Körperschalentemperatur die Hauttemperatur „T_S". Die Körperschale isoliert thermisch den Körper umgekehrt proportional der Temperaturleitung „h_b", die für den Austausch zwischen dem Kern und der Umgebung verantwortlich ist. Unter diesen Bedingungen ist die Wärmeelimination aus dem Kern nach außen gleich der Wärmekonvektion, was in folgender Formel seinen Ausdruck findet:

$$C = h_b (T_R - T_S)$$

Somit ist die Gleichung der Wärmebilanz folgende:

$$s = M - (h_b (T_R - T_S) + H_R)$$

Wenn „M", „S" und „h_b" bekannt sind, kann man die Wärmeelimination und den Faktor „h_e" errechnen. „h_c" bestimmt den Wärmeaustausch über die Konvektion.

Diese Formel gestattet es uns festzustellen, daß der Taucher in kaltem Wasser nur über zwei Möglichkeiten der Kompensation der Wärmeabgabe verfügt, die aus der Erniedrigung der Körperschalentemperatur und der Erhöhung des thermischen Gradienten zwischen Kern und Umgebung resultieren:

1) die Erniedrigung der Leitung des äußeren Gewebes „h_b";

2) die Erhöhung des Metabolismus.

Die Temperatur des „thermischen Komforts" eines nackten Menschen an der Luft in Ruhe beträgt circa 28 °C. Man kann sie ausreichend genau bestimmen in Abhängigkeit von der Lufgeschwindigkeit, der Körperlage des Menschen und der Tageszeit [30, 31]. Im Wasser wird angenommen, daß die neutrale Wassertemperatur bei gleichmäßig in Richtung der Körperachse sich mit 0,05 m/sec bewegtem Wasser 33,4 °C beträgt [9, 10, 12, 35]. Der Unterschied in den Temperaturen des „thermischen Komforts" resultiert aus:

– der Wärmeleitung,
– der Wärmekonstanten,
– der Wärmekapazität
– und der Wasserdichte [8, 12, 41].

Wärmeverluste beim Tauchen entstehen durch Wassertemperaturen, die unter der Körpertemperatur liegen. Man nimmt an, daß ein nackter Mensch bei einer Wassertemperatur von 24 °C infolge erhöhter Wärmeelimination nach 24 Stunden sterben würde [4]. In Gewässern mit niedrigerer Temperatur ereignen sich kritische Störungen des Wärmehaushalts bereits nach wenigen Stunden, sogar Minuten, wenn man in gefrierendem Meereswasser (dessen Temperatur minus 2 °C erreichen kann) taucht [24, 29]. Die menschliche Haut hat begrenzte isolierende Eigenschaften, welche man vereinfacht in passive und aktive unterteilen kann [2, 23]. Die aktive Schicht stellen die Blutgefäße der Haut dar. Sie können den Blutfluß je nach Wassertemperatur und Erfordernis der Wärmebilanz erhöhen und drosseln [1, 2, 16, 17], wobei bei Kälteexpositon nach anfänglicher Vasokonstriktion eine Vasodilatation folgt, was unter dem Begriff der „cold exposition" oder „hunting reaction" bekannt ist. Es soll aber nicht vergessen werden, daß der Blutfluß an verschiedenen Hautbereichen unterschiedlich ist. Ergebnisse von Untersuchungen von FROESE [21] zeigen ein Ausbleiben der thermoregulatorischen Reaktion der Hautgefäße des Hauptes in einem breiten Umgebungstemperaturbereich von minus 28 bis 32 °C. Ohne Kopfbedeckung kann der Wärmeverlust nur über den Kopf bei einer Umgebungtemperatur von minus 4 °C bis zu 50 % des gesammten Wärmeverlustes betragen. Das Tauchen ohne Kopfbedeckung, sogar im Roten Meer, ist ein Fehler. Die zweite passive Schicht ist das Unterhautfett. Die Fähigkeit zur Wärmeisolation der Haut wird von der Gesamtdicke der passiven und aktiven Schicht bestimmt [23].

Bei einer Wassertemperatur von 36 °C schwankt die Wärmeelimination aus diesem Bereich bei einem adipösen Langstreckentaucher in Ruhe bei einer Wassertemperatur von 10 °C von 2,2 kcal/m^2/h/C bis zu 33 kcal/m^2/h/C [3]. Diese Werte widerspiegeln die Isolationsfährigkeit und werden durch die Dicke dieser Schichten, wie auch die Unterschiede in der Tiefe der Abkühlung und der Blutgefäßrektion bestimmt.

Die oben genannten Werte und eine Reihe von Untersuchungen [3, 4, 11, 13, 15, 16, 17, 29, 32, 36] führen zur Feststellung, daß:

1) ein adipöser Mensch besser vor Wärmeverlusten geschützt ist als ein schlanker,
2) die Wärmeleitfähigkeit und damit die Wärmeisolation der äußeren Schicht können für unterschiedliche Menschen bis zum 20fachen differieren,
3) die größte Isolationsfähigkeit besitzt eine kühle, gut vaskularisierte Haut mit dickem Unterhautfettgewebe.

Ein Wärmeschutz für einen nackten Taucher kann durch diese Faktoren in Wasser von z. B. 4 bis 10 °C nicht gewährleistet werden.

Zur Gewährleistung einer guten individuellen Wärmeisolation müssen unterschiedliche Arten und Dicken von äußeren Isolationen benutzt werden. Ein guter Schutz vor Wärmeverlusten soll die Haut kühl halten, um eine Vasokonstriktion zu erreichen und damit eine optimale Wärmeisolation. In der Taucherpraxis sollten folgende Methoden zur Einschränkung von Wärmeverlusten im Wasser verwendet werden:

1) maximale Ausnutzung körpereigener Mechanismen zum Schutz vor Wärmeverlusten,
2) der Unterwasseraufenthalt soll bei Auftreten erster Anzeichen von thermischem Unwohlsein abgebrochen werden,
3) Tragen entsprechender Wärmeschutztauchanzüge,
4) Benutzen von Wärmespendern um Wärmeverluste zu minimieren.

Betrachten wir die Punkte 3 und 4:

Die Effektivität von Isolationssystemen in Form von Tauchanzügen hängt unter anderem ab von:

1) dem Isolationsverögen des Materials (z.B. Neopren) und der unbeweglichen Schicht auf der Haut,
2) den geometrischen Formen des zu isolierenden Körpers,
3) der Temperaturdifferenz zwischen dem Körper und dem umgebenden Wasser,
4) der Geschwindigkeit des umgebenden Wassers,
5) der Art des Atemgases.

Zylindrische Formen sind schwierig zu thermoisolieren. Deshalb ist eine gute Isolierung der Finger und der Zehen entsprechend schwer.

Die hohe Wärmeabgabe aus diesen Bereichen mit einsetzenden Schmerzen zwingt schon bei Temperaturen von 7 bis 8 °C in den meisten Fällen zum Abbruch des Tauchens [1, 19, 20, 35, 39]. Diese kritischen Stellen müssen suffizient isoliert und mit Wärmespendern ausgerüstet werden. Wärmespender sollen folgende Kriterien erfüllen:

1) die theoretische Relation zwischen Energie und Gewicht,
2) eine vernünftige Relation zwischen Energiemenge und Gewicht des Wärmespenders,
3) Lebensdauer und Widerstandsfähigkeit,
4) Kosten in Relation zur gelieferten Energie,
5) Einfachheit der Bedienung, Steuerbarkeit u.ä. mehr.

Ein gut funktionierender Wärmespender stellt nur einen Teil zur Lösung des Problems dar. Es reicht nämlich nicht aus nur über Energie zu verfügen, sondern sie muß auch entsprechend umgesetzt werden und an bestimmte Körperpartien, in Abhängigkeit von der Wärmebilanz, transportiert werden.

Bei dem derzeitigen Stand der technischen Lösungen ist die Lösung von SIPLE die erfolgsversprechendste. Sie basiert auf flüssigen Wärmeträgern die an von SIPLE vorgeschlagenen Linien verlaufen. Es wird der hohe Wärmekoeffizient des Wassers oder einer anderen geeigneten Flüssigkeit genutzt um die Wärmeenergie in Abhängigkeit von der Wärmebilanz nach Bedarf an entsprechende Körperpartien zu verteilen. Die Konstruktion dieses Systems besteht aus dünnen, in einem Abstand von 2 cm liegenden Kunststoffschläuchen, welche den normalen Temperaturgradienten der Haut von der Mitte des Torsos zu den Extrmitäten folgen und als Teil der Unterwäsche unter dem Schutzanzug getragen werden. Die Erwärmung und die Bewegung der Flüssigkeit erfolgen von der Mitte zu den Extremitäten hin; falls eine Kühlung erforderlich sein sollte, in die entgegengesetzte Richtung. Diese Unterwäsche, unter einem 5 mm dicken Naßanzug getragen, erlaubt es, die Körpertemperatur in 4 °C kaltem Wasser konstant zu halten [4]. Das Wasser wird von einer kleinen, zusammen mit Batterien 380 Gramm wiegenden Pumpe bewegt. Die Ausgangstemperatur beträgt 45°C bei einer Durchflußgeschwindigkeit von 3,81 l/h. Das Gesamtgewicht beträgt 2 kg. Das System läßt sich nicht komprimieren und reagiert nicht auf Druckanstiege, wie sie in luftklimatisierten Anzügen auftreten. Das ist nur ein Beispiel für die technischen Lösungen. Grundlegende physiologische und physikalische Konzepte der Wärmeabgabe von Tauchern werden zu bedeutsamen Fragestellungen an die Forschung. Die Forschungsthemen konzentrieren sich auf den Bereich der Überlebenszeiten, der lokalisierten und allgemeinen Adaption an kaltes Wasser, des Wärmeaustausches und des Schutzes davor, den Energiehaushalt während des Tauchens und auf metabolische Reaktionen und deren Größe.

Weitere Untersuchungen über den Einfluß der Hypothermie auf den menschlichen Organismus sind notwendig, um das Wissen über die Adaptationsvorgänge des menschlichen Organismus im Wasser besser zu verstehen.

Literatur

[1] ADOLFSON JA, et al.: in Arctic Underwater Operations, Ed. L. Rey, Publ. Craham, Trotman 1984:237
[2] BARLOW TE, et al.: Survey Gynec. Obstet., 1951, 93:657
[3] BECKMAN EL: Publ. 1181, NAC, NRC, Washington, D.C., 1963, 247

[4] BECKMAN EL: Aerosp. Med., 1966; 37(1); 348
[5] BENZINGER TH: Physiol. Rev. 1969, 49(4) 571
[6] BEVAN J: Proc. 3th Symp. CMAS, 1973 ed. N. C. Flemming, London, 156
[7] BORUTA A: ML. Tecn. 1977, 3:44
[8] BORUTA A: in Nurkowanie Swobodne ed. A. Brouta, Warszawa 1981, 59
[9] BOUTELIER C, GUIEU JD: J. Physiol. 1969, 61; 233
[10] BOUTELIER C, COLIN J, TIMBAL J: Reveu. de Med. Aero. et Spat. 1971, 10–25
[11] BOUTELIER C et al: J. Physiol. 1968, 60 Suppl. 1; 223
[12] BOUTELIER C: Wymiana termiczna ciala zanurzonego w wodzie: Prace doktorksa. 1974
[13] BREBBIA DR et al.: J. Appl. Physiol. 11 (2), 219
[14] BULLARD R, RAPP GM: Aerosp. Med. 1970, 41 (11), 1269
[15] BURTON AC, EDHOLM OG: Man in cold environment. London. Ed. Arnold. Publ. 1955, Chap., 5, 73
[16] CARSLON L. D. A., et al: J. Aviat. Med. 1958, 29:145
[17] CANNON P, KEATINGE WR: Physiol 1960, 154; 329
[18] CLARK RP, EDHOLM OG: Man and His Thermal Evironment, Publ. E. Arnold, 1985
[19] CLARK ER: J. Appl. Physiol. 1961, 45; 193
[20] COPPIN EG et al: Aviat. Space Environ. Med. 1978, 49(11) 1322
[21] FROESE G, BURTON AC: J. Appl. Physiol. 1957, 10; 235
[22] GELANDAS M, BANISTER EW: J. Appl. Physiol. 1988, 64(6) 2381
[23] GRAYSON J: Pharmac. Ther. 1988, 38, 201
[24] HAYES P: in Arctic Underwater Operations Ed. L. Rey, Publ. Graham, Trotman 1984, 193
[25] HENSEL H: Physiol. Rev. 1973, 53(4) 948
[26] HOPE A et al.: in XIIIth Annual Meeting EUBS 87, Palermo 1987, 351
[27] HOUDAS Y: in Wprowadzenie do fizjologii klinicznej ed. S. Kozlowski, K. Nazar, PZWL, Warszawa 1984, 545
[28] JESSEN C: Pharmac. Ther. 1985, 28, 107
[29] KEATINGE WR: in Arctic Underwater Operations. Ed. L. Rey. Publ. Graham Trotman, 1984, 19
[30] KOZLOWSKI S, KLONOWICZ S: Czlowiek a srodowisko Termiczne, PZWL. 1970
[31] KOZLOWSKI S: in Termoregulacja, fizjologia, patofizjologia i farmakologia. Ed. W. Rewerski, S. Kozlowski, Z. Korolkiewicz. PZWL, Warszawa 1972;
[32] LIPKIN M, HARDY JD: J. Appl. Physiol. 1954, 7 (2), 212
[33] NAREBSKI J: in Fizjologio czlowieka. Ed. W. Traczyk, A. Trzebski, PZWL, Warszawa 1980, 283
[34] NARAKI N et al.: Ann. Physiol. Anthropol. 1984, 3(3) 227
[35] OLSEN BW, FANGER PO: Arch. Sci. Physio. 1973, 27, 385
[36] RENNIE DW: in Physiology of Breath. Hold Diving and the Ama of Japan; Ed. by Rahn and T. Yokoyama 1965.
[37] RENNIE DW et al.: J. Appl. Physiol. 1963, 17 961
[38] SIPLE PA: Physiology of Heart Regulation and the Science of Clothing; Ed. L. H. Newburgh, W. B. Sanders. Co, Philadelphia, 1949, 442
[39] VANGGARD L: in Arctic Underwater Operations. Ed. L. Rey. Publ. Graham, Trotman 1984, 41
[40] TAUBER E et al.: NMRI Research. Report. Proj. Nr. M4306.02-6010B. Report Nr. 2
[41] WILCZYNSKI W, BORUTA A: in Nurkowanie swobodne. Ed. A. Boruta, Warszawa, ZSP, 1981, 12

Autorenverzeichnis

ANIOL P., Dr. med.
Abt. f. Anaesthesiologie, Krankenhaus Bethesda (Universität Bochum), 5600 Wuppertal

BADTKE, G., MR Prof. Dr. sc. med.
Institut f. Sportmedizin u. Gesundheitserziehung, Brandenburgische Landeshochschule, Am Neuen Palais, O-1570 Potsdam

BARTH, G., Dr. med.
DLR-Institut für Flugmedizin, Abt. Unterwassermedizin, Linder Höhe, 5000 Köln 90

BERGER, K. H.
Diving Center, Hotel St. Geran, Poste de Flaqu, Mauritius

BETTINGHAUSEN, E., Dr. med.
Schiffahrtmedizinisches Institut der Marine, Kopperpahler Allee 120, 2300 Kronshagen

BEUSTER, W., Dr. med.
Dept. Thorax- und Hyperbare Chirurgie an der Universitätsklinik f. Chirurgie, Landeskrankenhaus, A-8036 Graz

BORUTA, A.
Abt. f. Anaesthesiologie u. Intensivmedizin, Kreis- u. Stadtkrankenhaus Witzenhausen, Steinstraße 18–20, 3430 Witzenhausen

BREINBAUER, B., Dr. med.
Arbeitsgruppe Hyperbare Medizin, Institut f. Anaesthesiologie der TU München, Klinikum rechts der Isar, Ismaninger Straße 22, 8000 München 80

EHM, O. F., Dr. med.
Facharzt f. innere Krankheiten, Dantestraße 13, 6900 Heidelberg

ELSTNER, E. F., Prof. Dr. rer. nat.
Institut f. Botanik u. Mikrobiologie, Biochem. Labor, TU München, Arcisstraße 21, 8000 München 80

ENTHOLZNER, E., Dr. med.
Arbeitsgruppe Hyperbare Medizin, Institut f. Anaesthesiologie der TU München, Klinikum rechts der Isar, Ismaninger Straße 22, 8000 München 80

FAESECKE, K. P.
Ministerialrat, Flottillenarzt dR, Landesgewerbearzt f. Schleswig-Holstein, Postfach 1121, 2300 Kiel 1

FAIG, J., Dr. med.
Universitätsklinik Bochum, Berufsgenossenschaftliches Krankenhaus „Bergmannsheil“, 4630 Bochum

FLECHSIG, F.
Schiffahrtmedizinisches Institut der Marine, Kopperpahler Allee 120, 2300 Kronshagen

FLÜCKIGER, F., Dr. med.
Abt. f. Nuklearmedizin an der Universitätsklinik f. Radiologie, Landeskrankenhaus, A-8036 Graz

FREY, G., Dr. med., OFA
Abt. f. Anaesthesiologie u. Intensivmedizin, Bundeswehrkrankenhaus, Oberer Eselsberg 40, 7900 Ulm

FRIEHS, G., Univ.-Prof. Dr. med.
Dept. Thorax- u. Hyperbare Chirurgie an der Universitätsklinik f. Chirurgie, Landeskrankenhaus, A-8036 Graz

FÜCHSEL, F.-G., A.i.P.
Celsea and Westminster Hospital, London

FUEGER, G., Univ.-Prof. Dr. med.
Abt. für Nuklearmedizin an der Universitätsklinik f. Radiologie, Landeskrankenhaus, A-8036 Graz

GERSTENBRAND, F., Prof. Dr. med.
Universitätsklinik f. Neurologie, Anichstraße 35, A-6020 Innsbruck

GILDHOFF, J.
Dräger Tauchtechnik, Auf dem Baggersand 17, 2400 Lübeck-Travemünde

GÖBEL, S., Dr. med.
Bundeswehrkrankenhaus Kiel, 2300 Kronshagen

HAMPE, P., Dr. rer. nat.
DLR-Institut für Flugmedizin, Abt. Unterwassermedizin, Linder Höhe, 5000 Köln 90

HÄNERT, W., Dr. med.
Ubootflottille, Mecklenburger Straße, 2300 Kiel

HARGASSER, S., Dr. med.
Arbeitsgruppe Hyperbare Medizin, Institut f. Anaesthesiologie der TU München, Klinikum rechts der Isar, Ismaninger Straße 22, 8000 München 80

HAUX, G.
Haux-Life-Support GmbH, Descostraße 19, 7516 Karlsbad-Ittersbach

HAUX, T.
Haux-Life-Support GmbH, Descostraße 19, 7516 Karlsbad-Ittersbach

HELWEG, G., Univ.-Doz., Dr. med.
Univ.-Klinik f. Innere Medizin, Abt. Röntgendiagnostik, Anichstraße 35, A-6020 Innsbruck

HILDENBRAND, E.
DLR-Institut f. Flugmedizin, Abt. Unterwassermedizin, Linder Höhe, 5000 Köln 90

HIPP, R., Privatdoz., Dr. med. Dr. med. habil.
Arbeitsgruppe Hyperbare Medizin, Institut f. Anaesthesiologie der TU München, Klinikum rechts der Isar, Ismaninger Straße 22, 8000 München 80

HUNDELSHAUSEN, B. VON, Prof. Dr. med.
Arbeitsgruppe Hyperbare Medizin, Institut f. Anaesthesiologie der TU München, Klinikum rechts der Isar, Ismaninger Straße 22, 8000 München 80

KIENLE, K. H., Dr. med.
Internist – Sportmedizin, Nationalmannschaftsarzt d. Verbandes deutscher Sporttaucher, Friedrich-Wilhelm-Straße 160/161, 5400 Koblenz-Ehrenbreitstein

KNIERIEM, H. J.
Institut f. Pathologie, Ev. Krankenhaus Bethesda, 4100 Duisburg

KRIZEK, L., Dr. med.
Universitätsklinik Bonn, Institut f. Hygiene, 5300 Bonn

LAAK, U. VAN, Dr. med.
Schiffahrtmedizinisches Institut der Marine, Kopperpahler Allee 120, 2300 Kronshagen

LAMPL, L., Dr. med.
Abt. f. Anaesthesiologie u. Intensivmedizin, Bundeswehrkrankenhaus, Oberer Eselsberg 40, 7900 Ulm

LORENZ, B., Dr.
DLR-Institut für Flugmedizin, Abt. Flugpsychologie, Sportallee 54, 2000 Hamburg 63

LORENZ, J., Dr. med.
DLR-Institut für Flugmedizin, Abt. Unterwassermedizin, Linder Höhe, 5000 Köln 90

LUKS, N.
DLR-Institut für Flugmedizin, Abt. Unterwassermedizin, Linder Höhe, 5000 Köln 90

MARCZINKOWSKI, H.
Arzt f. Sportmedizin, Alte Schmiede, 2270 Midlum/Föhr

MAROSI, M.
Universitätsklinik f. Neurologie, Anichstraße 35, A-6020 Innsbruck

MIELKE, L., Dr. med.
Arbeitsgruppe Hyperbare Medizin, Institut f. Anaesthesiologie der TU München, Klinikum rechts der Isar, Ismaninger Straße 22, 8000 München 80

MÜLLER, E. W.
DLR-Institut für Flugmedizin, Abt. Unterwassermedizin, Linder Höhe, 5000 Köln 90

MÜLLER, K., Dr. rer. nat.
DLR-Institut für Flugmedizin, Abt. Unterwassermedizin, Linder Höhe, 5000 Köln 90

NIKLAS, A., Dr. med. habil. Dr. rer. nat.
Medizinische Akademie Magdeburg, Klinik f. Orthopädie, Leipziger Straße 44, O-3090 Magdeburg

NIKLAS, R., Dr. med.
Bundeswehrkrankenhaus Bad Zwischenahn, 2903 Bad Zwischenahn

PALLUA, A., Prim. Dr. med.
Ärztlicher Leiter des Instituts f. Computertomografie, Universität Innsbruck, Anichstraße 35, A-6020 Innsbruck

PETER, E., Dr. med.
priv.: Herzfeldstraße 6, O-2500 Rostock

PLENTZ, K., Dr. med.
Gesundheitsamt Landkreis Hannover, 3000 Hannover 1

ROGGENBACH, H. J., Dr. med.
Villenweg 11, 4300 Essen 14

TEGENTHOFF, M., Dr. med.
Universitätsklinik Bochum, Berufsgenossenschaftliches Krankenhaus „Bergmannsheil", 4630 Bochum

TIRPITZ, D., Dr. med.
St.-Joseph-Hospital Laar, Ahrstraße 100, 4100 Duisburg 12

UNTERDORFER, H., HR Dr. med.
subl. Vorstand d. Instituts f. Gerichtsmedizin der Universität Innsbruck, A-6020-Innsbruck

VOGT, L., Prof. Dr. med.
DLR-Institut für Flugmedizin, Abt. Unterwassermedizin, Linder Höhe, 5000 Köln 90

Welslau, W.
Schiffahrtmedizinisches Institut der Marine, Kopperpahler Allee 120, 2300 Kronshagen

Wenzel, J., Dr. med.
DLR-Institut für Flugmedizin, Abt. Unterwassermedizin, Linder Höhe, 5000 Köln 90

Zimmermann, J.
Haux-Life-Support GmbH, Descostraße 19, 7516 Karlsbad-Ittersbach

Zülke, C.
Chirurgische Klinik u. Poliklinik München, Universität München, Klinikum Großhadern, Marchioninistraße 15, 8000 München 70

Sachverzeichnis

Bitte wenden ➠

Das Handbuch gibt wertvolle Hilfestellungen bei der Ausbildung von Tauchern, vermittelt aber ebenso eine Fülle von Detaillinformationen für die tägliche Tauchpraxis. Wer den „guten alten Haux“ kennen und lieben gelernt hat, findet im Taucher-Handbuch eine sinnvolle Neufassung der Tauchtechnik. Interessant ist ein ganzes Kapitel für UW-Fotofreaks. Es wird vom bekannten UW-Fotograf Herbert Frei bearbeitet.

Der Inhalt

Physikalische und physiologische Grundlagen, Tauchmedizin, Rechtsgrundlagen, Tauchgeräte, Tauchzubehör, Sonstige Technik, Taucherausbildung, Lehrunterlagen, Tauchpraxis, Wasserrettung, Tauchunfall, Unterwasserfotografie, Gesetze, Verordnungen, Normen, Sicherheitsregeln, Vorschriften, Richtlinien, Merkblätter, Kongreßberichte, Notfalladressen und -karten, Verzeichnisse und Anschriften, Hersteller- und Vertriebsübersicht für Tauchprodukte.

BESTELLKARTE

Hiermit bestelle/n ich/wir mit garantiertem Rückgaberecht innerhalb von 14 Tagen nach Erhalt:

____ Ex. Tauchgeräte
Titelnummer 690 590 DM **36,–**

____ Ex. ____________________

____ Ex. ____________________

____ Ex. ____________________

Name/Firma

Straße

PLZ/Ort

✗

Datum Unterschrift

Antwortkarte

Bitte mit Postkarten-porto freimachen

ecomed
verlagsgesellschaft

Abt. Vertrieb
Rudolf-Diesel-Str. 3
8910 Landsberg

Achtung! Neue Postleitzahl ab 1.7.1993: 86899.

BESTELLKARTE

Hiermit bestelle/n ich/wir mit garantiertem Rückgaberecht innerhalb von 14 Tagen nach Erhalt:

____ Ex. Grundlagen des Tauchens
Titelnummer 690 600 DM **36,–**

____ Ex. ____________________

____ Ex. ____________________

____ Ex. ____________________

Name/Firma

Straße

PLZ/Ort

✗

Datum Unterschrift

Antwortkarte

Bitte mit Postkarten-porto freimachen

ecomed
verlagsgesellschaft

Abt. Vertrieb
Rudolf-Diesel-Str. 3
8910 Landsberg

Achtung! Neue Postleitzahl ab 1.7.1993: 86899.